ullstein

Das Buch

Sogenannte K-9-Einheiten, wie Hundestaffeln international heißen, haben vielfältige Einsatzgebiete: Menschenleben retten; Straftäter stellen; auf Gefahren hinweisen.

Im Berliner Görlitzer Park werden Drogen auf einem Kinderspielplatz gefunden – es gibt eine Großrazzia. Beim Christopher Street Day geht es die meiste Zeit bunt und fröhlich zu, aber auch dort geraten manche Situationen außer Kontrolle. Die Wohnung einer alten Frau soll zwangsgeräumt werden – und doch kommt am Ende alles ganz anders …

Teddy ist Polizeihund und hat jahrelang an der Seite seines »Jungen« Cid Jonas Gutenrath brenzlige Situationen entschärft. Nicht alles ging gut aus, manches sogar blutig. Aber häufig kam es auch zu ganz und gar menschlichen Begegnungen, aus denen die Beteiligten gestärkt oder sogar fröhlich hervorgingen. All diese Geschichten sowie private Erlebnisse lässt der inzwischen »pensionierte« vierbeinige Veteran noch einmal Revue passieren – auf unterhaltsame, packende und oft herzerwärmende Weise.

Der Autor

Cid Jonas Gutenrath, Jahrgang 1966, war Türsteher, Marine-Taucher, Bundesgrenzschützer, Streifenpolizist, Zivilfahnder und hat fast zehn Jahre lang in der Notrufzentrale der Berliner Einsatzzentrale Anrufe entgegengenommen. Seine beiden Bücher *110 – Ein Bulle hört zu* und *110 – Ein Bulle bleibt dran* waren beide wochenlang in den Top Ten der *Spiegel*-Bestsellerliste.

In unserem Hause sind von Cid Jonas Gutenrath
bereits erschienen:

110 – Ein Bulle hört zu
110 – Ein Bulle bleibt dran

CID JONAS GUTENRATH

Teddy
oder wie ich lernte,
die Menschen zu verstehen

Aus dem Leben eines Polizeihundes

Ullstein

Besuchen Sie uns im Internet:
www.ullstein-taschenbuch.de

Ungekürzte Ausgabe im Ullstein Taschenbuch
1. Auflage April 2016
2. Auflage 2016
© Ullstein Buchverlage GmbH, Berlin 2015 / ullstein extra
Umschlaggestaltung: Sabine Wimmer, Berlin
Titelabbildung: Hans Scherhaufer
Satz: Pinkuin Satz und Datentechnik, Berlin
Gesetzt aus der Minion
Druck und Bindearbeiten: CPI books GmbH, Leck
Printed in Germany
ISBN 978-3-548-37649-3

Für Jean Felix Ambos,

unseren lieben Nachbarsjungen,
der am 7. Oktober 2014 seinen Frieden fand

Vorwort

Dieses Buch ist eine Liebeserklärung. An meinen Hund. An meinen Beruf. An die modernen K9-Einheiten in aller Welt. Die Erzählform ist mit Bedacht gewählt. Weil ich weder mit Unterstützung noch mit Wohlwollen meiner Firma rechnen darf. Obwohl ich die Hoffnung darauf nie aufgeben werde. So sei an dieser Stelle ausdrücklich erwähnt, dass die beschriebenen Szenarien, Abläufe und Geschehnisse selbstverständlich auf reiner Fiktion basieren und eventuelle Ähnlichkeiten mit Menschen, Hunden oder gar Polizisten rein zufälliger Natur sind.

So, dies galt es notwendigerweise verbindlich festzustellen. Genug der Förmlichkeiten.

Was erwartet Sie nun auf den nächsten Seiten?

Wie immer, wenn ich zum Bleistift greife, mit Sicherheit nicht das, was Sie vermuten, lieber Leser!

Kein Heldenepos wird aus den Zeilen triefen. Auch wird der Autor nicht den peinlichen Versuch machen, sich als ein weiterer Hundeflüsterer zu etablieren.

Süß und putzig ist auch nicht der Tenor.

Hart und brutal, wie die Beschreibung einer Sondereinheit mit vierbeinigen Kampfmaschinen in ihren Reihen vermuten ließe, wird es aber auch nicht zugehen.

Nein. Es wird anders. Ganz anders!

Wir werden einfach nur gemeinsam eine wunderbare Seele besuchen und ein Stück weit begleiten, die selbst wahrscheinlich nur auf der Durchreise ist, in einem wolfsähnlichen Hundekörper. Jemanden, dessen Entschlusskraft, Hoffnung, Geduld und Liebe als Vorbild taugt für viele von uns. Mich inbegriffen.

Deshalb gibt es dieses Buch.

Prolog

Das Kaminfeuer prasselt. Die Wärme tut gut. Ich bin in der zwölften Kältezeit. Es wird meine letzte sein. Der Blonde ahnt es noch nicht, aber ich spüre es deutlich. Sehr deutlich. Meine Schnauze ist grau, und meine Augen sind trübe. Die Glieder schmerzen. Sehr. Meine Zähne taugen schon lange nicht mehr als Waffe. Das Fressen ist mühsam. Es wird gut sein einzuschlafen. Und es wird zu Hause geschehen. Mein Mensch hat es versprochen. Bisher hat er seine Versprechen gehalten. Alle.

Vor jedem Einsatz hat er seiner Familie, meinem Rudel, das Versprechen geben müssen, mich wieder nach Hause zu bringen. Er hat immer sein Wort gehalten! Ohne Ausnahme. Und wir haben viel erlebt! Sogar als es hieß, ich tauge nicht mehr, weil ich zu alt bin. Für einen Euro hatte er das Vorkaufsrecht für mich, vor allen anderen.

»Der wichtigste Euro seines Lebens«, hat er laut vor allen gesagt, als ich dabei war, und ich drückte stolz meine Brust heraus. Dann nahm er mich alten, nutzlosen Hund für immer mit nach Hause. Auch wenn es ihn verbittert, dass seine Firma sich weigert, weiter meine Arztrechnungen, Medikamente und mein Spezialfutter zu bezahlen. Nicht wegen des Geldes, wie er sagt, sondern wegen der Missachtung. Selbst heute schaut er mir noch oft in die Augen und sagt: »Teddy, du hast ihnen alles gegeben! Schämen sollen sie sich! Aber ich werde ihre Ehre retten, das verspreche ich dir, alter Freund!« Bis jetzt hat er jedes

Versprechen gehalten! Neuerdings, seitdem ich auf wackeligen Beinen gehe, darf ich sogar als Erster durch das Gartentor, wenn wir hinausmüssen. Weil er sich sicherer fühlt, wenn ich vor ihm gehe, sagt er. Der liebe Lügner. Ich bin froh, dass er mir zugeteilt wurde von der großen Verteilerstation. Sehr froh. Doch jetzt liege ich vor seinem Feuer und höre die Ahnen rufen. Und es klingt wunderbar, sie heulen zu hören. Seit zwölftausend Jahren sitzen wir an ihren Feuern, und sie haben doch nur so wenig verstanden. Sie wissen so wenig. Über uns, die Welt, die sie kaputtmachen, und über sich selbst. Wir spüren und wissen, was ein Mensch nicht einmal ahnt. Wir waren lange vor ihnen hier. Aber statt von uns zu lernen, haben sie uns seit jeher nur für sich töten lassen. Wie armselig. Und wofür?!

Ich habe viel Zeit und Geduld gebraucht, um meinem Menschen verständlich zu machen, worauf es wirklich ankommt. Dass Kämpfen beispielsweise niemals ehrenhaft oder lustvoll sein kann, sondern nur unumgänglich. Ein bisschen hat er verstanden. Er sagt zumindest, dass er mehr von mir gelernt hat als ich von ihm. Ich glaube ihm. Ich spüre es. Deshalb fällt es mir leicht, die Rufe der Ahnen schön zu finden und mich locken zu lassen. Ich denke, ich kann ihn jetzt alleine lassen. Er wird Gefahren künftig auch ohne mich viel früher erkennen und ihnen aus dem Weg gehen, wie jeder gute und verantwortungsvolle Wolf es machen würde.

Einzig, dass er oft viel trauriger ist als früher, macht mir Sorgen. Und dass dies um ihn herum niemand so deutlich fühlt wie ich. Aber er ist ein starker, kampferprobter Wolf, der noch nicht ganz so müde ist wie ich. Außerdem wird er geliebt und auch gebraucht von seinem Rudel. Dies und das Versprechen, das er mir zu geben hat, bevor ich gehe, nämlich dass er unser

Rudel aus jedem Winter wieder herausführen muss, wird ihn stärken und binden. Denn wie gesagt: Bisher hat er alle seine Versprechen gehalten …

Aber so weit ist es noch nicht. Noch liege ich im Wohnzimmer und genieße die Wärme und das Treiben um mich herum. Sie feiern irgendetwas. Seine Kinder sind da. Und seine Kindeskinder. Ich liege genau vor dem Kamin, mitten im Weg. Alle müssen um mich herumgehen. Sie achten mich. Sie respektieren und lieben mich. Nicht aus Mitleid, nein, weil ich es mir verdient habe, sagt mein Mensch. Heute ist der Abend, an dem alle Geschenke bekommen. Auch ich werde heute ein Geschenk bekommen. Ich weiß sogar, was für ein Geschenk. Mein Mensch wird mir heute wieder den großen Knochen eines Parmaschinkens geben. Als Geschenk. Um die Ehre der anderen zu retten, wird er sagen.

Ich werde nicht viel damit anfangen können. Meine Zähne sind zu schlecht. Aber dieser wertvolle Knochen ist mein Geschenk! Er wird neben mir liegen. Alle werden ihn sehen können. Und jeder, der mich anschaut, wird lächeln. Am späten Abend dann wird seine jüngste Tochter zu mir kommen und flüstern: »Danke, Teddy, dass du Papa immer wieder nach Hause gebracht hast«, und mir etwas Schönes geben, was ich besser kauen kann. Sie hat auch verstanden. Es wird ein schöner Abend werden.

Noch aber sind nicht alle da. Es freut mich sehr, dass ich alter Hund immer noch der Erste im Rudel bin, der ihre Motoren und Schritte erkennt, lange bevor die Hausglocke erklingt. Lange! In der Küche herrscht ebenfalls noch hektisches Treiben. Den ersten Streit gab es auch schon. Hach, es wird ein schöner Abend. Und es wird noch ein Weilchen dauern bis zu meinem

Knochen. Es ist noch Zeit. Zeit, die Wärme zu genießen, sich zu freuen, die zwölfte Kältezeit vor den Fenstern ausgesperrt zu sehen. Und Zeit, die Jahre an der Seite meines Menschen noch einmal abzulaufen … es ist … noch … Zeit … Zeiit …

Jakes Geburtstag

Wir kennen einen kleinen Jungen. Er lebt mit seinen zwei Geschwistern und der Mama allein, ganz in der Nähe. Sein Papa ist gestorben. Woran und wann, das weiß ich nicht. Nur dass alle vier recht traurig sind, das weiß ich. Man sieht es ihnen einfach an. Und dass der kleine Mann nicht sehr beliebt ist, das weiß ich auch. An sich seltsam, denn mag er auch nicht besonders sportlich und gesprächig sein, so ist sein Lächeln, wenn er denn mal lächelt, herzerwärmend.

Kennengelernt haben wir uns in einem Park. Er machte dort mit seiner Familie ein Picknick, und wie sich herausstellen sollte, war dies seine Geburtstagsfeier. Eine seltsame Art für so einen kleinen Kerl, seinen Geburtstag zu feiern, dachte ich. Als mein Bengel mit der Mama ins Gespräch kam und sich wenig feinfühlig wunderte, warum der Kurze nicht mit seinen Kumpels bei Wattepusten, Sackhüpfen und Kirschkernweitspucken abfeiert, antwortete die Mutter wortkarg: »Weil er keine Kumpel hat.«

Ein wenig verlegen und mit zerknitterter Stirn schaute daraufhin mein großer Depp aus seiner Wäsche und wusste nicht mehr, was er sagen sollte. »Er ist zu ernst, für sein Alter viel zu klein, und seine Brille trägt auch nicht gerade dazu bei, dass er morgens in der Klasse mit einem Schulterklopfen begrüßt wird«, flüsterte sie erklärend, als der Kleine gerade mit mir beschäftigt war. Und dann sagte sie, noch ein wenig leiser: »... außerdem machen sich die anderen Kinder über seinen winzigen Hund lustig und sagen Sachen wie: ›Deine Mudda ist fett und stinkt.‹ Toll, was!?«

»Mhh«, war alles, was meinem Blonden dazu einfiel, doch ich fühlte, wie es in ihm rumorte. »Kleine Kackbratzen«, grummelte er vor sich hin, und dann rief er zu uns rüber: »Hey, Jakob, komm mal her.«

Seine Brille zurechtrückend, ließ der Junge widerwillig von mir ab, trottete die paar Meter zur Picknickdecke und fragte mit hängenden Schultern: »Ja, was ist?«

»Sag mal, darf ich dich Jake nennen? Ich finde, das klingt irgendwie cooler als Jakob.«

Nach einem kurzen Augenblick des Nachdenkens und einem vor sich hin gemurmelten »Jääk« nickte der Kleine heftig, kniff die Augen etwas zusammen, lächelte leicht, mit nur einem Mundwinkel, und bestätigte kurz: »Geht klar!«

»Was hältst du davon, Jake, wenn du in deiner Klasse ein paar Einladungskarten fürs Wochenende verteilst, um deinen Geburtstag nachzufeiern?«

»Nichts. Die kommen nich'. Hab ich schon mal probiert.«

»Echt?! Ach was! Kann ich mir gar nicht vorstellen. Vielleicht solltest du nicht nur Jungs einladen, sondern auch ein paar Mädchen.«

»*Mädchen?*«

»Ja, die sind meistens lieber und riechen besser. Außerdem kann man mit denen oft ganz toll quatschen. Schreib in die Karten rein, dass es Hot Dogs gibt und Schokoküsse, bis allen schlecht wird, und am Ende, wenn nichts mehr geht, Filme gezeigt werden, die für Kinder nich' erlaubt sind. Wetten, die kommen?!«

»Wetten, nich'?«

»Aaach, wenn du …«

»Dein Hund is 'n richtiger Polizeihund, stimmt's?«

»Jau.«

»Kommst du zu meinem Geburtstag? Kommt ihr zu meinem Geburtstag? Kann ich in die Karten reinschreiben, dass 'n echter Polizeihund zu meiner Feier kommt? Geht das? Dann kommt bestimmt wer!«

»A… also …«, hörte ich mein Großmaul da stammeln, richtete mich auf, schüttelte mich heftig, so dass ein bisschen Sabber durchs Sonnenlicht flog, und dachte genüsslich: Jetzt sieh mal zu, wie du aus der Nummer wieder rauskommst.

»Ähm … das geht leider nicht. Das geht wirklich nicht. Erstens müssen wir am Wochenende arbeiten, und außerdem dürfen wir das auch gar nicht. Echt, ehrlich, Jake, tut mir wirklich leid, aber das geht nicht.«

»Verstehe«, war alles, was der Kurze daraufhin traurig erwiderte. Er vergrub seine Hände in den Hosentaschen, seine Schultern hingen noch ein bisschen tiefer, und er schlurfte wieder rüber zu mir.

Dienstag, Mittwoch und Donnerstag haben wir jeden Morgen, wenn wir an der Schulbushaltestelle vorbeigefahren sind, wo Jakob immer abseits von den anderen mit seinem großen, doofen Disney-Cars-Ranzen auf dem Rücken stand, gehupt, und mein Junge hat aus dem offenen Fenster »Moin, Jake« gebrüllt. Freitagnachmittag hat es dann an unserer Haustür geklingelt.

Da stand er nun, der kleine Mann, mit seinem Seitenscheitel und genialem Plan – oder besser: einer Beichte.

»Ich hab's gemacht. Ich hab reingeschrieben, dass ihr kommt.

Es haben sieben zugesagt, sogar Kevin, und der hat mich bisher immer nur verprügelt! Du und Teddy, ihr müsst kommen, bitte, bitte, bitte!« Und dann nahm er seine Brille ab, vergrub sein Gesicht im Ellbogen und fing an zu heulen.

Danach saßen wir alle drei eine gefühlte Ewigkeit auf dem Trampolin im Garten, und mein Junge hat versucht, ihm zu erklären, worum es geht. Dass ich nicht ihm gehöre, sondern der Polizei. Dass ich ein sogenannter »gefährlicher Hund« bin, der darauf trainiert ist, notfalls Menschen anzugreifen. Und dass wir unseren Job verlieren können, wenn sich irgendwelche Kinder oder gar Eltern über eine Kleinigkeit beschweren.

»Ich mach es wieder gut, das verspreche ich dir«, war das Letzte, was er Jake sagte, als er ihm die Hand zum Abschied gab.

»Samstag um fünf«, war das Letzte, was Jake sagte, als er sich an der Gartentür noch einmal schniefend umdrehte, und wir zwei haben Freitagnacht so gut wie überhaupt nicht geschlafen.

Samstag um 18 Uhr begann unsere Nachtschicht. Um 17:30 Uhr stand ich frisch gebürstet, mit meiner Polizeiweste und einem nach Plastik schmeckenden kleinen Päckchen in der Schnauze vor der großen Tür mit den vielen bunten Luftballons.

Den Finger auf dem Klingelknopf, schaute mein Junge noch mal zu mir runter und sagte: »Für die nächste Viertelstunde bist du 'n Pudel, kapiert!?«

Noch bevor der Finger wieder runter vom Klingelknopf war, flog die Tür schon auf, und zwei Kinderaugen glänzten so feucht und glücklich, dass die Brille darüber fast beschlagen wäre.

»Hey, Leute, der Polizeihund ist da«, tönte es quer durchs Haus, und Jakes Mama sagte, auch mit ziemlich glänzenden Augen: »Vielen Dank!«

»Schon okay. In dem Päckchen ist die DVD »Mein Partner

mit der kalten Schnauze« und die gleiche Polizeitaschenlampe, die Teddy in seiner Weste trägt, ich schätze, damit haben wir Jakes Geschmack getroffen. Wir können aber nicht lange bleiben, tut mir leid«, sagte mein Junge noch zwischen Tür und Angel. Doch da war ich schon damit beschäftigt, gemeinsam mit einer Horde kleiner Menschen durch den Garten nach Luftballons zu jagen.

»Was darf ich Ihnen anbieten?«

»Ein alkoholfreies Bier und einen bequemen Sessel, denn ich bin hier ja eh nur der Chauffeur, und ein Telefon, damit ich Bescheid sagen kann, dass wir 'ne Stunde zu spät zum Dienst kommen, wär nicht schlecht.«

Die beiden Sätze waren erst mal das Letzte, was ich für 'ne Weile durchs Kindergeschrei vernahm. Verdammt, hatten wir einen Spaß!

»Darf man erfahren, was so immens wichtig war, dass ihr beiden Knaller fast zwei Stunden zu spät zum Dienst erscheint?«, war die unvermeidliche Frage, die wir uns später von Detto anhören mussten, der zwar ein lieber Kerl, aber trotzdem unser Boss ist.

Nach einem Lächeln und einem verschmitzten Augenaufschlag über einer nassen Nase stand die Antwort für uns fest: »Ja. Jakes Geburtstag!«

Wechselbälger

Wechselbälger. So nannte sie Martin Luther, der »große Reformator«, bei dem wir Hunde übrigens auch nicht besonders gut wegkamen. Gar mit dem Teufel im Bunde wähnte er sie, oder zumindest von ihm im Mutterleib gegen das eigentliche Kind ausgetauscht. Bis in die heutige Zeit werden sie hier oft Mongo, Fehldruck oder Dorftrottel geschimpft. Andere Länder, Frankreich beispielsweise, haben schönere, poetischere Namen für sie. Dort ruft man sie Feenkinder und scheint besser verstanden zu haben, dass anders eben nur anders ist und nicht gleichbedeutend mit schlechter.

Ob ein Autist hochbegabt oder behindert ist, hängt irgendwie stark von der Perspektive ab, findet ihr nicht auch?! Und so könnte man ewig weiterphilosophieren über Glück, Sinn und Qualität eines jeden Lebens. Fest steht, dass alles, was anders ist, auch Angst macht. Weil man es nicht versteht. Gleichzeitig geht von ihm aber auch eine eigenartige Faszination aus.

Uns geht es da übrigens nicht anders. Uns habt ihr die Mär vom bösen Wolf angehängt und versucht uns komplett auszurotten. Zu töten. Wie die Wechselbälger damals einfach zu ertränken. Wen wundert es, dass es über die Zeiten hinweg immer mal wieder Berührungspunkte gab zwischen jenen, die Zugang oder wenigstens Einblick in andere Welten haben. Ihr könnt inzwischen mit Röntgen- und Wärmebildgeräten durch Wände und Mauern hindurchschauen, was ihr euch früher nie hättet träumen lassen. Und doch verhilft euch dieser Fortschritt nicht zu der Erkenntnis, dass es so vieles gibt, was sich euren fünf Sinnen noch entzieht.

Ob Rudyard Kiplings Mowgli, für den es übrigens eine authentische Vorlage gibt, Kaspar Hauser oder Victor von Aveyron, die Reisenden zwischen den Welten habt ihr stets als Trottel abgestempelt, und wir sind ohnehin nur »dumme Hunde«. Aber es gibt sie, die unsichtbaren Spuren, die uns hineinschauen lassen in andere Sphären, die euch verborgen sind. Wenn ihr am Rande davon tangiert seid, nennt ihr es gerne »Wunder« oder gebt ihm Namen wie »Mantrailing« und tut so, als hättet ihr alles erfunden. Dabei wisst ihr nichts. Weniger als nichts. Was ich gar nicht schlimm finde. Nur wie ihr damit umgeht, das kann ich nicht leiden.

»Die Friedenstaube hat Dünnschiss«, hieß es, und damit war ich raus aus der Nummer. Allerdings nicht ganz. Weil ich nämlich schon zweimal meine Box »verunreinigt« hatte, war ich mit draußen. Sozusagen als Zaungast, was schön ist, denn so kann ich euch berichten …

Einbruch und Alarmanlagen sind ein Hauptteil unseres Geschäfts, und wir trainieren unermüdlich, den Bösewicht zu finden, wo er nichts zu suchen hat. Mit sehr großem Erfolg. Klingt unbescheiden, ich weiß, aber unsere Erfolgsquoten sprechen für sich. Ein polizeiinternes Sprichwort sagt: Ein Diensthund ist mehr wert als eine ganze Hundertschaft! Denn wir würden selbst Spiderman finden, der unter der Hallendecke klebt.

Wichtig ist dabei die taktische Auswahl des vierbeinigen Kollegen, der den Job erledigen soll. In Anbetracht des zu durchsuchenden Objektes. Haben wir mit Publikumsverkehr oder gar

Kindern zu rechnen? Nach diesen Kriterien wird ausgewählt, denn kompetent sind wir durch die Bank alle. Einzig unsere sozialen Fähigkeiten, oder sagen wir Vorlieben, sind stark verschieden. Was ich deshalb auf alle Fälle richtigstellen muss, um meiner Verantwortung gerecht zu werden, ist Folgendes: Niemand, wirklich niemand sollte sich ohne Einladung oder Schutz der Götter einem Polizeihund nähern! Ich könnte jetzt hier seitenweise Ausnahmen auflisten, will ich aber nicht. Denn das ist die Faustregel. Wer also hundertprozentig sichergehen will, dass er mit heiler Hose wieder nach Hause kommt, sollte erst einmal Abstand halten und artig fragen.

Prinzipiell gilt bei Einbruch: Wer nach gesetzlich vorgeschriebener dreimaliger Aufforderung nicht aufgibt und einfach rauskommt oder stattdessen sogar angreift, den holt der Wolf. Und eine Pistolenkugel lässt sich schließlich auch nicht zurückrufen.

Was bei uns allerdings doch anders ist. Wenn wir denn wollen, ist selbstverständlich ein wesentlich differenzierteres Vorgehen möglich. Die *Netteren* fahren eine andere Taktik und haben dafür nicht selten schon einen hohen Preis bezahlt. Bambule ist Hardliner. Bambule macht kurzen Prozess. Wenn der Typ, nach dem wir suchen, nicht zur Besinnung kommt, wird er durch den Fleischwolf gedreht. Und der Fleischwolf heißt Bambule.

Ein gewalttätiger Einbrecher hat sich in einem Kellergewölbe versteckt, nachdem er in flagranti vom Hausmeister eines unter Denkmalschutz stehenden Mehrfamilienhauses in einer Wohnung überrascht wurde. Trotz klaffender Wunde an seiner Stirn würde der Hausmeister uns gern begleiten und entschuldigt sich. Für seine Nervosität und dafür, dass in der ehemalig hochherrschaftlichen Charlottenburger Großbürgerresidenz der Keller eher einer Tropfsteinhöhle gleicht als einem Keller.

Das Licht geht auch nicht, es ist dunkel wie im Bärenarsch, und richtig wohl fühlt sich nur Bambi. So wird Bambule von Kröte, seinem Zweibeiner, genannt, wenn die zwei kuscheln, was sie meist heimlich machen. In Sechserformation betreten wir das Gewölbe. Vorneweg, noch an der Leine, Bambule, ganz hinten Jonas und ich. Als Anhängsel bemüht, nach hinten abzusichern. Wir trainieren auch das bis zum Erbrechen. Mein Junge nennt es polizeiuntypisch und angelehnt an seine militärische Vergangenheit auch gerne »Häuserkampf«.

Als die Tür sich hinter uns knarrend wieder schließt, halten wir alle für ein paar Sekunden völlig lautlos inne. Wir schließen kurz die Augen, damit sie sich an die Dunkelheit gewöhnen, und versuchen uns für einen Moment auf Geräusche zu konzentrieren, die nicht hierhergehören. Aber bis auf die Tropfen, die von der Decke in die Pfützen fallen, ist erst mal Stille.

»Das Haus von Rocky Tocky hat vieles schon erlebt, kein Wunder, dass es zittert, kein Wunder, dass es bebt …«, singt Kröte ganz leise, und Ali kickt ihm leicht mit dem Knie in den Hintern. Dann brüllt Kröte dreimal hintereinander so laut, wie er kann: »POLIZEI, KOMMEN SIE HERAUS, ODER ICH SCHICKE DEN DIENSTHUND!«

Noch ehe die letzte Aufforderung ohne Antwort verhallt ist, klinkt er sein Bambi aus und sagt leise: »Pass auf dich auf, Bruder«, und dann gibt er ihm das Kommando. Dieses Kommando ist bei fast jedem Zweierteam verschieden, manchmal kurios, manchmal ganz simpel. Ich darf nicht verraten, wie Krötes und Bambis lautet, aber Leute, ihr hättet euren Spaß daran!

Dann schießt Bambule los wie ein lautloser Blitz und verschwindet in der Dunkelheit. Die Männer setzen sich in einer Mischung aus Gänse- und Ameisenmarsch in Bewegung, so wie ihr es vielleicht aus dem Fernsehen oder aus dem Kino kennt. Wir dürfen keine Laserpointer als Zielvorrichtung benutzen, weil unser Land mehr Angst davor hat, dass unsere Jungs immer treffen, als davor, hin und wieder einen Polizisten zu verlieren. Oder weil die Dinger zu viel kosten. So marschieren sie lautlos, leicht geduckt, wie eine große schwarze Spinne mit Waffe und Lampe im Anschlag, und sichern nacheinander Verschlag um Verschlag.

Die Fäuste der Männer liegen über Kreuz. Die Linke mit der kleinen Taschenlampe darin ist unten und dient als Stativ für die Waffe in der anderen Faust, die so dem fokussierten Lichtkegel als feste Einheit folgt. Laserpointer für Arme. Der Einbrecher hat den Hausmeister mit einem Messer am Kopf verletzt. Also ist der Typ potentiell lebensgefährlich und damit auch selbst in Lebensgefahr. Man kann nicht Räuber und Gendarm spielen, wenn es ums Sterben geht, auch wenn die weltfremden Theoretiker an verantwortlichen Stellen das wohl gern so hätten. Ein seitlicher Messerstich aus der Dunkelheit, vielleicht auch ein Wurf aus der Distanz, wohlplatziert am Hals, zwischen Weste und Gürtel oder an einer Schlagader, und das war's.

Aber wir haben ja Bambule. Solange ein vierbeiniger Kollege vorne ist, sind wir vor Überraschungen sicher. Daran glauben wir fest. Darauf verlassen wir uns. Und wer vorne ist, kann sich darauf verlassen, dass wir so schnell wie möglich bei ihm sind, wenn er uns braucht. Es ist immer noch gespenstisch leise. Bis auf das Plätschern der Tropfen und einen eisernen kaputten Kellerfensterverschlag vor einer zerbrochenen Scheibe, den der Wind in seinen rostigen Scharnieren leicht hin und her bewegt.

Wir sind bei so etwas immer auf eine Ratte oder Katze gefasst, aber hier gibt es nichts, was lebt. Zwei Drittel des Gewölbes sind gesichert, und Bambule kreuzt in der Dunkelheit immer mal wieder den Lichtkegel der Taschenlampen. Wie ein dunkler Schatten huscht er blitzschnell durchs Bild, fast wie der Teufel selbst, und ich bin heilfroh, dass ich auf der richtigen Seite mitspiele.

Als wir nicht mehr weit entfernt sind vom vorletzten großen Mauerdurchbruch auf der rechten Seite, hören wir plötzlich ein merkwürdiges rhythmisches Geräusch, das wir nicht einordnen können. Zeitgleich lässt Bambule ein Knurren hören, das, verstärkt durch den Widerhall des Gewölbes, auch einem Löwen zur Ehre gereicht hätte. Ich stimme von hinten in unser Lied mit ein, damit wer immer jetzt vor Bambi steht begreift, dass er unmöglich gewinnen kann.

Dann geht alles blitzschnell!

Ohne die Formation zu ändern, schließen wir im Laufschritt auf, und aus dem Raum dringt für Sekunden ein Geräusch, als wäre Fütterung in einer Wolfsgrube. Als wir, uns gegenseitig sichernd, um die Ecke biegen und die Zweibeiner vorsichtig den Raum ausleuchten, bietet sich uns im Lichtkegel der Taschenlampen ein sonderbares Bild. Vorne links in dem vielleicht dreißig Quadratmeter großen Raum liegt unverletzt ein Mann flach auf der Erde, mit dem Gesicht nach unten, und hält mit nach oben ausgestrecktem Arm ein Messer in seiner zitternden Hand. Doch ein paar Meter entfernt, fast mitten im Raum, sitzt ein kleiner Junge – oder ein Mädchen? – auf einem hölzernen Kinderstuhl mit Lehne. Die Hände fest neben den Beinen am Rand der Sitzfläche verkrampft, wippt er – oder sie – gleichmäßig vor und zurück wie ein verstörtes Tier, das man zu lange eingesperrt hat.

»Messer weg«, brüllt Kröte, und weil der Typ nicht reagiert, tritt er es ihm aus der Hand. Während Ali und Kröte die Handschellen klicken lassen, kniet sich Tommy langsam vor das Kind. Neben dem übrigens Bambule sitzt, und zwar schon, seit wir den Raum betreten haben. Aufrecht und fast auf Tuchfühlung sitzt er da.

»Hallo, wie heißt du denn, meine Kleine?«, fragt Tommy freundlich, weil er glaubt, ein Mädchen vor sich zu haben. Da der kleine Mensch nicht antwortet, sondern nur weiterwippt, fragt er erneut, diesmal etwas eindringlicher, was Bambule nicht zu gefallen scheint. Denn er knurrt Tommy an. Kurz, aber unmissverständlich. Kröte, der inzwischen gemeinsam mit Ali dem Gefesselten aufgeholfen hat, lacht kurz und sagt dann: »Komm, Tommy, wir tauschen besser mal.«

Da Bambi Kröte gegenüber logischerweise toleranter ist, darf der dieselbe Frage stellen und bekommt nach dem zweiten Versuch sogar auch eine Reaktion. Doch statt einer normalen Antwort erklingt ein dünnes Stimmchen mit einem Singsang im gleichmäßigen Rhythmus der Bewegung auf dem winzigen Stuhl: »Simone Melone, Simone Melone, Simone Melone, Simone Melone …« Und das Kind hört nicht mehr auf.

Schweigend schauen wir uns alle gegenseitig an. Als Kröte auch nur versucht, der Kleinen die Hand auf die Schulter zu legen, zuckt sie zusammen und hört zwar auf zu singen, wippt aber in doppelter Geschwindigkeit weiter. Und dann geschieht etwas sehr Merkwürdiges. Bambule, der weiß Gott nicht bekannt dafür ist, schnell oder leicht Freundschaften zu schließen, rutscht so weit an die Kleine heran, dass er sie seitlich berührt. Und sie hört auf zu wippen! Den Blick stur auf den Boden gerichtet, legt sie langsam ihre Hand auf den mächtigen Nacken des großen Hundes, krallt sich fest und macht dann kurze gleichmäßige Streichelbewegungen. Wir sind alle mehr als erstaunt über das, was da gerade passiert, und wenn ich es nicht besser wüsste, würde ich sagen, der Raum ist auf einmal irgendwie heller.

Wie sich herausstellen sollte, fing das Mädchen jedes Mal wieder an zu wippen, wenn der direkte Körperkontakt zu Bambule abriss. Also führte unser Bambi die Kleine heraus aus dem Kellergewölbe, nach oben ins Licht.

Unsere Recherchen ergaben, dass sie das dritte, wohl ungeliebte Kind des Hausmeisters war. Der hatte sie zwar dort unten nicht eingesperrt und trug deshalb auch keine unmittelbare Schuld an ihrem Zustand, dennoch muss sie ihm völlig gleichgültig gewesen sein. Als er seine Tochter im Rahmen unserer Befragung »Fehldruck« nannte und sie entsprechend beschrieb, hätte er sich fast noch ein Ding von Bambule eingefangen.

Also entschieden wir uns, sie noch in der gleichen Nacht zum Kindernotdienst nach Kreuzberg in die Gitschiner Straße zu bringen. Oder besser, Bambule brachte sie dorthin. Von dort aus ging es dann wohl irgendwann in eine entsprechende Pflegeeinrichtung. Darüber weiß ich aber leider nicht mehr allzu viel. Was ich aber weiß, sind zwei Dinge:

Erstens, dass der Einbrecher wohl eine, wenn auch unfreiwillig, gute Tat vollbrachte, indem er uns letztlich zu dem Mädchen führte, was das Schicksal ihm damit vergolten hat, dass unser »Monster« ihn nicht komplett zerlegte.

Und zweitens, dass Kröte mit Bambule das Mädchen noch oft besucht hat – was die beiden aber wohl niemals zugeben würden …

Christopher Street Day

Alle Jahre wieder, an einem Wochenende irgendwann im Hochsommer, befindet sich Berlin im Ausnahmezustand. Gut, der Berliner würde sagen, diese Stadt ist permanent im Ausnahmezustand, und wenn man ehrlich ist, hat er damit einfach nur recht. Aber der CSD ist schon etwas sehr Spezielles! Aus der ganzen Welt finden sich die bunten Vögel und Freaks in der Welthauptstadt der Homosexuellen ein, um sich selbst zu feiern. San Francisco war gestern. Denn bei uns regieren schließlich die Regenbogenfarben, ja wurden sogar schon vorm Polizeipräsidium gehisst. Da kann zurzeit auf dem Planeten niemand mithalten.

Vergessen wird heutzutage allerdings sehr oft, dass die inzwischen recht kommerziellen Riesenfete einen sehr ernsten Hintergrund hat. Und die Polizei hat aus diesem historischen Blickwinkel heraus wohl einiges gutzumachen. Deshalb, und aus einer ganzen Menge anderer Gründe, waren wir inzwischen schon viermal dabei. Und zwar höchst dienstlich.

Der erste Einsatz fand bereits während unserer Ausbildung statt. In der Gewöhnungsphase, den sogenannten »Actionwochen«, standen wir direkt am Umzug. Weil es nichts und niemand gibt, der mehr Radau macht als der CSD. Genauer gesagt wummert der Bass auf den allermeisten Umzugswagen dermaßen heftig, dass er nicht nur locker mit der Love-Parade mithalten kann, sondern für extrem empfindliche oder verstimmte Mägen durchaus schon mal *zum Kotzen* ist. Gewöhnung ist deshalb natürlich relativ und Abseilen aus dem Hubschrauber dagegen fast ein Kindergeburtstag.

Aber man muss halt so viel wie möglich erlebt haben, um in Zukunft unter allen Bedingungen einen guten und vor allem unbeeindruckten Job zu machen. Und sich eine eigene Meinung bilden zu können. Besonders das ist uns sehr wichtig. Ich bin ein Polizeihund, sogar ein reiner Schutzhund, also eigentlich jemand fürs Grobe. Schon allein aus diesem Grund haben sie während unserer »Höllenwochen« versucht, mir so etwas wie ein Standardmisstrauen anzuerziehen. Mit aller Macht. Hat aber nicht geklappt. Mein Junge und ich sind halt keine Freunde von stumpfem Konformismus. Sicherlich brauchen wir in unserem Beruf eine gewisse Vorsicht, um aus jedem Einsatz wieder gesund nach Hause zu kommen. Aber mit unbegründeter Aggression in jede Begegnung zu gehen vergiftet die Atmosphäre, anstatt sie souverän, vielleicht sogar angenehm zu gestalten. Für alle Beteiligten. Um ehrlich zu sein, ist das sogar einer der Schlüssel für unsere »Berufszufriedenheit«.

Wir begegnen ständig den unterschiedlichsten Menschen. Das erweitert unseren Horizont. Es hilft zu verstehen, vielleicht sogar Freunde zu gewinnen, was unermesslich wertvoll ist. Aber natürlich auch, Gefahren rechtzeitig zu erkennen und Feinde zu durchschauen oder sogar umzudrehen. Das macht diesen Beruf zu einem Abenteuer.

Getreu diesem Grundsatz, finden wir eine Menge Spaß daran, den CSD alljährlich zu begleiten, wenngleich ich nicht verhehlen will, dass uns ein paar Sachen auch ordentlich auf die Nerven gehen. Unsere Einstellung ist auf jeden Fall beschwingt bis positiv, wenn wir in diesen Einsatz gehen. Das soll nun nicht heißen, dass ich mit lila gefärbtem Rückenkamm losziehe und mein Bengel mit pinkfarbener Perücke. Aber die seitlichen Reißverschlüsse der Hosenbeine seines Einsatzanzuges sind in diesen heißen Sommertagen ohnehin oft bis zu den Arschbacken geöffnet. Eigentlich gedacht, um die Beinprotektoren schnell und politisch hübsch korrekt unter den Klamotten anlegen und verstecken zu können, sieht er damit auch nicht viel anders aus als der Cowboy der Village People mit seinen Chaps. Allerdings hängt der Hintern natürlich nicht im Freien. Und wenn wir dann und wann seriös rüberkommen müssen, ist in Sekunden Schluss mit luftig.

Auch der Rest der Ausrüstung lässt ahnen, um welche Art Einsatz es sich handelt. Er hat beispielsweise so gut wie nie den Schutzhelm direkt an seiner Uniform. Ganz einfach deshalb, weil wir aus dem Umzug heraus, also dem »Stammpublikum«, noch niemals angegriffen wurden! Von außen allerdings sehr wohl. Genau das ist auch der Hauptgrund für unsere Anwesenheit.

2008 wurden ähnliche Veranstaltungen in Tschechien und Bulgarien von Rechtsradikalen massiv angegriffen, und auch hierzulande gibt es immer noch Menschen, die Gewalt gegen Homosexuelle als notwendig und legitim verstehen. Gott sei Dank sind sie schlechter organisiert und deshalb für uns leichter in den Griff zu kriegen. Auch gilt in diesen Kreisen »Schwule klatschen« oder »Schwule abziehen« als fester Begriff und schlimmstenfalls als Kavaliersdelikt. Zumal sehr viele vom »anderen Ufer« recht zart besaitet und damit ein leichtes Opfer für feige Schläger sind. Allerdings hat sich auch das im Laufe der Jahre durchaus geändert, dazu kommen wir gleich.

Festzuhalten bleibt, dass man als Polizist auf dem CSD weder schüchtern noch einsilbig sein sollte. Da das aber nun beides nicht gerade unsere Schwächen sind, haben wir uns dort schon ordentlich amüsiert. Mein Bengel bis hin zum Lachkrampf! Wir haben schwule Pudel und blaue Yorkshireterrier erlebt und mein Junge Anträge ohne Ende. Wenn er für jedes »Hach, du strammer Schutzmann, du!« einen Euro bekommen hätte, könnten wir uns zur Ruhe setzen.

Klar, irgendwann, besonders wenn es dunkel wird, geht es auch mir auf den Keks, wenn man nicht mehr kacken kann, weil jeder Busch im Tiergarten schon wackelt. Und wenn nicht mal mehr der Busch als Sichtblende benutzt wird, hör ich meinen Jungen durchaus auch übellaunig werden, mit Sätzen wie: »Hey, ihr Flittchen, wie soll ich das denn der bayerischen Touristenfamilie mit drei Kindern erklären, was ihr da macht; habt ihr kein Zuhause?!« Ist übrigens nicht nur extrem schlechter Stil, ein solches Verhalten, sondern im Ausklang dieser Veranstaltung leider auch massenhaft die Norm. Da wird quasi mit dem Hintern wieder eingerissen, was tagsüber mit Charme und Mutterwitz, vor allem aber jeder Menge farbenfrohem Humor aufgebaut wurde.

Ungefragte Küsschen auf seine Wange von zivilisierten und gepflegten Weltbürgern quittiert mein maskulines Testosteronwunder allerdings auch nicht mit Wutausbrüchen, sondern eher mit Kommentaren wie: »Geh mal ganz schnell weiter, mein Hübscher, denn wenn ich das meiner Frau erzähle, macht sie dich kalt!« Man kann sagen, Provokation ist Tagesgeschäft auf dem CSD. Aber eine andere Art, als wir gewohnt sind. Du wirst nicht angegriffen oder beleidigt, sondern sie versuchen dich aus der Reserve zu locken. Das ist nicht nur eine angenehme Abwechslung, sondern auch eine unterhaltsame Herausforderung. Wenn du 'ne flinke Fresse hast und ein tolerantes Gemüt. Denn wer dir anzüglich und frech kommt, in der unverhohlenen Absicht, dir einen roten Kopf oder Sprachlosigkeit zu bescheren, dem kannst du ebenfalls anzüglich und frech kommen. Also beste Voraussetzungen für ein Feuerwerk der Sprüche. In allen Kategorien und Schubladen!

Hier mal zwei Beispiele.

Antrag: »Süßer, ich komm gleich rüber zu dir, und dann werd ich dich vernaschen!«

Antwort: »Wenn du mich tatsächlich in den Griff kriegen solltest, Schnuffel, dann hast du mich auch verdient!«

Oder, viel seltener und ekliger:

»Na, du bist doch auch nur 'n spießiger versteckter Schwuler, oder?!«

Antwort: »Schwul is' immer nur der, der gepoppt wird, Häschen, also hoppel mal schnell weiter ...«

Man kann sich leicht vorstellen, dass die, die ja sozusagen von Gottes Gnaden cool und tolerant, weil anders sind, mit solchen Antworten nicht rechnen und dann selber manchmal sprachlos dastehen. Und das macht einen Riesenspaß!

Am Rande, und Gott sei Dank recht selten, müssen wir dann aber hin und wieder doch arbeiten. Doch auch die Gestaltung dessen liegt ja immer ein wenig im »Ermessensspielraum«. Solange du anschließend nicht per Handy aufgenommen im Internet zu sehen bist.

Wie ich eben schon angedeutet habe, gibt es die unterschiedlichsten, teilweise sehr wehrhaften Fraktionen in der beschriebenen Community. Und das nicht erst seit gestern. Ein heterosexueller Kumpel meines Jungen, eigentlich ein furchtloser Kämpfer, hatte beispielsweise schon in den achtziger Jahren einen Türsteherjob in der Hamburger Schwulenszene (Hallo,

Sven!), wo man maßgeblich auf Anabolika und Leder stand. Aber nicht sehr lange! »So viel Geld und Waffen kann's gar nich' geben, dass ich in den Laden freiwillig zurückgehe!«, soll er nach drei Tagen gesagt haben, weil er eine unfreiwillige Entjungferung befürchtete.

Und solche muskelbepackten Boliden mit Lederweste, Chaps und freiem Arsch laufen eben inzwischen auch zuhauf am CSD rum. Wenn nun der angesoffene, kahlrasierte, arbeitslose Faschistenschädel mit seinen Ghettobrüdern auf »Schwulenjagd« im Umfeld des CSD auf just so eine Combo trifft, kann das 'ne ganz bittere Erfahrung werden …

Mein Junge muss pinkeln. Da wir gemeinsam nicht in eins der vier Millionen vollgesauten Dixi-Klos reinpassen, er mich aber auch nicht draußen parken kann, hat er das vor, was ich auch ständig mache: einen Baum anpuschen. Jaja, is' klar, total verboten. Aber wenn sie nicht bald mal drüber nachdenken, dass Polizisten im Einsatz auch mal müssen, und Veranstalter wie Firma etwas netter zu uns sind, befürchte ich eh, dass er ihnen demnächst mit mir zusammen auf die Straße kackt. Kotbeutel haben wir ja schließlich dabei. Aber das ist jetzt hier nicht das Thema.

Schamhaft, wie wir sind, und außerdem bei solchen Aktivitäten auch immer höchst fotogen, gehen wir recht weit ins Grüne, bevor die Blase platzt. Und als wir den dritten oder vierten Busch zur Seite schieben, stehen wir plötzlich auf einer spärlich befunzelten kleinen Lichtung – inmitten einer Szene, die wie ein altertümliches Menschenopfer anmutet. Höchst unangenehme Atmosphäre!

Da wir im Laufe der Jahre gelernt haben, dass wir nichts

gelernt haben, wissen wir die Lage nicht einmal richtig ein-zuschätzen. Mit, ohne, bisschen, Dreiviertelschmerz oder 'ner Plastiktüte überm Kopf, weil's ja bei Sauerstoffmangel »so kickt«; halb, ganz oder gar nich' freiwillig; und das Ganze dann zu zweit oder vielleicht in Gruppenstärke und so weiter – is' halt alles nich' so unsere Welt. Und wer's nicht braucht, der arbeitet sich da auch nich' rein.

Wir stehen also hier im Zauberwald und gucken in die Ge-sichter von insgesamt acht Kerlen. Keiner von ihnen unter ein Meter neunzig und alle um die hundert Kilo. Bingo! Sechs da-von in spärliches schwarzes Leder gehüllt. Gerade als mein Jun-ge sagt: »Komm, Dicker, is' nich' unsere Party, wir hau'n ab!«, und eigentlich auf der Hacke kehrtmachen will, kommen uns beiden leise Zweifel, ob wir wirklich gehen sollten. Denn zwei der Riesen wirken gar nicht glücklich. Beide haben die Hosen in der Kniekehle, einer steht schlotternd in der Mitte, der an-dere liegt bäuchlings auf 'nem umgestürzten Baumstamm, in, nennen wir es mal: »sehr wehrloser Position«. Weitere Details erspar ich euch mal.

Was macht mein kleiner Selbstmörder also, mit Blickrichtung zum Schlotternden im Zentrum? Er atmet einmal tief durch und fragt dann: »Was findet denn hier statt?«

Der Schlotternde hat 'ne sehr unregelmäßige Atmung, ja, er hyperventiliert eher, als dass er reden könnte, deshalb antwortet der Vollbartträger halblinks von uns in tiefstem Bariton: »'ne Hochzeit, willst du mitmachen?!«

Da mein Kleiner sich recht unwohl fühlt, weil ihm klar ist, dass wir zwei hier wohl wieder mal den Kürzeren ziehen, wenn es losgehen sollte, ergreift er die Flucht nach vorne und blafft den Zeremonienmeister an: »Kannst du lesen? Siehst du, was hier auf meiner Weste steht und auf der Weste von meinem Hund? Die Polizei ist da. Und kannst du auch das Funkgerät hier sehen? In zwei Minuten hab ich Verstärkung hier, wenn's sein muss. Und zwei Minuten halten wir vier gegen euch durch. Also noch mal: Was is' hier los?!«

Der Bluff hat nur mäßig Wirkung, denn als Antwort kommt zunächst: »Wer sind denn bitte ›wir vier‹?«

»Mein Hund, Sig, Sauer und ich. Ich höre.«

»Du würdest auf uns schießen?«

»Darauf kannst du Gift nehmen. Bevor ich mich liegend auf'm Baumstamm wiederfinde wie der da, allemal. Also!?«

»Okay. Die beiden Pussys da wollten sich gerade eben an zwei harmlosen Ballerinas vergreifen, als wir zufällig vorbeigeschlendert kamen. Und jetzt wollen wir ihnen ein bisschen Toleranz einimpfen. Heute is' Zahltag!«

»Howouwouwouwou – das heißt, noch is' nich' viel passiert, versteh ich dich richtig?!«

»Genau. Hau ab. Du störst!«

»Loslassen, den Typ, sofort! Loslassen, hab ich gesagt! Pass auf, Großer: Noch können wir das hier alles in nichts auflösen. Allein schon, weil ich keinen Bock hab, den Rest der Nacht vorm Computer zu sitzen. So wie die zwei aussehen, haben die Strafe genug. Ich glaub nicht, dass die jemals in ihrem Leben wieder im Dunkeln in den Tiergarten gehen. Also Ziel erreicht, denk ich. Ich nehm die jetzt ein Stück mit, frag sie noch mal flüchtig, ob sie 'ne Anzeige machen oder vielleicht am Hals haben wollen, was ich mir gar nicht vorstellen kann, und das war's dann. Einverstanden? Die Alternative wäre, dass sich die meisten von uns hier mit ihrem Arsch im Krankenhaus wiederfinden werden, und ich weiß nicht, was du mit deinem Arsch noch vorhast, aber meiner will nach Hause! Außerdem muss ich dringend pinkeln.«

Während die dunklen Herren diesen Monolog mit einem Grinsen auf sich wirken lassen, klinkt mein Junge mich demonstrativ von der Leine ab. Um noch ein Pfund draufzupacken, öffnet er den obersten Druckknopf seines Schusswaffenholsters, und mir wird ganz flau im Magen. Da fängt der Bärtige leise an zu lachen und sagt: »Na, du bist ja 'n Gefährlicher!«

Auf diesem Level verarscht zu werden gefällt meinem Helden gar nicht. Weniger deshalb, weil ihn sein Ego schmerzt, als vielmehr deshalb, weil es ihn zwingen könnte, tatsächlich durchzuziehen. Und er hat Schiss, das spür ich deutlich. Tja, wer blufft, der muss irgendwann auch mal Farbe bekennen. Das ist die Kehrseite von solchen Machonummern. Auch wenn wir oft gern und gut mit dieser Taktik arbeiten, will hin und wieder einer die Karten sehen. Und unsere Karten sind im Moment recht mies.

Der Bärtige schaut grinsend in die Runde, die schwarzen Riesen nicken sich schweigend zu, und ich bereue zum ersten Mal in meinem Leben, dass ich ein Rüde bin. Denn ob das nun das Signal für Angriff oder Rückzug war, bleibt für die Ewigkeit einer Sekunde gänzlich offen. Dann dreht er sich frontal zu uns, kommt mit frei schwingender Banane zwei Schritte auf uns zu und sagt: »Okay. Wenn wir dabei zusehen dürfen.«

Wir zwei zucken unwillkürlich zusammen und schütteln uns mal kurz. Ich kann nicht mal sagen, ob's an den Schritten in unsere Richtung, dem letzten Satz oder dem wahrlich respekteinflößenden Schwengel liegt, den er da spazieren trägt.

Entsprechend verdattert kommt dann auch die Nachfrage, denn wirklich verstanden haben wir den letzten Satz beide nicht: »Wie, wat, wobei zusehen?«

»Na dir, beim Pissen«, kommt die Antwort so trocken, als wär's das Normalste von der Welt. Statt nun den Ball ein wenig flachzuhalten, obwohl ich auch nicht genau weiß, wie man auf so 'ne Frage sachlich antwortet, hat mein Blonder schon wieder 'ne große Fresse:»Na klar, ich kann dich auch anpissen, wenn du willst!«

»Das würdest du für mich tun?!«

»Nee, würd ich nicht, aber vielleicht kann ich meinen Hund dazu überreden?! Stinkt auch.«

So, das war's. Jetzt geht's rund. Erst in' Popo, dann in' Mund. Jetzt haste einmal zu viel 'ne große Fresse gehabt, denk ich so bei mir, doch mein Blödmann setzt noch eins drauf:»Oder weißt du was? Ich hab Tüten für den Hund dabei, davon mach ich dir schnell eine voll, die kannste dir dann zu Hause im stillen Kämmerlein über die Rübe gießen. Na, is' das nich' was Feines?! Is' das nich' 'n Angebot?!«

Langsam wird's Zeit, zum Funkgerät zu greifen und alles zu zücken, was wir so zur Verteidigung dabeihaben, find ich. Gut gefallen mir übrigens auch die beiden »Opfer«, die inzwischen beide, immer noch mit nacktem Hintern, in der Mitte stehen und völlig verstörte Blicke austauschen.

»Okay, sechsmal zum Mitnehmen, bitte«, hör ich da und anschließend ein Lachen, das mich zwar nicht beruhigt, aber doch irgendwie erleichtert. Ich setz mich hin, die Luft ist raus. Sie lachen! Und meinem Bengel fällt offensichtlich auch ein Stein vom Herzen. Er macht sein Holster zu und zeigt dann auf die beiden Zitterrochen:»Los, Hosen hoch, ihr Helden, und zwar zackig. Sonst überleg ich's mir noch mal, geh 'ne Runde pinkeln und komm in zehn Minuten wieder her.«

Die affenartige Geschwindigkeit, mit der die zwei hektisch

ihre Hosen hochschrauben, trägt noch einmal etwas zur allgemeinen Heiterkeit bei. Außer bei den zwei Betroffenen natürlich. Doch auch die sind offensichtlich mehr als glücklich über das, was grad geschieht. Denn wie die Küken hinter der Glucke watscheln sie zügig und dankbar hinter uns ins Freie, um dann nach einem »Danke, Mann!« so schnell davonzurennen, wie ich selten habe jemand laufen sehen.

Im Vorbeigehen hat übrigens der Bärtige, der im Nachhinein ein bisschen aussah wie 'ne abgespeckte Version von Bud Spencer, meinem Jungen seine Visitenkarte zugesteckt.

Hey, ihr kommt nie drauf, was der von Beruf ist!

Und ich fürchte, ich darf's euch auch nicht erzählen ...

Friedhof der Sozialisten

In Berlin-Friedrichsfelde Ost gibt es einen Friedhof, auf dem sich alljährlich vermeintliche Opfer des Stalinismus und irgendwelche Altkommunisten gegenseitig die Köpfe einschlagen wollen. Sagt zumindest der Blonde. Was das genau bedeutet, verstehe ich nicht. Und wieso die Zweibeiner ausgerechnet einen Friedhof für ihre ideologischen Aggressionsausbrüche auswählen, erst recht nicht. Mein Mensch auch nicht. Was wir beide ebenfalls nicht begreifen, ist, dass dieses Ritual meist damit eingeleitet wird, dass man Blumen auf Gräbern zertritt. Blumen auf Gräbern! Wie primitiv die Menschen doch sind.

Sie haben sich ein Buch erschaffen, das ihr Zusammenleben regeln soll, und sogar hineingeschrieben, dass die Störung der Totenruhe eine schlimme Sache ist. Aber halten tun sie sich nicht daran. Ihre Bücher und Regeln scheinen nicht viel wert zu sein.

Als wir die Wege zwischen den Gräbern abschreiten, um die Toten vor den Lebenden zu beschützen, versucht er mir all dies irgendwie verständlich zu erklären. Gerade so, als könnte man es verstehen. Er macht sich zu viele Gedanken.

Am 5. Juli 1951 starben achtundzwanzig Schulkinder bei der Explosion eines Ausflugsdampfers, der noch nicht einmal den Treptower Hafen ganz verlassen hatte. Eine Gedenkstätte und ihr Gemeinschaftsgrab sind ebenfalls auf dem Friedhof der Sozialisten. Nur dreihundert Meter weit waren sie gekommen, bis ihr Schiff explodierte und ihre jungen Seelen geradewegs in den Himmel fuhren. Hoffentlich. Ich habe extra an ihrem Grab angehalten, um meinen Bengel auf andere Gedanken zu bringen. Aber es war ein Fehler. Ein dummer Fehler. Sicher, ich hab ihn abgelenkt, aber um welchen Preis!

Ich höre ihn leise summen. Er kommt irgendwie in letzter Zeit immer schlechter damit klar, wenn Kinder Leidtragende sind von Willkür und Unglück. Einerseits verständlich. Andererseits soll er sich gefälligst zusammenreißen. »*Tell me there's a heaven, tell me that it's true, tell me there's a heaven, where all the people go*«, singt er leise vor sich hin. Ein Lied von Chris Rea, das er ständig im Auto leiert und in dem ein Mann von einem kleinen Mädchen genau darum gebeten wird. Am Ende des Liedes gibt der Mann die Bitte hilflos weiter. Wenig erbaulich.

Genauso wenig erbaulich wie die Tristesse und vordergründige Nüchternheit dieses großen Kindergrabes, das gleichzeitig ja auch eine Gedenkstätte sein soll. Nur ein verwitterter kleiner Teddybär nimmt den Blick gefangen, der über die Anlage streicht. Er hält wohl schon sehr lange Wache an diesem Ort. Müde, mit seitlich geneigtem Kopf, sitzt er angelehnt an eine Konifere auf loser Erde. Seine Augen sind milchig trübe, und doch scheint er leicht zu lächeln.

»Ilja«, flüstert da plötzlich eine kraftlose Stimme scheinbar aus dem Nichts, und unser beider Köpfe fliegen herum. Seitlich versetzt hinter uns steht eine winzige alte Frau, wer weiß, wie lange schon, und wir wundern uns beide, warum wir sie nicht bemerkt haben. »Sein Name ist Ilja«, wiederholt sie und fügt hinzu: »Er passt auf, wenn ich nicht hier bin.«

Statt zu antworten, nickt mein Junge nur langsam und mustert aus den Augenwinkeln die kleine, ungepflegte Person in ihrem zerschlissenen Wintermantel. Nach einer Weile des gemeinsamen Schweigens höre ich ihn sagen, ob nun aus Verlegenheit oder weil er sich erinnert, warum wir eigentlich hier sind: »Was Ilja und seine Schützlinge wohl denken mögen über die Idioten, die hier alljährlich Unfrieden verbreiten.«

Der Anflug eines Lächelns huscht über das Gesicht der alten Frau. Sie zeigt mit einem knochigen Finger auf mich und fragt: »Darf ich ihn streicheln?«

Mein Junge antwortet wie immer auf diese Frage mit einem Nein. Sie sagt: »Danke«, macht einen Schritt auf mich zu und legt ihre zittrige Hand auf meinen Kopf. Genau zwischen die Ohren auf das flauschige Stück Fell an meinem Hinterkopf, das die Kinder zu Hause Hamsterfell nennen.

Und es fließt Energie. Ich würde es euch gern erklären, aber ich kann es nicht. Ihr würdet es nicht verstehen. Egal ob wir es nun Energie, Kraft, Hoffnung oder Zuversicht nennen. Ihre Hand hört jedenfalls auf zu zittern, und durch den dünnen Arm lasse ich etwas in ihr aufsteigen, wovon ich viel in mir trage. Als es in ihrem Herzen ankommt, sehe ich, wie sich ihre Gesichtszüge glätten, sie atmet aus, und ihre Augen beginnen zu lächeln.

»Ein schönes Tier«, flüstert sie und blickt mich dankbar mit stahlgrauen Augen an, die auf sonderbare Weise denen des kleinen Grabwächters ähneln.

»Er ist der Teddy, der auf mich aufpasst«, höre ich meinen Jungen stolz sagen, und die alte Frau nickt. Plötzlich zerreißt das quäkende Funkgerät die Stille und Magie des Augenblicks: »Kommt bitte umgehend nach vorne, hier beginnen die ersten Handgreiflichkeiten!«, werden wir angewiesen. Für mehr als ein »Auf Wiedersehen« und einen letzten Blick auf Ilja haben wir keine Zeit, als wir uns auf den Weg machen.

Nichts an diesem Tag ist mir deutlicher in Erinnerung geblieben als diese Begegnung. Nicht einmal die anschließenden Tumulte und Prügeleien. Der Hass und die Wut der Leute dort haben es nicht geschafft, die Liebe und das bisschen neugewonnenen Mut in den grauen Augen der kleinen Frau zu verdrängen.

Nur an einen Satz meines Jungen am selben Abend vor dem Kamin kann ich mich noch sehr gut erinnern: »Du hast heute einen guten Job auf dem Friedhof gemacht!«

Nervensäge

Wissen Sie, warum der Hund der beste Freund des Menschen ist? Nein? Ganz einfach: weil er die Schnauze hält. Und sich kommentarlos jeden Quatsch anhört.

Unsere Fahrt zur Arbeit dauert, je nach Verkehrsaufkommen, zwischen dreißig und fünfzig Minuten. Es sei denn, wir stehen richtig im Stau, weil sich zwei aggressive Zweibeiner gegenseitig ins Blechkleid gefahren sind oder die Avus wegen Bauarbeiten monatelang zum Trampelpfad wird. Aber selbst wenn's gut läuft, können knapp dreißig Minuten auf dem Beifahrersitz eine Ewigkeit sein. Besonders nach der Schicht, auf dem Weg nach Hause, wenn mein verkappter Anarchist sich lautstark über unsere letzten Kunden, seine Firma oder sich selber ärgert:

»Ich könnt kotzen, Dicker! Mann, ich könnt mir den Finger in den Hals stecken und kotzen! Stundenlang! Hey, die moralische Elite dieses Landes verkackt dummdreist aufs übelste in Reihe, und ich soll alleinerziehenden Müttern mit zwei Kindern und drei Jobs 'ne Straftat an die Backe kleben, weil 'n Zwerg die Scheißerei hat! Kirchenfürstinnen fahren besoffen bei Rot über die Ampel und können froh sein, dass sie dabei niemand getötet haben; selbstverliebte Talkmaster, die auch noch Politiker sind, schniefen Koks und vergehen sich an Prostituierten, von denen sie angeblich nicht mal wissen, wie alt sie sind; Cheffeministinnen hinterziehen Unsummen von Steuern, Bürgermeister verbrennen Millionen und verabschieden sich unbehelligt grinsend in den Vorruhestand, ganze Parteien rechtfertigen Pädophilie in ihren Programmen, und allen wird verziehen. Allen! Alle werden weggelobt, ins Europaparlament berufen, manchmal sogar noch geehrt, bis sich keiner mehr an ihren Betrug oder Schwachsinn erinnert. Unter laufenden Bezügen oder fetten Abfindungen! Bis sie sich dann frech in die Medien zurückschleichen. Allen lässt man maximale Milde und Verständnis angedeihen. Nur der kleine Idiot auf der Straße, der sich abstrampelt, um am Ende des Monats seinen Dispokredit nicht zu überziehen, der soll die ganze Härte des Gesetzes zu spüren bekommen. Und ich soll's durchsetzen! Hey, klasse, Dicker! Kein Wunder, dass uns kein Schwein leiden kann!«

Wieder einmal schwer in Form und gut temperiert, der Gute, denke ich leicht amüsiert so vor mich hin und schaue dabei bemüht verständnisvoll zu ihm hinüber. Hättest ja Gehirnchirurg werden können oder selber Politiker, würde ich ihm gern sagen, aber, Gott sei Dank, kann ich das ja nicht. Allerdings weiß ich genau, warum er sich so aufregt. Liegt an dem letzten »Fall« des Tages. Aber normalerweise steckt er so was besser weg.

Wir waren allein auf dem Rückweg von der Kleiderkammer, wo er sich gerade wieder mal angehört hatte: »Tut mir leid, ham wa nich' passend da!«, als ihn am Tempelhofer Damm ein Typ mit Jack-Wolfskin-Jacke und schwarzen Lacklederhalbschuhen rechts ranwinkte. Wobei rechts ran genau genommen Blödsinn ist, denn eigentlich war Stau. Zumindest auf der rechten Spur vom Tempelhofer Damm ging nichts mehr, und wir trugen unseren Beitrag jetzt munter dazu bei.

Ich saß unerlaubterweise wieder mal auf dem Beifahrersitz, als mein Junge den alten grünweißen Polizeibully hinter dem

BMW des Winkepeters zum Stehen brachte, bevor er mein Fenster bis auf einen Spalt geschlossen hatte.

Das Erste, was der Typ sagte, war: »Hallo, ich bin Kollege«, um dann meinem Jungen einen roten Dienstausweis unter die Nase zu halten. Für alle, die's nicht wissen sollten: Rot bedeutet Kripo. Dann ließ er in den ersten Sätzen dezent am Rande noch seinen hohen Dienstgrad mit einfließen, und uns war klar, wen wir da vor uns hatten. Einen Polizisten, der wenig riskiert und dafür viel Geld bekommt. Und immer recht hat.

Er hatte Stress mit der Fahrerin eines pinkfarbenen Daihatsu Cuore, die seiner Ansicht nach für diesen Stau hier verantwortlich war. In der kleinen Blechbüchse saßen zwei Kinder in ihren Sitzschalen festgeschnallt, und die Frau hatte sich eine Zigarette angezündet, wohl um sich zu beruhigen. Wir sollten nun eine Anzeige aufnehmen, mit einer ganzen Latte von Verfehlungen, die der Winkepeter hochkompetent herunterleierte. Von Nötigung, Beleidigung, natürlich Verkehrsordnungswidrigkeit und sogar »Aggressionstat im Straßenverkehr« war die Rede. Sie habe ihn wild gestikulierend »herzloser Spießer« genannt, und irgendwann sei ja schließlich mal Schluss mit lustig, meinte er.

»Jo, okay, gut, verstehe«, sagte mein Bengel daraufhin und dann: »Alles klar. Ich geh rüber, regel das, und Sie sichern solange bitte mal mein Fahrzeug, weil ich alleine bin.«

Etwas unwillig, weil er bestimmt gern mitgegangen wäre, blieb der Mann also bei mir stehen, und ich linste ihn frech durch meinen Schlitz im Fenster an. Mögen es acht, neun oder zehn Meter gewesen sein, die mein Junge bis zu der Frau hinüberging, schnuppe, meine Ohren sind auf jeden Fall besser als Menschenohren, und das ist und war auch gut so. Denn meinem »Bewacher« mit der coolen Tatze auf der Jacke hätte nicht gefallen, was es zu hören gab.

Zuerst erklärte die Frau meinem Bengel, dass ihre Tochter schlimmen Durchfall habe und sich auch noch übergeben musste. Deshalb habe sie am Gully gestoppt, um sie dort abzuhalten, weil es hier keine andere Möglichkeit dafür gab.

»Ah, Pipi aus dem Popo, ich kenn das, ich hab selbst drei Kinder«, war seine Antwort, während er über seine rechte Schulter der Kripo neben mir beruhigend zunickte. Die nickte siegessicher zurück. Dann fragte die Frau ängstlich, was jetzt passiere, und entschuldigte sich, dass sie so aufgeregt sei, weil total im Stress. Denn sie hätte die Kinder eigentlich schon zur Oma bringen müssen. Ihr Zweitjob fange in zehn Minuten an, und und und …

»Pst, alles gut, ganz ruhig …«, flüsterte mein Blonder daraufhin, während er viermal demonstrativ den Kopf hin und her schüttelte. »Hören Sie mir bitte gut zu, stellen Sie keine Fragen und widersprechen Sie mir nicht. Einfach ruhig zuhören. Sie betrachten sich jetzt bitte von mir als mündlich verwarnt, und ich ziehe mit großer Geste aus meiner linken Brusttasche einen zusammengefalteten Bogen mit McDonald's-Gutscheinen, die gestern in der Werbung im Briefkasten waren. Das könnte aber genauso gut ein Abreißblock mit Anzeigevordrucken für Verkehrsordnungswidrigkeiten sein, wenn Sie verstehen, was ich meine. So, jetzt ziehe ich aus meiner rechten Beintasche einen Kugelschreiber, knips das Ding an und schreib viermal ›Guten Appetit!‹. So, zweimal Big Mac, einen für Sie und einen für Oma, und zweimal Happy Meal mit Spielzeug für die Kurzen. Hier, weg damit in die Handtasche. Und Sie steigen jetzt sofort betreten in Ihren scheußlich gefärbten Daihatsu und machen sich vom Acker. Los, zack, zack!«

»Sie sind aber lieb«, war das Letzte, was die Frau zu meinem Jungen sagte, und er flüsterte zurück: »Bin ich nicht. Ich bin ein vergrätzter alter Sack, und wenn ich so weitermach, schaff ich's niemals bis zur Pension. Außerdem sind die Gutscheine nur Ermäßigungen. Los, ab jetzt!«

Dann drehte er sich um und schlurfte zurück zur Kripo, die ihn mit den Worten »Was war das denn jetzt?« empfing.

»Also …«, machte mein Spinner die Nummer rund, »… ich habe zunächst selbstverständlich angemessen die Verkehrsordnungswidrigkeit geahndet, und dann hab ich der Frau gesagt, dass Sie ein netter Kerl sind und sicherlich bei einer ehrlichen Entschuldigung von weiteren Maßnahmen absehen würden. Damit hatte ich doch recht, oder? Also hat sie mich gebeten, Ihnen auszurichten, dass es ihr leidtut. Damit hätten wir der Frau dann einen ordentlichen Schrecken eingejagt, und das sollte reichen, denke ich.«

Ein nachdenkliches und leicht misstrauisches »Aha« war alles an Antwort. Um die Gunst der Minute auszunutzen, wollte mein Blonder mit den Worten »Tschüs, bis zum nächsten Mal« in seinen Wagen steigen, als der Typ ihn mit der unerwarteten Nachfrage ausbremste: »Sagen Sie mal, Sie sind doch Hundeführer, richtig? Dürfen Sie den Hund eigentlich so transportieren?«

So, dachte ich, jetzt ist der Vogel fällig. Jetzt springt mein Bengel ihm mit dem nackten Hintern ins Gesicht oder macht ihn sonst wie glatt. Stattdessen aber kam die nächste schräge Ansage: »Jo. Und jo. Damit der Hund ohne Verzögerung eingesetzt werden kann, falls wir sofort eingreifen müssen. Gibt da 'ne neue Geschäftsanweisung. Tschüs, schönen Tach noch!« Und weg waren wir.

Ich weiß nicht, ob er nun langsam in die Jahre kommt oder

einfach ein bisschen alle ist. Früher hat er solche Sachen auf jeden Fall viel besser weggeheftet. Und vor allem schneller. Ich denke, es frisst ihn an, dass sich ausgerechnet jene, in die wir unsere Hoffnungen setzen, weil sie in einem Amt, einer Position oder sonst wie als Vorbild dienen könnten und sollten, immer häufiger als Unsympathen und blanke Egoisten erweisen.

»Komm, Dicker, das schreit nach einem Alkoholexzess«, war das erste Vernünftige, was meine verhuschte Nervensäge nach seinem endlosen Monolog am Ende zu mir sagte.

»Komm, wir machen halt bei unserer Eisdiele, ich hol uns jedem zwei Kugeln Eierlikör!«

Die Nabelschnur

Das Gekläffe ist ohrenbetäubend im Widerhall der weißen Kachelwände. Es stinkt. Nach Desinfektionsmittel und Angst. Draußen vor dem langgezogenen Flachbau haben sie Aufstellung genommen. Wie Chorknaben. Wie kleine Jungs stehen sie in einer Reihe und werden einzeln hereingerufen. Zwei Mädchen sind auch dabei. Einige von ihnen versuchen ihre Nervosität zu bekämpfen, indem sie mit drei Zügen eine ganze Zigarette rauchen. Oder an den schwarzweißen Hundeleinen herumfummeln, die am Tage zuvor mit den Worten ausgeteilt wurden:

»Dies, Herrschaften, ist keine Hundeleine! Es ist auch kein Band mit zwei Metallringen und einem Karabiner! Dies ist eine Nabelschnur! Niemals, ich wiederhole, niemals werden Sie diese Nabelschnur abtrennen, wenn Sie sich demnächst mit Ihrem neuen Partner bewegen, haben Sie das verstanden?! Und morgen ist der Tag der Wahrheit. Denn morgen werden Sie Ihren Ängsten und Wünschen in die Augen blicken und versuchen, diese Nabelschnur anzulegen. Gutes Gelingen dafür! Und jetzt fahren Sie nach Hause, ruhen sich aus und versuchen sich mental auf diese Aufgabe einzustellen.«

Eine tolle Ansprache. Führte mit Sicherheit zu so manch schlafloser Nacht.

Lange Zeit reiner Theorie haben sie alle hinter sich, ohne auch nur einen Hund zu Gesicht bekommen zu haben. Schräubchenkunde. Anatomie, Psyche, Krankheiten und alles andere, was der

Mensch über uns zu wissen glaubt, hat man ihnen zu vermitteln versucht. Und doch blieben am Ende mehr Fragen als Antworten. Zum Abschluss lagen vor jedem Platz auf dem Tisch kleine Zettel mit dem jeweiligen Namen »ihres« Hundes. Verkehrt herum! Auf Kommando durften sie die Zettel herumdrehen und ihren Assoziationen freien Lauf lassen, in Bezug auf vielsagende Namen wie Tyson, Gandhi oder Mica. Der Weg bis dahin war steinig, ja fast unmöglich. Zu viele Hindernisse, Tests und Auswahlverfahren, so schien es, als dass am Ende alles gut werden würde.

»Ist Ihnen klar, dass Sie sich mit Mitte vierzig in Auswahl und Ausbildung gegen Mitbewerber durchsetzen müssen, die teilweise halb so alt sind wie Sie«, musste sich mein Junge anhören, noch bevor überhaupt irgendetwas entschieden wurde. Und bei mir sagte man: »Gut, er hat Potential, aber seine Nierenwerte sind am oberen Limit, und in puncto Aggression und Kampftrieb wird er wohl auch keine Geschichte schreiben.«

Dann hieß es jedoch aufatmen! Wir wurden beide zugelassen, obwohl es jeweils eine knappe Entscheidung gewesen sein muss. »Natürliche Auslese, Herr Gutenrath! Wir werden sehen, alter Mann, ob Sie den Lehrgang überstehen«, bekam mein Bengel an den Latz geknallt, mit dem typischen Hang zum schwarzen Humor, der seiner beruflichen Wahlheimat und Ersatzfamilie eigen ist. Und ich weiß, er war glücklich. Sie kannten seine Akte und Biographie, und ihnen war klar, dass er freiwillig niemals aufgeben würde.

Hätten sie seine statt meine Hüftgelenke geröntgt, wäre unser gemeinsames Märchen beendet gewesen, bevor es begann. Doch die Schmerzen in den Gelenken, deren Ursache er erst Jahre später erfahren sollte, machten ihn nur noch verbissener und zielstrebiger. Mich winkten die Mediziner, nachdem sie mich auf Herz und Nieren getestet hatten, durch, und dafür bin ich bis zum heutigen Tag unserem lieben Dr. Köhler sehr dankbar. »Bei guter Ernährung und einer strengen Diät ist er seinen Aufgaben gewachsen«, stand am Ende aller Untersuchungen. Meine psychologischen Tests waren ebenfalls kein Zuckerschlecken. Glatter oder durchsichtiger Untergrund, Lärm, Höhe, völlige Dunkelheit und auch Pistolenschüsse stellten eigentlich kein großes Problem dar. Doch ich war und bin erst bereit zu kämpfen, wenn es keinen anderen Ausweg gibt.

Diese Eigenschaft, die mein Junge und ich teilen, ist für unsere Begriffe nach wie vor ein Prädikat und Qualitätsmerkmal, doch ganz zu Beginn hätte sie mich fast meine Polizeikarriere gekostet. Es ist bei uns beiden denkbar knapp gewesen, doch wir waren im Spiel. Aufgeregt, gespannt und beide überglücklich. Dabei fiel damit eigentlich ja nur der Startschuss. Zu einem Lehrgang, den die Ausbilder als »körperlich zweitintensivsten, den die Polizei zu bieten hat« ankündigten. Hat meinen kleinen Großkotz nur ein überhebliches Grinsen gekostet. Und am Ende fast fünf Kilo Körpergewicht!

Mehr als die Hälfte der zweibeinigen Lehrgangsteilnehmer überstand die Strapazen überhaupt nicht. Bei klirrender Kälte und gleißender Hitze einen wolfsgroßen Hund durch die Gegend zu tragen, an seinem Beißpolster hin und her zu schleudern oder ihm auch nur dauernd, teilweise über Hindernisse, hinterherzurennen und -zuklettern forderte seinen Tribut. Aber schweißte zum Schluss auch zusammen und ließ ein Gemeinschaftsgefühl entstehen, wie es von Mensch zu Mensch schon recht selten ist, speziesübergreifend aber geradezu magisch. Es war wundervoll, in der eigentlichen Bedeutung des Wortes, wie

Stück für Stück ein Vertrauensverhältnis entstand, das es zuließ, sich gemeinsam in Situationen und an Orte zu begeben, wohin sich keiner der Protagonisten einzeln getraut hätte.

Ein gegenseitiger Ausgleich und Synergieeffekt zwischen zwei vermeintlich so verschiedenen Erfolgsmodellen der Evolution, der nicht nur höchst effizient und erfolgreich sein kann, sondern am Ende wieder zu der erstaunlichen Erkenntnis führt, dass die Gemeinsamkeiten viel größer sind, als unser Verstand uns wahrnehmen lässt. Kurz: Am Ende des Weges steht Freundschaft und nicht selten Liebe. Eine Aussage, die auf Außenstehende seltsam oder mindestens unglaubwürdig wirken mag. Man braucht sich aber eigentlich nur kurz mit den vielen Geschichten, Bildern und Filmen über K9-Teams zu beschäftigen, deren Mitglieder das Schicksal auseinandergerissen hat, um zu verstehen, dass da viel mehr ist als eine professionelle, oberflächliche Verbindung. Eben eine Nabelschnur. Zu Beginn handfest und greifbar, später dann, manchmal bis über den Tod hinaus, unsichtbar Sinn und Trost spendend. In beiden Richtungen. Doch bis diese magische Verbindung besteht, ist es ein langer Weg. Und er beginnt mit einem »Klick«!

»Gutenrath, Sie sind dran«, erschallt der Ruf durch die Anlage, und mit einem leisen, freundlichen Unterton: »Denken Sie dran, was wir Ihnen gesagt haben: Nicht lange in die Augen schauen, keine Zähne zeigen beim Lächeln, nicht drüberbeugen und die Arme unten lassen! Na los, wird schon gutgehen …«

Und dann ist er auf dem Weg zu mir. Allein, den langen Gang herunter. Ohne Schutzausrüstung, ohne Ausbilder an seiner Seite, nur mit einer Hundeleine und einer Halskette. Ich höre seine Schritte auf mich zukommen, und allein das gibt mir schon wertvolle Informationen über meinen neuen Partner. Er geht zügig, jedoch nicht hektisch, tritt sauber auf und trippelt nicht. Er macht nicht mal Pausen, um die Namensschilder an den Zwingern abzulesen auf der Suche nach mir. Er ist zielstrebig, aber ein wenig unsicher. Jetzt ist er gleich da, ich habe deutlich seine Witterung. Er schwitzt. Ein bisschen Adrenalin ist auch im Spiel. Er ist kampfbereit, aber ruhig und offen, das spüre ich deutlich.

Mit einem Knall schiebt er den Sicherheitsmetallriegel meiner schweren Tür zur Seite, und ich zucke leicht zusammen. Das war nicht schlau, Junge! Jetzt öffnet sich die Tür. Langsam, aber nicht zaghaft. Ohne abzuwarten, tritt er in meinen Zwinger, schließt die Tür hinter sich und dreht sich um.

»So, Krachmacher«, denke ich, »jetzt gibt es kein Entkommen mehr, ab jetzt entscheide allein ich, was mit dir passiert!«

Für die Ewigkeit einer Sekunde stehen wir uns schweigend gegenüber und mustern uns. Ich mache einen Schritt nach vorn, lege einen bösen Blick auf, und es wirkt. Er geht zwar nicht zurück, aber ich spüre seine Angst. Nachdem er tief durchgeatmet hat, nimmt er allen Mut zusammen, und ich höre: »Wow, was bist du für ein schöner Kerl! Hallo! Ich bin Polizeikommissar Cid Jonas Gutenrath, Dienstnummer 10248, und du bist Polizeihundanwärter Jery, Dienstnummer 2045 – aber eigentlich bin ich dein Jonas und du bist mein Teddy, und dies ist einer der schönsten Momente in meinem ganzen Leben.« Dann grinst er so breit, dass ich alle Zähne sehen kann, schaut mir tief in die Augen, kommt von oben auf mich zu und nimmt mich in den Arm!

Na klasse, was für ein Verrückter!, schießt es mir durch den Kopf. Und ich lecke ihm quer über sein Gesicht, als er mich wieder anschaut. Was soll ich denn auch sonst machen?! Der vierbeinige Kollege schräg gegenüber hätte ihn für diese Nummer wahrscheinlich totgebissen, aber ich halte nur meine Nase nach oben, lasse die Halskette über meinen Kopf gleiten, schaue zu, wie er unsere Nabelschnur einklinkt, zerre ihn aus meinem Zwinger und den langen Gang hinter mir her hinaus in das Sonnenlicht dieses herrlichen, unvergesslichen Tages und genieße den Augenblick.

Unsere drei weisen Ausbilder, die sich viel Gedanken darüber gemacht haben, ob wir zwei zusammenpassen, stehen lächelnd und mit vor der Brust verschränkten Armen neben dem Ausgang, rechts und links an die Wand gelehnt. Fast wie stolze Väter. Als wir aus diesem »Geburtskanal« heraus an ihnen vorbeischießen, ich natürlich vorneweg, zwinkert Christian uns zu, Dennis muss laut lachen, und Martin stellt, trocken wie die Staubwolke, in der wir verschwinden, fest:

»O Mann, da kommt 'ne Menge Arbeit auf uns zu!«

Rico und Herr Müller

Zeig mir deine Freunde, und ich sag dir, wer du bist.

Als wir Rico und Herrn Müller das erste Mal sahen, saßen die beiden auf dem Berliner Alexanderplatz und bettelten. »Haste ma 'n Euro, Spießer?«, war die wenig charmante Ansprache, die jeder zu langsam gehende Passant zu hören bekam, der im Fluss der Großstadthektik an den beiden vorbeigetrieben wurde. Dementsprechend war der Plastikbecher vor ihnen komplett leer.

»Du brauchst 'n neues Geschäftsmodell, mit der Nummer schiebt ihr zwei heut Abend immer noch Kohldampf«, sagte mein Klugscheißer zu dem schmutzigen Jungen mit dem kahlen Kopf und den durchlöcherten Klamotten, als wir vor ihnen standen, weil wir sie vertreiben sollten. Der Geschäftsführer des Ladens, vor dem die beiden hockten, hatte uns, die wir eigentlich auf Krawallstreife unterwegs waren, angesprochen, weil der Anblick der zwei »geschäftsschädigend« sei.

»Fick dich ins Knie, Bulle«, kam die wenig charmante, dafür aber postwendende Antwort.

»Hab ich versucht, bin aber zu ungelenkig«, war nicht unbedingt der Text, den der kleine Punk darauf von einem Polizisten erwartet hatte. Und so huschte ein schmallippiges, gerades Lächeln durch das Gesicht bis zu seinen Augen, die bemüht waren, stur an uns vorbeizuschauen. All seine Verachtung, vielleicht aber auch ein bisschen Angst wurden dadurch besser ausgedrückt als durch tausend Worte.

»Oder mein Schniedel is' einfach zu kurz …« Mit dem Nachsatz schaffte es mein Jonas immerhin, einen kurzen Blick auf uns zu ziehen, der betont flüchtig wirken sollte. Die Neugier hatte gesiegt. Ein intelligentes, zwar schmutziges, aber dennoch ganz klares Gesicht fixierte uns für den Bruchteil einer Sekunde. Es wirkte irgendwie sonderbar, ja fast etwas verstörend. Nach einer Weile fiel uns auf, warum. Weil in ihm die Augenbrauen fehlten.

»Was willst du von mir, Bulle!?«, bekamen wir dann zu hören, und es klang immer noch alles andere als nett. Aber der Tonfall war schon etwas moderater.

»Ich will gar nichts von dir, aber der Geschäftsführer von dem Laden hier will, dass du vor seinem Eingang verschwindest.«

»Ich hab niemanden beklaut oder angepöbelt, du darfst mich hier nicht wegschleifen.«

»Hab ich nicht vor.«

»Ach nee, was denn dann? Willst du deine Faschotöle auf uns hetzen? Ich warne dich, mein Hund hier is' auch nich' ohne!« Und als gäbe es kein schlechteres Timing, ließ der große, schlaksige Hund, der es sich neben dem Jungen gemütlich gemacht hatte, ein langes, wirklich ausgiebiges Gähnen hören und sehen.

»Ja, ja, ich seh schon, er is'n Killer. Was hast du denn da Feines? Sieht aus wie 'n Bloodhound.«

»Geht dich 'n Scheiß an, Bulle!«

»Stimmt. Und trotzdem müsst ihr hier weg.«

»Warum? Dazu hast du kein Recht. Ich hab keine Angst vor deinem Knüppel.«

»Ich werd dich schon nicht verprügeln. Das machen wir anders. Du musst deshalb weg, weil du mit deiner Nummer hier auf keinen grünen Zweig kommst. Warum gehst du mit deinem Schnarchsack nicht rüber zum Brunnen? Schau, hier rennen die ganzen Arbeitsbienen vorbei. Übellaunig und gestresst. Da drüben gibt's Touristen mit Freizeit und guter Laune. Und die beleidigst du dann nicht mit ›Spießer‹, sondern sprichst die einfach aussehenden Kerle mit ›Herr Professor‹ an, und die dicken Damen nennst du ›Schöne Frau‹, bevor du höflich darum bittest, ob man euch zwei mit ein bisschen Kleingeld für 'ne Mahlzeit unterstützen würde. Kapiert?«

»Na toll, Arschloch! Wir sitzen da keine fünf Minuten, dann kommen deine lieben Kollegen und scheuchen uns weg, weil wir 'ne Schande sind fürs Stadtbild.«

»Wir sind hier in Berlin. Da seid ihr keine Schande, sondern 'n Fotomotiv. Und das is' schon die nächste Geschäftsidee, kleiner Blödmann.«

»Haha.«

»Nix haha, und wenn du mich noch mal Arschloch nennst, kriegst du von mir zu hören: ›Verpiss dich, Zecke, oder ich mach dir Beine!‹ Gefällt dir das etwa besser?!«

»Nich' wirklich.«

»Na also. Was is' jetzt? Für den Rest des Tages Kohldampf schieben oder Einsatzgebiet verlagern?«

»Option zwei.«

»Kluge Entscheidung! Und was hältst du von folgendem Deal: Wenn du mir den Namen von deinem Hund verrätst, sorge ich dafür, dass dich für mindestens die nächsten zwei Stunden kein Polizist am Brunnen behelligt? Wie wär's?«

»Herr Müller.«

»Wie, was, Herr Müller …?«

»Das ist sein Name: Herr Müller!«

Okay, verstehe, alles klar. Gut, schiebt ab. Und hier habt ihr 'n paar Schmackos …«

»Ich nehm keine Almosen von Bullen. Die kannst du deinem eigenen Fiffi geben.«

»Der frisst so was nicht, der hat Nierenprobleme. Die Dinger haben wir extra dabei für Streuner wie euch. Außerdem hab ich nicht gesagt, dass sie für dich sind! Guck mal, Herr Müller sabbert schon.«

Drei lange Leckerli später, die in einer Hundeschnauze verschwanden wie in einem Staubsauger, sammelte der magere Junge seine wenigen Sachen zusammen, nahm seinen alten Bundeswehrrucksack und machte sich mit seinem Begleiter auf den Weg. Wir schauten den beiden einen Augenblick nach, der Filialleiter nickte dankbar durch die Schaufensterscheibe, und wenn wir jemals einen sich gemächlich und schlaksig hin und her bewegenden Hundehintern gesehen haben, der jenem von Walt Disneys Pluto ähnlicher sah als der Arsch von Herrn Müller, wollen wir verdammt sein.

Ein paar Tage später waren wir wieder am Alex eingesetzt. Erneut hatte es Schlägereien gegeben, und man versprach sich von unserer Präsenz was auch immer. Unser Weg führte uns als Allererstes … Na, wohin, glaubt ihr? Genau, zum Brunnen. Dort saß auf der Erde, angelehnt an den Brunnenrand und angekuschelt an sein Schlappohr, der kleine, freche Glatzkopf. Neben ihm stand eine McDonald's-Tüte.

»Tach, Herr Müller. Hallo, kleiner Blödmann!«

»Was los, Bulle, is' unser Deal geplatzt?«

»Der galt nur für zwei Stunden, kleiner Blödmann.«

»Was heißt das? Müssen wir jetzt hier weg oder was?«

»Nicht unbedingt. Aber die McDonald's-Tüte sollte da verschwinden. Is' nich' gut fürs Geschäft, kleiner Blödmann. Kannst ja gleich 'ne Blockhaus- oder KaDeWe-Tüte hinstellen.«

»Hör auf, mich dauernd kleiner Blödmann zu nennen, ich hab 'n Namen, verflucht!«

»Ach, und wie lautet der, du Stratege?«

»Rico! Ich heiß Rico, verflucht!«

»Sieh mal einer an, kleiner Blödmann! Ich heiß übrigens auch nicht Bulle. Mein Name ist Jonas.«

»Jaja, schon kapiert, Herr Polizist …«

»Nein. Nicht Herr Polizist, sondern Jonas!«

»Na fein. Was soll das hier werden, willste mich adoptieren, Bulle?!«

»Nee. Du bist zu dreckig und frech.«

»Was dann? Biste schwul?!«

»Selbst wenn, wär ich sicher nich' scharf auf so 'nen kleinen Dreckspatz wie dich!«

»Haha, ich lach mich tot.«

Von der Mittagssonne geblendet, setzte mein Bengel seine Scheißkerlsonnenbrille auf, sich selbst auf den Brunnenrand neben den Kleinen, und ich legte mich Nase an Nase zu Herrn Müller. Was Herrn Müller offensichtlich, weil schwanzwedelnd, freute und den kleinen Stadtstreicher zu dem Kompliment veranlasste: »Hey, dein Hund is'n geiler Typ, auch wenn er 'n Bulle is'!«

»Stimmt. Er is'n geiler Typ! Und weißt du was, wir zwei, du und ich, sind genau wie die zwei da, eigentlich auch gar nich' so verschieden. Ich meine, wir haben beide 'nen Hund, mit dem wir sechsundzwanzig Stunden am Tag zusammen sind. Und der unser Bewacher, unser Beschützer und genau genommen unser einziger richtiger Freund ist. Du hast 'ne Ich-AG, und ich bin Beamter, aber ansonsten, glaub mir, trennt uns gar nicht so viel. Ich kenn die Straße gut.«

»Und doch sitzt du da oben und ich hier unten, richtig, Bulle?!«

Mit einem Grinsen rutschte daraufhin mein Großer von der Mauer auf den Boden, direkt neben den verdutzt guckenden Jungen, und sagte: »Ja, mag sein, aber wer weiß, wo du in dreißig Jahren bist.«

»Ich weiß genau, wo ich in dreißig Jahren bin«, sagte der kleine Kerl da, mit seinem schmalen und irgendwie traurigen Lächeln.

In dem Moment erschienen drei schnatternde Japaner mit ihren Fotoapparaten auf der Bildfläche und fingen an, ungefragt zu knipsen. Mit dem japanischen Wort »*Ryoukai*« und dem gleichzeitigen Aneinanderreiben von Daumen und Zeigefinger bei erhobener Hand machte mein uniformierter Straßenköter den drei grinsenden Nickern klar, dass nichts auf dieser Welt umsonst ist. Vor allem Unhöflichkeit nicht. Was eigentlich bei Japanern recht selten vorkommt.

Als einer der drei dann mit einer Dollarnote in der Hand auf uns zukam, stoppte mein Bengel ihn mit dem geschüttelten erhobenen Zeigefinger und zeigte dann kurz auf alle drei Knipser. Also sammelte der von seinen Begleitern ebenfalls noch etwas Geld ein, kam dann schüchtern auf uns zu und drückte es dem kleinen Glatzkopf in die Hand, weil mein Bengel mit dem Daumen auf ihn deutete.

Mit den Sätzen: »Sag mal ›Thank you‹ zu dem Grinsepeter«, und: »Hoffentlich landen wir mit den Schnappschüssen nicht im Internet, sonst mach ich das hier auch bald hauptberuflich«, rappelte er sich mühsam auf, denn wir bekamen über Funk einen Auftrag herein.

»Hey, Jonas, hast du noch ein paar Schmackos für uns?«, fragte der kleine Punk zum Abschied, und mein Junge musste lächeln.

In den darauffolgenden Wochen waren wir immer mal wieder am Alexanderplatz eingesetzt, hielten Ausschau nach Rico und Herrn Müller, und mein Bengel quatschte noch so manches Mal, besonders nachts, mit dem kleinen Frechdachs. Zum Beispiel über die Ramones und Patti Smith. Er erfuhr sogar etwas von dem Zuhause, in dem man es angeblich nicht aushalten könnte. Von Mama und Papa. Er Studienrat, sie Chefsekretärin und beide angeblich zum Kotzen. Davon, dass Herr Müller tatsächlich ein Stück weit Bloodhound war, er aber trotzdem aus dem Tierheim stammte, weil er »voll krass«, aber für Rico »ganz okay« aus seinen zahlreichen Hautfalten stank und ihn deshalb keiner haben wollte. Nur was wirklich wichtig war, das erzählte unser kleiner Punk uns nicht.

Denn nach einiger Zeit konnten wir die beiden nicht mehr finden. Mein Großer machte sich Sorgen, auch wenn wir versuchten, uns einzureden, dass er vielleicht wieder zu Hause war.

Genau zwei Wochen hielt mein sentimentaler Spinner es noch aus. Dann marschierten wir schnurstracks in eine Traube Punks. Zweibeinige und vierbeinige, mit denen Frechdachs und Stinker oft abgehangen hatten. Wie nicht anders zu erwarten war, hieß man uns nicht willkommen.

Auf die Frage »Weiß einer was über Rico und Herrn Müller?« ernteten wir nur eisiges Schweigen und ein paar betretene Blicke. Mein Bengel hatte wenig Geduld und wartete deshalb gleich mit schwerem Geschütz auf: »Muss ich euch erst irgendeinen

Scheiß von Hundesteuer, Ordnungswidrigkeiten und Räumung erzählen, oder sagt mir jetzt einer von euch Knallern, was ich wissen will?«

Daraufhin erhob sich ein schwergewichtiger Irokesenträger und setzte uns ins Bild: »Der is' verreckt, Alter, jämmerlich verreckt, kapierste?! Der war krass krank, und sein Stinker is' jetzt bei seinen Scheißeltern. Die tun jetzt so, als wär der Köter ihr Kind! Arschlöcher! Hätten sich ma' lieber um den Kurzen jekümmert! Drecksspießer! Aber was interessiert dich das, Bulle?!«

Mit einem schmalen Lächeln, das mir sehr bekannt vorkam, schaute mein Junge zu mir runter, streichelte mich und antwortete leise:

»Tja, was interessiert uns das eigentlich, Dicker, hm …? Ganz einfach: Die beiden waren unsere Freunde.«

PS: Erst Wochen später haben wir aufgehört, nach unseren Brunnenfotos im Internet zu suchen.

Ismus

Sexismus, Faschismus, Neoliberalismus, Ismus, Ismus, Ismus! Nicht falsch verstehen, aber wir nehmen an so viel Demonstrationen teil, dass wir gelinde gesagt für alle lokalen und globalen Missstände dieser Welt sensibilisiert sind und es uns inzwischen nichts mehr ausmacht, für alles auch die Verantwortung zu übernehmen. Schuld sind wir ja eh, wenn man dem Großteil der Demonstranten glauben darf. Dann können wir uns ja schließlich auch dazu bekennen. Steter Tropfen höhlt das Schwein. Das Bullenschwein natürlich.

Wenn man etwas oft genug hört, gewöhnt man sich daran, und irgendwann findet man es sogar selber toll und singt mit. Wie, glauben Sie nicht? Beispiel: Helene Fischer! Na, hab ich recht? Is' was dran an der Theorie, oder?! Ergo kommt es nicht selten vor, dass unsere Jungs einfach mal mit einstimmen, wenn die Kundschaft wieder mal freudig, laut und rhythmisch kundtut: »Ganz Berlin hasst die Polizei!« Glaubt mir, wenn das gut gemacht wird, geht das voll ins Tanzbein. Und wir haben auf unseren Wagen sogar alle Lautsprecher! Ihr könnt euch gar nicht vorstellen, wie doof der geneigte Berufsdemonstrant aus der Wäsche gucken kann, wenn die Polizei über Lautsprecher seinen Schwachsinn mitskandiert!

Gut, diese Zeilen lassen ein wenig an Ernsthaftigkeit und Problembewusstsein missen. Und es gibt ja tatsächlich Themen, die es verdienen, dass die Öffentlichkeit schonungslos mit ihrer

Brisanz konfrontiert wird. Verwendung von Plastikweichmachern in Hundespielzeug zum Beispiel. Oder Leinenzwang in Parkanlagen. Genau wie freie Liebe, ohne Rassenschranken! Tja, da gäbe es noch so einiges, was mir wichtig wäre.

Aber jetzt mal Spaß beiseite. Keineswegs wollen wir uns lustig machen über ehrlich besorgte Menschen, deren Gewissen sie umtreibt. Oder gar den Sinn und Nutzen von Versammlungs- und Meinungsfreiheit in Zweifel ziehen. Nein, wirklich nicht. Was wir uns aber auf fast jeder zweiten Demonstration fragen, ist, warum die Menschen, die dort marschieren und grölen, nicht einfach mit anpacken, um die Welt zu verändern und zu verbessern. »Sea Shepherd« oder »Ärzte ohne Grenzen« würden sich sicher freuen über jeden Einzelnen, der etwas tut, statt nur dazu aufzurufen. Aber dazu gehört natürlich etwas mehr, als dümmliche Parolen zu schreien und künstliche Feindbilder zu suchen unter denen, die vielleicht sogar derselben Meinung sind. Nämlich die Bereitschaft, Unbequemlichkeiten und tatsächliche Risiken auf sich zu nehmen. Vor allem aber eines: Kompetenz!

Da das nun aber leider Eigenschaften sind, die bei vielen Berufskindern und professionellen Hartz-IV-Empfängern, die sich von Demo zu Demo hangeln, traurig selten anzutreffen sind, fällt es dem faschistoiden Schergen des Unterdrückerregimes auch nicht immer leicht, so völlig ernst zu bleiben. Oft ist Humor die einzige Möglichkeit, angemessen auf ständige verbale und sogar physische Attacken zu reagieren, um nicht in Lethargie oder sogar Hass zu verfallen.

Neulich hat mich einer von den schwarz Vermummten im Vorbeigehen »Faschistentöle« genannt. Echt! Ich meine, was hat der gedacht? Dass ich entrüstet anfange zu jaulen? Mein Junge hat bierernst zu ihm gesagt: »Das is' Beamtenbeleidigung, das dürfen sie nich'!«, und hat dann laut angefangen zu lachen.

»Haha, Bullenhumor«, hat der dann vor sich hin geflüstert.

Genau, Bullenhumor! Apropos: Am Rande einer Demo hat mein Chaot es fertiggebracht, einen besonders unangenehmen Menschen heranzuwinken, um ihm meine Hundeleine in die Hand zu drücken. Und zwar mit den Worten: »Können Sie den mal kurz für mich halten, ich muss mal pinkeln.« Dann hat er mir mit einem Griff den Beißkorb abgezogen und gesagt: »Jetzt bitte nicht mehr bewegen, der Hund ist unberechenbar.«

Dann ist er nur drei Schritte zurückgegangen, aber Sie hätten mal sehen sollen, wie jemand, der eine Minute zuvor noch »Weg mit dem Bullendreck« gebrüllt hatte, plötzlich ganz ruhig und schweigsam wurde! Zur Salzsäule erstarrt, fand er immerhin noch genug Mut zu drohen: »Das können Sie nicht machen, ich zeig Sie an!«

»Weswegen denn, nur weil ich Ihnen vertraue?!«

»Blödsinn, wegen Nötigung!«, war die juristisch unerwartet versierte und selbstbewusste Antwort. Wobei die zitternde Hand des mutmaßlichen Jurastudenten eine ganz andere Sprache sprach.

»Dann zeig ich Sie an wegen unterlassener Hilfeleistung, weil mir hier gleich die Blase platzt.«

Die Antwort war eine echte Überraschung: »Wenn ich mir in die Hosen scheiß, was gleich passiert, kommt zur Nötigung noch 'ne fahrlässige Körperverletzung dazu, ich warne Sie.« Diese Ansage des jungen Mannes war mit einem ganz leichten Schmunzeln verbunden, und der Typ fing an, uns beiden langsam sympathisch zu werden. Und mein Junge musste tatsächlich lachen.

»Okay, ich merk schon, Sie sind juristisch bewanderter als ich. Ich gebe auf. Hier haben Sie ein Leckerli. Das geben Sie jetzt gaanz langsam dem Hund und reichen mir noch langsamer die Leine. Wir wollen ja nicht, dass doch noch was schiefgeht.«

Nach dem zweiten Leckerli waren wir fast Kumpel, und nach dem dritten fing der Typ an, mich zu streicheln!

»So, Sie gehen jetzt besser mal weiter, bevor ich eifersüchtig werde und Sie doch noch drankriege. Denn das, was Sie da gerade machen, ist eindeutig Beamtenbestechung. Wir sind übrigens kein Dreck«, war das Schlusswort meines Jungen.

Ich weiß nicht, ob das das Patentrezept ist, wie man aus Feinden Freunde macht, aber zwei Dinge weiß ich genau: 1. Die beiden haben sich mit einem Lächeln getrennt. 2. Leckerli hilft immer!

Geht allerdings auch manchmal schief, was das große Kind am anderen Ende der Hundeleine so treibt. Am Rande irgendeiner Demonstration ritt meinen Knaller plötzlich folgender Teufel. Neben mir und Moni stehend, winkte er einen Endvierziger heran, der uns zuvor ebenfalls durch irgendeinen unsympathischen Quatsch ins Visier geraten war, und fragte: »Sagen Sie mal, wissen Sie eigentlich, was wir hier machen?«

»Ja, Steuergelder verbrennen!«

»Ja, is' was dran. Aber mal im Ernst. Wissen Sie, was wir sind?«

»Ja. Überflüssig!«

»Falsch! Wir sind die Styling-Polizei. Und meine Kollegin hier und ich, wir sind uns einig: Das mit Ihrem Hemd, das geht leider gar nicht! Sollen wir Ihnen 'ne Jacke leihen oder vielleicht 'n Taxi rufen?«

»Wie bitte?!«

»Nein, wirklich! Da hat eben sogar schon mein Hund gejault.

Haben Sie niemand zu Hause, der Ihnen sagt, dass Sie so nicht auf die Straße gehen können?«

»Das ist ja unglaublich! Sagen Sie mal, haben Sie Alkohol getrunken?!«

»Nein, leider nicht. Wieso, haben Sie welchen da?«

»Was für eine Frechheit! Nein, ich habe keinen Alkohol da!«

»Na ja, macht nix. Der textile Unfall, den Sie da tragen, ließe sich sowieso nicht schöntrinken. Da stößt selbst Alkohol an seine Grenzen.«

»Was für eine unglaubliche Frechheit!«

»Sagten Sie schon. Aber was machen wir denn jetzt? So können wir Sie doch nicht weiterlaufen lassen.«

»Poh! Ich sag Ihnen, was ich machen werde: Ich werd mich über Sie beschweren!«

»Wieso das denn, wir wollen Ihnen doch nur helfen.«

»Wo finde ich Ihren Vorgesetzten?«

»Na ja, ich weiß nicht, ob der sich selber schon gefunden hat, der hatte nämlich gestern Geburtstag. Stehen tut er auf jeden Fall da hinten links. Aber seien Sie bitte schön vorsichtig. Gehen Sie nicht so nah ran, sein Hund ist nämlich nicht so friedlich wie meiner. Sie wissen schon, wegen Ihrem Hemd und so …«

»Sie hören von mir!«

»Da bin ich mir sicher. Das Hemd schafft's bis in die Abendnachrichten.«

Mit hochrotem Kopf hat der Mann mit dem schönen Hemd danach gefühlte zwei Stunden auf den armen Detlef eingeredet, der immer nur geduldig nickte. Und anschließend mit einem zünftigen Anschiss vorbeikam.

»Styling-Polizei, ja, spinnst du?!«

»Hab dich nich' so. Der hat vorher juristisch verwertbare

Hasstiraden gegen uns abgelassen. Soll er mich ruhig anzeigen. Und du bist ja bloß stinkig, weil du das gleiche Hemd hast.«

»Noch so 'n Ding heute, und du sammelst für zwei Wochen Hundescheiße im Hintergelände! Hab ich mich klar ausgedrückt?«

»Sir, yes, Sir!«, war so ziemlich das Letzte, was ich danach an diesem Tag von meinem Bengel gehört habe. Hat ja auch irgendwie gereicht.

Moni hatte übrigens ihren Spaß. Wie man sieht, kann man auch unter den widrigsten Umständen auf seine Kosten kommen. Jeder Tag wie auch fast jede zweite Demo bietet so viel Erlebenswertes. Man muss halt nur ein Auge dafür haben.

Ein Vorschlag meinerseits hinsichtlich der rund viertausend Demonstrationen, die in Berlin pro Jahr so stattfinden: Wie wäre es, einfach mal *für* etwas statt immer nur gegen etwas zu demonstrieren? Und den Ismus mal hin und wieder gegen Asmus einzutauschen. Denken Sie mal drüber nach!

Der weinende Riese

Wissen Sie, was noch trauriger macht als der Anblick eines weinenden Kindes? Wenn ein großer, starker, erwachsener Mann vor Ihnen in Tränen ausbricht und selbst nicht einmal genau weiß, warum. Das Kind lässt sich oft beruhigen oder zumindest verstehen, aber wenn ein Kerl wie ein Baum, quasi der personifizierte Schutz, jemand, der aussieht, als ob er gemacht wurde, damit man sich an ihn anlehnen oder hinter ihm verstecken kann, innerlich vor einem zusammenbricht, ist das zutiefst verstörend. Es macht mutlos und ist ein Sinnbild für alles, was kaputt ist in unserer Zeit.

Der Einsatzanlass lautet GGP. Geistig gestörte – beziehungsweise verwirrte – Person. Uns hat man dazugerufen, weil diese Person aussieht, als würde sie sich nicht so leicht stoppen lassen, falls sie durchdreht. Gut und gern hundert Kilo, verteilt auf über zwei Meter, und zwar sauber proportioniert, mit wenig Fett, stehen da auf dem Trottoir und atmen heftig in kurzen Stößen vor sich hin. Es klingt blöd, und das offenbart eigentlich ganz gut das Dilemma: Der Mann steht da, mit hängenden Armen und hängendem Kopf, und schluchzt vor sich hin. Zu erkennen ist nichts. Keine Verletzung, kein Messer im Rücken, keine Flasche Fusel in der Hand, nichts.

Nun, wir haben schon Pferde kotzen sehen, bleibt also vielleicht Liebeskummer, übler Drogentrip, Schicksalsschlag, oder er hat gerade beim Pokern sein Einfamilienhaus verzockt, alles schon gehabt. Oder Macke. Macke wär gar nicht gut. Denn Macke ist niemals gleich Macke. Will heißen, in Ursache, Wirkung und Ausmaß schwer einzuschätzen. Ähnlich wie bei Drogen.

Doch Drogen machen uns Polizisten vor Ort nicht allzu viel Kopfzerbrechen. Hund sichert nach außen, Gummihandschuhe an, flachmachen, fixieren und als handliches Paket abtransportieren, beim leisesten Verdacht auf Gefahr für andere oder die Person selbst. Und das mit so viel Personal wie nötig. Basta. Da wissen wir, zumindest ungefähr, womit wir rechnen müssen. Nämlich mit dem Schlimmsten. Schmerzunempfindlichkeit, Persönlichkeitsverlust, Hepatitis und Aids. Und dass man dem Menschen mit dieser Behandlung kaum unrecht tut, sondern nur hilft. Nicht in erster Linie, weil er selbst nicht ganz unbeteiligt daran war, sich in diesen Zustand zu versetzen, sondern weil im Drogenwahn schon so mancher von der Brücke gehüpft ist, einen anderen Menschen massakriert hat, weil er ihn für einen feuerspeienden Drachen hielt, oder sonst irgendetwas in wenigen verwirrten Sekunden angestellt hat, was er ein Leben lang bereuen würde, aber nie wieder rückgängig machen könnte.

Bei Macke aber ist das alles ganz anders. Und auch hier wieder nicht in erster Linie, weil der Mensch selbst für seinen Zustand sehr wahrscheinlich gar nichts kann, sondern weil man mit einer wie oben geschilderten Behandlung vielleicht noch mehr kaputtmacht. Wenn jemand zum Beispiel geschlagen oder anders misshandelt wurde und dann von uns ansatzlos hart behandelt wird, weil er im Dreieck hüpft, ist ja wohl selbst jedem Hobbypsychologen klar, dass das ganz großer Mist ist. Warum also nicht einfach ein bisschen im Dreieck hüpfen lassen, wenn die Umstände es zulassen? Komplizierter Scheiß, was?

Ich könnte euch sogar noch ein wenig mehr in Drehung

versetzen. Wenn ihr jetzt nämlich noch bei der menschlichen Komponente die juristische mit einbezieht, kommt richtig Freude am Beruf auf. Will heißen, dass ihr vielleicht in einem nur kurzen Moment eine Entscheidung treffen müsst, die ihr dann auch sauber vor dem Richter oder den Hinterbliebenen vertreten könnt. Oder vor eurer eigenen Familie, wenn es an die Regresszahlungen geht. Traumjob Polizei! Sieht immer nur im Fernsehen simpel und unterhaltsam aus.

Aber was soll's, es ist jedes Mal ein neues Spiel, das sich auch jedes Mal aufs Neue lohnt, denn es geht jedes Mal um einen Menschen. Und man muss ja nicht unbedingt immer auf Zahl setzen. Manchmal reicht ja auch schon Schwarz oder Rot …

Ich kann da jedenfalls nicht rübergehen und den anknurren, bellen oder beißen, nur weil er heult und ansonsten ein Riesending ist. Aber was machen? Wir müssen rauskriegen, was mit ihm los ist, und die simpelste Methode ist ja wohl, höflich zu fragen. Also. Jonas parkt mich leicht versetzt in fünf Meter Entfernung, gut sichtbar für den Kunden, aber weit genug entfernt, damit er sich nicht bedroht fühlt. Nur für den Fall, dass er halbwegs klar im Kopf ist, aber dennoch böse und nicht dämlich. Zwei Sprünge, und ich häng ihm am Arm, Hals oder Gemächt. Doch ich glaube, der Kunde da ist nicht böse, sondern einfach nur fertig.

»Was is' los, Großer, kann die Polizei was für dich tun?«, fragt Jonas ihn in einem Ton, als würden die zwei sich schon aus dem Kindergarten kennen. Der Riese hebt leicht den Kopf, guckt unsicher, ja fast ängstlich aus der Wäsche und sagt: »Tut mir leid!«

»Was tut dir leid? Haste was angestellt?«

»Nein. Nein, nein. Die peinliche Nummer hier. Tut mir echt

leid! Ich weiß ja auch nich', was mit mir los is'. Mann, ich schäm mich so!«

Etwas ratlos guckt Jonas zu mir rüber und zuckt leicht mit den Schultern. Auf der anderen Straßenseite steht der Rest von unserer Truppe. Und ein paar schaulustige Gaffer, die auf *True Crime Reality Action* hoffen oder auf Polizeigewalt, die sie mit ihren Handys dokumentieren können.

»Soll ich dir einen Krankenwagen rufen?«, bietet mein Junge ihm an, doch Goliath antwortet kopfschüttelnd: »Die können mir auch nicht helfen.«

»Tja, was dann? Was ist dein Problem?«

»Ich hab meine Medikamente abgesetzt, und die Erinnerungen kommen immer wieder hoch. Ich komm einfach nich' klar damit. Wenn ich dir sage, dass ich da drüben in der Nummer 26 wohne, es aber einfach nicht über die Straße, durch den dunklen Torbogen bis in den zweiten Stock und in mein Bett schaffe, weil ich eine Scheißangst habe, lachst du mich dann aus?«

Als mein Junge das hört, neigt er den Kopf etwas zur Seite, legt die linke Hand auf seinen Mund und atmet tief durch. Dann sagt er: »Nein.« Einfach nur nein.

»Warum nich', ich bin mir selber peinlich … verstehst du?!«, presst die große Heulsuse mühsam hervor und wendet sich ab. Mein Junge krault sich den Bart und grübelt mit zusammengekniffenen Augen angestrengt nach. Dann funkt er zu Kröte rüber:

»Schaff mal den Pöbel da weg, ich kann bei dem, was ich vorhabe, keine Zeugen gebrauchen.«

»Soll'n wir nich' lieber rüberkommen? Der frisst dich und Prinz Valium zum Abendbrot, wenn er will«, ist die uncharmante Antwort, doch mit einem energischen Kopfschütteln bekräftigt Jonas eindringlich seinen Wunsch und beschwert sich nicht einmal, dass mich Kröte schon wieder »Prinz Valium« genannt hat. Knaller!

Dafür macht der jetzt das, was er soll. Er versucht die Menge auseinanderzutreiben, mit der einfühlsamen Ansage: »Los, weg jetzt hier! Die Show is' vorbei!«, was sich einige der Berliner natürlich nicht gefallen lassen. Also legt er noch eine Schippe Kohle nach: »Entweder ihr haut ab, oder wir hauen ab und kommen erst wieder, wenn der irre Zyklop da drüben euch alle zermatscht hat!«

Das zeigt mehr Wirkung. Kröte ist halt ein überzeugender Typ. Langsam löst sich die Menschentraube meckernd auf. Kaum hat der letzte Gaffer mit den Händen in den Hosentaschen und frustriert eine leere Zigarettenschachtel vor sich herkickend den Ort verlassen, geht mein Junge langsam auf den Riesen zu, stellt sich neben ihn – und nimmt ihn an die Hand. Der guckt zu ihm runter – immerhin ist Jonas fast einen Kopf kleiner –, mit einem verwunderten Gesichtsausdruck, wie er auch nicht verblüffter sein könnte, wenn man ihm eine Pistole an die Schläfe setzen würde, wehrt sich aber nicht dagegen. Mit der anderen Hand und seinem ausgestreckten Zeigefinger deutet mein verkappter Schülerlotse auf mich und macht die knappe Ansage: »Siehst du da drüben meinen Hund? Der sorgt dafür, dass meine Geister mich nicht einholen, und verjagt die Schatten, wenn sie gefährlich werden. Der geht jetzt voraus. Wir zwei bringen dich ins Bett.«

Na toll, denk ich, da haben sich ja zwei Bekloppte gefunden. Aber natürlich mache ich, was eben beschrieben wurde. Wie immer. Sicher und beinahe entspannt kommen wir drei kurze Zeit später vor der Wohnungstür im zweiten Stockwerk an, die uns unerwarteterweise von Frau Riese geöffnet wird. Jonas lässt sofort die Riesenpranke fallen. Entweder weil er seinen neuen Kumpel nicht bloßstellen will oder weil das Ganze arg nach schwuler Idylle aussieht. Nach ein paar klärenden Worten und nachdem Frau Riese sich ausgiebig ihre rote Nase geputzt hat, weil sie wohl ebenfalls Kummer und Sorgen gewohnt ist, bringen wir dann aber tatsächlich das Riesenbaby ins Bett. Und erfahren, dass er einmal, im doppelten Wortsinn, eine große Sportskanone war. Und ein Kinderarzt, der einen schlimmen Fehler gemacht hat.

Zwei bunte Pillen später und nachdem er die Decke sorgsam zurechtgezuppelt hat, damit bei dem großen Kerl nicht doch noch ein Bein herausschaut, das die böse Hexe ihm in der Nacht abhacken kann, geht Jonas aus dem Schlafzimmer, und ich mach noch ein Weilchen den Bettvorleger. Während durch den extra offen gelassenen Türspalt etwas Licht und Fragmente eines Beratungsgesprächs in das Zimmer dringen, spür ich plötzlich eine riesengroße schlaffe Hand auf meinem Rücken und höre die fast flehentliche Frage: »Hey … kannst du nicht bei mir bleiben?«

Ja, mein Freund, denke ich, solange kein neuer Auftrag reinkommt und bis du eingeschlafen bist. Und dann muss ich gehen. Denn ich muss heute Nacht noch jemanden ins Bett bringen!

Kangal

Der Kangal ist der türkische Nationalhund. Er ist stolz, eigenständig bis eigensinnig und sehr wehrhaft, wie die Türken selbst. Ich weiß nicht, ob man so weit gehen kann, ihn als die Seele dieses Volkes zu bezeichnen, aber er verkörpert viel von dem, wofür die Türkei steht und stehen möchte.

Außerdem ist es mir eine große Freude, dass ausgerechnet einer von uns, ein Hund, es geschafft hat, in einem Land, das überwiegend von Muslimen bevölkert wird, die uns traditionell eher kritisch gegenüberstehen, einen derartigen Stellenwert und Einfluss zu gewinnen. Das gibt mir Zuversicht. Damit meine ich übrigens weniger, dass es inzwischen Programme gibt, die ihn dort in den Militärdienst integrieren, als vielmehr die Tatsache, dass er auch als Sympathieträger und Maskottchen für große Sportevents auserwählt wurde. Er macht seine Sache gut.

Und wer jemals einem Kangal begegnet ist, wird dieses Erlebnis mit großer Wahrscheinlichkeit nicht so schnell wieder vergessen. Mag sein, dass dies vordergründig an seiner unfassbaren Größe liegt, manche von ihnen ähneln eher einem Eisbären als einem Hund, aber eigentlich ist es diese friedlich-dominante Aura, die den Raum füllt, wo immer er sich aufhält.

Meine Erfahrungen mit diesen Riesen beschränken sich leider nur auf zwei, dafür aber umso intensivere Begebenheiten, von denen ich euch hier erzählen möchte.

Meine Familie, oder besser das rothaarige Alphaweibchen,

das meinem Rudel eigentlich vorsteht, wählt die Besuche in sogenannten Vergnügungs- oder Freizeitparks in erster Linie nach folgendem Kriterium aus: Hundefreundlichkeit! Klingt witzig, ist aber so. Wir sind eine Familie, und wo ich nicht willkommen bin, da fühlt sich meine Truppe meist auch nicht wohl.

Also fiel die Wahl eines Tages auf einen Park, der nicht allzu weit weg von zu Hause liegt, nämlich in der Nähe von Leipzig. Dort gab es bezahlbare Eintrittskarten, Hundenäpfe mit frischem Wasser an jeder Ecke und total lustig klingendes Personal, das gar nicht mehr aufhören wollte zu reden, wenn man es auch nur nach dem Weg fragte. Ein wirklich sympathischer Menschenschlag, an dem wir schon unseren Spaß hatten, als wir noch an der Kasse standen und auf die Frage, ob ich denn auch Eintritt zahlen müsste, zu hören bekamen: »Nöö, dear Flookaati kost nischt, aba nisch uff de Wiese kaggern. Sonst gib's Äorger mit de Seguridi.«

Die besagte *Security* übrigens war dort unterwegs mit sogenannten *Segways*. Das sind diese zweirädrigen Zauberdinger, mit denen man aussieht wie eine durchs Bild schwebende Jungfrau auf Turbo. Also topmodern, wenngleich die Piloten der Teufelsdinger einen leicht überforderten Eindruck machten. Aber lustig war auch das allemal.

Wurde aber noch besser! Als wir nämlich die dritte Biegung passierten, auf dem Weg zum ersten Menschendurchrüttler, der »Montezumas Rache« oder so ähnlich hieß und von einer freundlichen Servicekraft als »Escht suuba!« beschrieben wurde, fiel unser Blick auf ein kleines gepflegtes Stück Grün. Dort hatte sich inmitten von liebevoll drapierten Blumen und sprechenden sowie Musik spielenden Plastiksteinen eine türkische Großfamilie niedergelassen und hielt, der Bayer würde sagen, Brotzeit:

Auch wenn die Szene auf den ersten Blick ein wenig an die im Berliner Tiergarten Hammelfleisch grillende türkische Sonntags-Community erinnerte, war hier doch etwas anders. Denn erstens gab es keinen Grill, und zweitens fehlten auch die sonst so typischen Campingklappstühle. Stattdessen saß, lehnte und kuschelte man in, um und an einer Art riesigem lebendigem Sofa, das sich mitten in der Idylle niedergelassen hatte.

Besonders die Kinder schienen diesen Komfort schlichtweg zu genießen. Denn sie reichten lachend irgendwelche Leckereien, die die Mama am rechten Ende des Sitzmöbels auspackte, nach links weiter, wo sie zum Teil am anderen Ende in einem riesigen Maul verschwanden. Das half, den Sitzsack als Hund zu identifizieren, auch wenn's keiner von uns recht glauben wollte. Meinem Bengel klappte mit den Worten »Kann nich' sein!« die Kinnlade runter, und ich hielt vorsichtshalber mal ein bisschen Sicherheitsabstand. Denn wenn der Typ sauer wird oder auch nur heftig einatmet, dachte ich, dann hängst du ihm quer vorm Maul! Muss ja nich' sein, so was.

Während ich mich also bemühte, durch Unauffälligkeit zu glänzen, und meine Familie mit Staunen beschäftigt war, verwandelte sich die kleine Wiese vor uns in eine, meine beiden Mädchen würden sagen: *krass relaxte Chill-Area.* Nur dass dieses Kleinod ostdeutscher Gartenarchitektur, auch wenn nicht eingezäunt, wohl eben kaum als solche vorgesehen war. Diese Vorahnung kaum zu Ende gedacht, erschien sie auch schon: die Segway-Security! Aus drei verschiedenen Richtungen kamen sie fast gleichzeitig und in einer Geschwindigkeit, als hätte die Perücke gebrannt, herangeprescht wie die Nonne aus »Blues Brothers«.

Eine leicht übergewichtige Endvierzigerin mit hochgeschraubter Hose, ein grauhaariger Rentner mit tief auf der

Nase sitzender Lesebrille und ein pickeliger Praktikant brachten mehr oder weniger souverän und leicht nachfedernd ihre computerunterstützten Zweiräder im Halbkreis vor der Wiese zum Stehen. Die Ordnungsmacht war eingetroffen!

Gespannt, was nun passieren würde, setzte sich mein Bengel auf eine Parkbank in sicherer Entfernung und der Rest meiner Truppe ein leicht dümmlich-amüsiertes Grinsen auf. Denn schließlich hatte niemand etwas wirklich falsch gemacht, und dass dies der Kangal souverän, aber verbindlich deutlich machen würde, war zumindest mir von vornherein klar.

Also kam es, wie es kommen musste, und allein das Fuß-auf-die-Wiese-Setzen durch die beiden älteren Sicherheitskräfte, nach Brille-Absetzen und Hose-Hochschrauben, wurde nicht toleriert und mit einem tiefen Knurren quittiert. Was ja prinzipiell okay war, schließlich sollten die Grünflächen ja anscheinend nicht betreten werden. Aber Spaß beiseite, da es weder einen Zaun noch ein Verbotsschild gab, geschah hier ja nichts wirklich Illegales. Nur ein interkulturelles Missverständnis.

Dies und der Umstand, dass sämtliche Beteiligten jeweils auf ihre eigene, besondere Art wirklich sympathisch waren, ließen ahnen, dass hier kein schlimmes Ende zu befürchten war. Ostdeutsche Herzlichkeit, osmanische Gemütlichkeit und tierischer Sinn für Gerechtigkeit prallten quasi aufeinander, und ich war einmal mehr amüsiert darüber und auch ein wenig stolz darauf, dass hier ausgerechnet ein Hund den Mittler zwischen den Kulturen spielte.

Die Brisanz war jedoch noch nicht ganz raus aus jener Szene, auch wenn sich die Ordnungsmacht wohl schon entschlossen hatte, hier nicht rigoros einzuschreiten. Denn der Kangal hatte sich, wohl ermuntert durch die Tatsache, dass ein einziger kurzer Knurrlaut so viel Erfolg zeigte, anscheinend entschieden, die drei komplett dorthin zurückzuknurren, wo auch immer sie hergekommen waren.

Dies hatte besonders der grauhaarige ältere Herr, der inzwischen seine Brille wieder aufgesetzt hatte und schelmisch, ja fast ein bisschen weise lächelte, sehr schnell begriffen. Kein Wunder, denn wann immer er einen Schritt nach vorne machte, gab es aus Richtung Kangal ein durchaus leicht bedrohlich wirkendes Knurren. Wenn er hingegen einen Schritt zurücktrat, hörte man ein eher wohlwollendes, ja fast ermunterndes Balu-Brummen.

Da nun nirgendwo geschrieben steht, dass Sicherheitsleute in Vergnügungsparks keinen Spaß bei der Arbeit haben dürfen, führte das dazu, dass der alte Mann quasi ein langsames Tänzchen aufführte. Zwei Schritte vor, ein Schritt zurück und umgekehrt, bis man das Gefühl hatte, Loriots sprechender Hund sei wieder zum Leben erwacht, und der Alte in schallendes Gelächter ausbrach, was sehr ansteckend wirkte.

Nach Putzen von Brille und Nase und sogar ein wenig Szenenapplaus gab es nur einen einzigen Satz von ihm zu hören, nämlich: »Ei verbibscht, na nu, du bist miar aba aeiner.« Dann nickte er in Richtung der Kollegen, und die drei verschwanden ohne jeden Autoritätsverlust, dafür aber mit jeder Menge Sympathiepunkte, so schnell, wie sie gekommen waren.

Ich will nicht ausschließen, dass sich der Kangal vielleicht etwas verscheißert fühlte. Aber egal, Kangal, schließlich gab's am Ende nur Gewinner!

Wenige Monate später sollte uns das eben geschilderte Erlebnis, vor allem aber das anschließende Gespräch meines Jungen mit den Besitzern des eindrucksvollen Riesen sehr nützlich sein.

Eilanfahrt auf das Weddinger Gesundbrunnencenter. Eine Shopping-Mall der Sonderklasse. Hier kauft der Salafist sein Computerequipment und die Alt-Berliner Hausfrau ihre Kittelschürze. Politiker würden sagen: Schmelztiegel der Kulturen, Religionen und sozialen Schichten. Spannend allemal und vor allem Arbeitsplätze sichernd. Besonders für die Polizei. Nicht, weil dort schlechte Menschen unterwegs sind, sondern weil es oft an Verständnis und Geduld fürs Gegenüber fehlt. Auf allen Seiten.

Wenn zum Beispiel die drei anatolischen und in Ehren ergrauten Dorfältesten mit ihren Holzperlenketten, grauen abgeliebten Anzugjacken und Pluderhosen nicht verstehen, wo der Unterschied ist zwischen dem Marktplatz ihrer Heimat und den Massagesesseln vorm Mediamarkt, in die man eigentlich 'nen Euro schmeißen soll, ist *verstehen* wörtlich zu nehmen. Denn sie können kaum Deutsch. Und selbst wenn, hätten sie für eine Aufforderung, den Ort zu verlassen, trotzdem kein Verständnis. Weil der Mensch nun mal ein soziales Wesen ist und Patriarchen respektiert und geehrt werden. Zumindest da, wo sie herkommen.

Na ja. Tatütata und blau auf jeden Fall. Warum? Weil gleich mehrere Funkstreifen um Hilfe gerufen haben, oder besser, kompetente Unterstützung anforderten. Im Erdgeschoss, vor Deichmann, stehe ein kleines Mädchen mit einem so großen Hund, wie ihn die Welt noch nicht gesehen hat, heißt es über Funk. Aus dem Schuhgeschäft traut sich keiner mehr raus, rein sowieso nicht, und in die Nähe der Kleinen erst recht nicht. Von Vater und Mutter oder sonstiger Familie gibt es trotz mehrfacher Ausrufe und ausgiebiger Absuche nicht die geringste Spur. Das Centermanagement ist ratlos. Und die inzwischen zahlreich am Ort versammelte Polizei auch. Von Schrotflinte, Sprengstoff, SEK und Evakuierung ist die Rede, und wir sind mächtig gespannt, wer da wohl auf uns wartet.

Ganz kurz und zum besseren Verständnis muss ich euch erklären, dass es zur gängigen Polizeitaktik gehört, dass wir Hunde nicht gegen andere Hunde eingesetzt werden. Nicht nur, dass man uns vierbeinigen Kollegen so etwas nicht zumuten will, es ergäbe auch einfach keinen Sinn. Wenn's wirklich heftig wird, macht den Job einer der Zweibeiner, und zwar mit so umfangreicher Sicherheitsausrüstung, dass er scherzhaft Michelin-Männchen oder Riesenkaugummi genannt wird.

Und trotzdem bin ich bei ähnlichen Fällen oft dabei, weil ich in der Truppe inzwischen den Spitznamen TT habe. TT steht für »Therapietöle«. Klingt ein wenig despektierlich, ist aber eigentlich ein Riesenkompliment und heißt genau genommen nur so viel, dass man in Gegenwart einer lebenden Beruhigungs- oder manchmal sogar Schlaftablette wie mir nur ganz schwer aggressiv und sauer bleiben kann. Also ist es nicht weiter verwunderlich, dass auch diesmal, als wir mit quietschenden Reifen vorm Haupteingang des Centers zum Stehen kommen, Kalle zu meinem Jungen rüberbrüllt: »Nimm mal lieber Prinz Valium mit rein, vielleicht können wir das Mammut umschmusen.«

»Wenn du meinen Hund noch mal Prinz Valium nennst, misch ich dir Viagra in deine Bananenmilch, du Affenarsch«, brüllt der zurück, und ich amüsiere mich in meiner Box über die spätpubertären Bengels.

»Gut, dann eben: Könntest du deinem behaarten Boliden bitte gut zureden, uns deeskalierend zu unterstützen, Schatzi, und zwar heute noch?!«, bietet Kalle postwendend an, und eine

Minute später sind wir auch schon aufgerüstet auf dem Weg zu Deichmann.

Der kurze Marsch zum Einsatzort macht mir wie immer sehr viel Freude. Es bildet sich quasi eine Schneise vor unserer V-förmigen Formation. Hat ein bisschen was vom Einzug der Gladiatoren. Und auch wenn ich mir jedes Mal einrede, dass es Respekt und Dankbarkeit sind, was die Menschen uns anschauen und Platz machen lässt, wie es sein sollte, so ist mir doch klar, dass es meist was ganz anderes ist: Nervosität, gepaart mit Sensationsgier.

Nach wenigen Minuten sind wir eingetroffen, bilden in gebührendem Abstand einen Halbkreis und lassen das Bild erst einmal auf uns wirken: Keine drei Meter neben dem inzwischen geschlossenen Eingang des Schuhgeschäftes sitzt aufrecht, stolz und doch irgendwie gelassen ein riesiger Kangal. In Haltung und Ausstrahlung gleicht er ein bisschen einem Tempelwächter, und ich merke, das sich mein Junge seinen Bart krault und sich köstlich amüsiert. Ein Meter daneben, mit lässig übers Handgelenk gestülpter Hundeleine, die in Schlangenlinien auf dem Boden bis hinauf zum Hals des Riesen führt, hockt im Schneidersitz ein kleines Mädchen und blättert in einer Illustrierten.

Hinter den beiden, im Schuhgeschäft, hat sich eine Menschentraube gebildet, die mit der Situation ganz unterschiedlich umgeht. Ein Mann in grauem Anzug und mit ledernem Aktenkoffer schaut missmutig in unsere Richtung und schlägt sich hektisch mit dem rechten Zeigefinger auf das linke Handgelenk. Ein alter Herr mit weißer Strickmütze und schwarzem Bart hat sich einen Stuhl nach vorn geholt und pellt sich eine Orange. Eine Dame mit kleiner goldener Brille, die aussieht wie eine Sekretärin aus den fünfziger Jahren, steht mit offenem Mund und einem Schuh in der Hand daneben und staunt. Eine mutmaßliche Schuhverkäuferin hält ein Stück Pappe mit der Aufschrift »Hilfe!« hoch, und drei Jungs mit dunklen Haaren schneiden Grimassen und klopfen an die Scheibe in Richtung Hund.

Während sich Kalle hinter uns vom Sicherheitchef des Hauses einweisen lässt, frage ich mich, was die ganze Aufregung denn soll. Ist doch nur 'n Hund. Bisschen groß, na gut, aber doch nur 'n Hund. Und gebissen oder gefressen hat er wohl auch noch keinen. Ich seh zumindest keinen halben Arm aus seinem Maul raushängen oder so. Wie sich herausstellt, ist bis jetzt auch tatsächlich noch nichts wirklich Dramatisches passiert, außer dass sich die junge Dame geweigert hat, nach Aufforderung mit ihrem Hund das Shopping-Center zu verlassen. Okay, der Kangal hat angeblich mit einigen Ehrfurcht bis Angst einflößenden Geräuschen dem Mangel an Kooperationsbereitschaft seiner Begleiterin Nachdruck verliehen, als man den beiden zu nahe kam. Aber das ist wirklich alles. Klingt für mich nicht gerade nach ausreichend Grund für Massenpanik und Großeinsatz der Polizei.

Die Gaffer ringsum sind folglich anscheinend viel mehr daran interessiert, was jetzt passiert, als an dem, was war. Also werden wir ihnen ihre Show auch liefern.

»Na, was meinst du?«, fragt Kalle meinen Jungen, und der antwortet, wie zu erwarten war. »Ganz klarer Fall: Den Hund erschießen und das Kind ins Heim stecken, was sonst?!« Mit scheelem Blick zum Sicherheitsboss des Centers. Bevor der jedoch auf die Frechheit reagieren kann, beruhigt ihn Kalle mit dem knappen Satz: »Quatsch, keine Angst, wir machen dat schon«, und der Ansage für meinen Bengel: »Du gehst jetzt da rüber und machst das, was du am besten kannst. Nämlich die Kleine vollquatschen und am besten auch gleich komplett hier rausquatschen. Mitsamt ihrem Riesen. Alles klar? Noch Fragen?!«

»Ja. Grüßt du bitte meine Frau und sagst ihr, dass ich sie liebe, falls es schiefgeht?«

»Hör auf mit dem Scheiß. Und hau die Hacken in'n Teer, is' bald Feierabend.«

Zwei Minuten später sitzt mein Bengel, ebenfalls im Schneidersitz, aber immerhin weiter weg, als die Hundeleine der beiden reicht, vor dem Mädchen. Ich bin fünf Meter dahinter im »Platz!« geparkt, tu so, als ob es mich nicht gibt, denn der Riese hat mich im Auge, und hör einfach nur dabei zu, was der Blonde da verzapft.

»Hi, wie heißt denn dein Hund?«

Keine Antwort.

»Sag mal, was ist denn eigentlich hier los?«

Keine Antwort.

»Liest du da die *Wendy*?«

Sie blickt argwöhnisch auf, sagt aber immer noch nichts.

»Ich kenn die Zeitschrift. Geht um Pferde und Tiere und so, oder?«

»Man war unhöflich zu uns. Sehr unhöflich. Das war los!«

»Was heißt das?«

»So 'n Sicherheitstyp hat zu mir gesagt: ›Verschwinde hier mit deinem Köter!‹ Und zwar erst auf Deutsch und dann auf Türkisch.«

»Und du hast nicht geantwortet.«

»Nein.«

»Aber dein Hund hat geantwortet, richtig?«

»Ja.«

»Und wie, wenn ich fragen darf?«

»Geknurrt.«

»Mehr nicht?«

»Mehr nicht! Aber Frechheiten muss man sich nicht bieten lassen, hat mein Vater gesagt.«

»Aha. Wo ist dein Vater?«

»Weit weg.«

»Wie weit weg?!«

»Egal.«

In dem Moment quakt das Funkgerät los, und Kalle fragt nach: »Alles okay bei euch?«

Weiß der Himmel, was der Blödsinn ständig soll, aber mein Depp antwortet ihm: »Wir haben hier ein Problem. Sie will eine Million in kleinen Scheinen, oder ihr Hund frisst mich auf.«

»Sag ihr, sie kriegt zwei Millionen, wenn der Hund nichts von dir übrig lässt.«

»Haha!«

»Komm, du Pflaumenschmeißer, hau rein. Du weißt, ich hab heut Hochzeitstag. Und wenn die Reservierung platzt, erklärst du Sigrid, warum!«

»Du machst mir Angst. Wir sind gleich fertig.«

Irgendwie sollten Beamte anders klingen, denke ich im Stillen, leg mich auf die Seite, strecke mich ausgiebig und hör mir das Finale an.

»Du hast es gehört, mein Mäuschen, können wir gehen?«

»Ich bin nicht Ihr Mäuschen, und selbstverständlich können Sie gehen. Ich hab Sie schließlich nicht gerufen.«

»Haha, okay, okayokay. Gut, also wenn dein Papa so weit weg ist, bist du nun alleine hier oder nicht?«

»Sehen Sie hinter mir den alten Mann mit der roten Plastiktüte, der die Orange isst?«

»Jo.«

»Das ist mein Großvater. Wir wollten Schuhe für ihn kaufen, doch da haben die mich rausgeschmissen. Den Rest kennen Sie.«

»Ah, ich verstehe. Lass mich raten, er spricht kaum Deutsch?«

»Genau. Und selbst wenn. Er ist sechsundachtzig Jahre alt und kommt sowieso nicht allein zurecht.«

»Gut, alles klar. Pass auf: Bis jetzt haben wir höchstens so was wie einen Hausfriedensbruch. Is' aber eh wurscht. Weil du viel zu jung bist und überhaupt fraglich ist, ob man mit dir hier richtig umgegangen ist. Also schlage ich vor, wir stehen einfach auf, winken Opa her, und das war's. Einverstanden?«

Da sehe ich das Mädchen plötzlich das erste Mal lächeln, und selbst ihr großer Freund wirkt auf einmal irgendwie entspannter. Sie schaut ihn an, sagt: »Komm, Kanki, wir gehen«, und steht auf. Mein Junge ruft mich heran, und für einen Augenblick stehe ich Nase an Nase mit einem Kangal. Ich spüre, dass dieses Mädchen ihm viel bedeutet. Und kriege fast Genickstarre. Kalle hat inzwischen veranlasst, dass sich die Frontscheibe von Deichmann wieder hebt. Die drei frechen Jungs verstecken sich hinter einem Schuhregal, und Opa kommt herausgeschlurft.

»Alle Maßnahmen folgenlos aufgehoben. So richtig?«, fragt Kalle über Funk, und mein Bengel bestätigt: »So richtig! Alles für Sigrid!« Dann lässt er sich von der Kleinen erklären, dass zu Haus die Oma wartet. Und weil mir völlig klar war, dass es ihn beschäftigt und er es sich deshalb nicht verkneifen kann, fragt er zum Schluss das Mädchen: »Sag mir, wie weit ist dein Papa weg?«

Und mit einem traurigen, jedoch nicht unglücklichen Lächeln antwortet sie: »So weit, dass er nie wieder zurückkommt. Aber er hat mir Kanki dagelassen.« Dann nimmt sie ihren Opa an die

Hand, dreht sich um und geht, geführt vom weißen Riesen, quer durch die Menschenmenge, die ihr gebührend Platz macht. Wir schauen den dreien versonnen nach, und ich denke: Alles ist gut.

Und dass die Sicherheitsleute in dem Laden hier vielleicht 'ne Nachschulung gebrauchen könnten. Ich wüsste für den Job sogar jemand Hochkompetenten: einen alten Mann, ganz in der Nähe von Leipzig …

Görlitzer Park

»Drogen auf Kinderspielplatz gefunden, rote Linie überschritten« melden die Medien und zitieren damit sogar die linksorientierte Politikerkaste, die für den Stadtteil verantwortlich zeichnet.

Großeinsatz! Drogenrazzia im Görlitzer Park! Nicht das erste Mal und wohl auch nicht das letzte Mal. Allerdings noch niemals und hoffentlich auch nie wieder so XXXXXXXXXXXXX (Eigenzensur!) wie heute.

Wir sind zu Fuß unterwegs und in Zivil, also zumindest die Zweibeiner, denn ich hab einen Beißkorb auf. Wir sollen möglichst unauffällig in den Bereich einsickern und auf Stichwort – über Funk und Knopf im Ohr – die Eingänge des Parks besetzen. Dies, und jetzt kommt's, in Begleitung von zwei Fernsehteams! Nicht zu fassen, oder?! Wär ich nicht dabei gewesen, hätt ich's selber nicht geglaubt.

RTL und ZDF, inklusive meterlanger Mikrophonangel, Kamera mitten in unserem Gesicht, unglaublich toller Moderatoren und drei Tonnen Naivität, sowie Pressesprecher der Polizei, ebenfalls in Zivil, hampeln von allen Seiten um unsere Füße herum. Das Ganze ist also so verdeckt, dezent und unauffällig, dass Anwohner und auch Passanten wohl glauben, hier wird 'ne Slapstick-Serie mit Hund gedreht.

Mein Junge, völlig ungefragt, hat keine Lust, sich vorführen zu lassen, und trägt Kapuze. Das Drogenmilieu hat ganz sicher noch nichts von unserem Erscheinen mitbekommen. Neiiiin! Aber es kommt noch besser: Als wir dann ziemlich tief und natürlich völlig unbemerkt in den Bereich »eingesickert« sind und sämtliche Drogendealer sich wahrscheinlich vor Lachen den Bauch haltend in sicherer Entfernung irgendwo auf der Erde rumkugeln, teilen wir uns auf. RTL und der hochkompetente Pressesprecher bleiben bei meinem Jungen und mir, in Sichtweite des uns zugeteilten Parkeinganges, und warten auf das Go!

Da fällt den Fernsehfritzen von RTL, einem Sender, der uns allen ja niemals als sensationsheischend, oberflächlich oder gar polemisch im Gedächtnis sein sollte, vor Langeweile nichts Besseres ein, als dem ersten mutmaßlichen »Schwarzafrikaner«, der vorbeikommt, mit der Kamera so dicht auf den Leib zu rücken, dass es fast Fettflecke von seiner Nase auf dem Objektiv gibt. Dem gefällt es nun wider Erwarten so gar nicht, durch diese neutrale Art der Berichterstattung als der personifizierte böse Drogendealer vom Görlitzer Park dazustehen und der Fernsehnation freundlich hallo zu sagen. Komisch, oder? Es gibt eben doch noch Menschen, die wollen einfach nicht ins Fernsehen.

Und was wird er nun wohl machen, der Gute?! Richtig: Er rastet aus! Oder besser, er äußert Bedenken und Kritik. Da ihm dies in der hiesigen Landessprache und seiner ureigenen Mentalitätswelt leider nicht angemessen, politisch korrekt und hübsch devot möglich zu sein scheint, wird's plötzlich fürs Fernsehteam von null auf hundert saugefährlich.

Wie von der Tarantel gestochen schreit er auf einmal Worte wie »Nassischweine« und »I mak euch gabuut«. Eine sicherlich in seiner Familie, oder vielleicht Heimat, völlig angemessene Reaktion auf die Verletzung seiner Persönlichkeitsrechte. Findet ja auch hierzulande immer mehr Versteher und Freunde, diese unkonventionell direkte Handhabung eines solchen Problems.

Nur RTL hat plötzlich gar keinen Spaß mehr! Weil Mister Unverdächtig, nachdem er das Fernsehteam von nahem so zusammengebrüllt hat, dass jetzt mindestens Klarheit über seine letzte Mahlzeit herrscht, dazu übergeht, den Kameramann anzugreifen. Der Pressesprecher, gottlob in Zivil und immerhin ja ein hochrangiger Offizier der Berliner Polizei, tippelt auf Zehenspitzen und mit einem verkniffenen Lächeln auf den Lippen wie eine Cartoon-Figur in einem Disney-Film nach links außen aus dem Bild.

Und wer sind die einzigen Polizisten am Ort? Genau, mein Bengel und ich. Bingo. Was bleibt uns also übrig, als unsere bis dahin annähernd perfekt aufrechterhaltene Tarnung aufzugeben und uns zwischen den durchgeknallten Schläger und die RTL-Fritzen zu stellen. Die übrigens munter weiterdrehen! Wunderbar. Ganz große Bühne. Und eine einmalige Chance für die gesamte Fernsehnation, live und in Farbe daran teilzuhaben, wie ein gewalttätiger Polizist mit seinem Deutschen Schäferhund grundlos und überzogen einen dunkelhäutigen friedlichen Mitbürger in der Ausübung seiner natürlichen und gottgegebenen Freiheit, andere Menschen zu verprügeln, behindert oder sogar festnimmt.

Auf alle Fälle wird's jetzt gleich ziemlich spannend. Denn ich hab meinen Jungen in solchen Situationen schon die skurrilsten Sachen sagen hören. Und talkshowgetestet ist er ja schließlich auch. Möglich wäre zum Beispiel: »Komm, hau mir eine rein, ich bin eh urlaubsreif!« Oder auch: »Wenn du jetzt hier den Ball flachhältst, durchsuch ich deine Taschen nich'; na, ist das 'n Deal?«

Aber nichts dergleichen. Stattdessen fängt mein Weichgespülter an, englisch auf den Typen einzuquatschen. Weil er wohl denkt, dass der Flummi das vielleicht besser versteht. Ist ja schließlich und mutmaßlich ein weitgereister Mann. Außerdem hofft er wahrscheinlich darauf, dass der durchschnittliche RTL-Fan kein Wort versteht, nur für den Fall, dass er verbal tatsächlich etwas unangenehmer werden muss.

Er sagt also: »Be friendly and peaceful!« Ohne die Miene zu verziehen. Und ich schmunzel in mich hinein. Ich meine, die Jungs haben sich hier im Rahmen von Drogenverteilungskämpfen schon gegenseitig mit Macheten beackert, und er sagt tatsächlich: »Sei freundlich und friedlich!« Natürlich gilt hier immer noch die Unschuldsvermutung, aber so, wie der Mensch sich benimmt, hat er sehr wohl etwas mit der berüchtigten Drogenszene zu tun. Und ist möglicherweise bewaffnet und nicht in erster Linie an Frieden interessiert. Schon gar nicht angesichts der polizeibewachten und kamerabewaffneten TV-Armee, die hier anrollt.

Böswillige Unterstellung, schon klar, aber der »Unschuldige« föhnt und textet jetzt auf meinen Jungen ein mit Komplimenten wie »Bissu Nassi oda was« und Ähnlichem. Aber da wir ja ein gutes Team sind, geh ich natürlich voll mit auf Kuschelkurs und mache das, was sich dies Land am meisten von uns Polizisten wünscht: maximale Sicherheit bei größtem Eigenrisiko garantieren und gleichzeitig so tun, als wäre man gar nicht da. Will heißen, ich hab nicht ein einziges Mal gebellt oder auch nur geknurrt.

Und jetzt kommt sie, die Sternstunde von RTL! Jetzt fasst sich nämlich die, mutmaßlich und deshalb wohl auch taktisch klug ausgewählte, Moderatorin mit Migrationshintergrund ein Herz

und fängt an, ebenfalls beruhigend auf den Unschuldigen einzureden. Ob nun aus Menschenliebe oder weil sie irgendeinen
Fernsehpreis im Auge hat, sei mal dahingestellt. Es scheint zumindest ein bisschen zu nützen und ist auf jeden Fall sehr mutig.

Als man nicht weiß, ob sich der junge Mann wirklich einkriegt
oder dies nur die Ruhe vor dem nächsten Sturm ist, kriegen wir
per Funk aufs Ohr: »Aktion abbrechen, sofort zurückziehen.«
Wir sind aufgeflogen, wer hätte das gedacht! Na ja, selbst geniale
Pläne sind manchmal zum Scheitern verurteilt.

In dieser Schublade wollen wir diesen Tag mal leise und
höflich ab- oder besser weglegen. Zumal am späten Nachmittag doch noch ein paar Drogendealer ins Netz gegangen sind.
Eigentlich können wir fast froh über den Ausgang sein. Nicht
auszudenken, was für ein Aufschrei und Gewitter durchs ganze
Land gegangen wäre, ach, was sag ich, durch die halbe Welt,
wenn mein Junge, oder ich, weniger selbstgefährdend, sondern
angemessen auf diesen Mann reagiert hätte. Wenn wir Gewalt
mit Gegengewalt beantwortet hätten, was nicht nur legitim und
rechtlich völlig vertretbar gewesen wäre, sondern angesichts der
Gefahr, in der wir und das Fernsehteam uns befanden, eigentlich
das einzig probate Mittel schien. So wissen wir bis heute nicht
genau, ob wir uns nun freuen oder schämen sollten, dass wir in
einem Land leben, in dem die Gesundheit und Unversehrtheit
von Polizisten weniger wichtig ist als die Pflicht eines jeden, ge-
waltfrei und notfalls juristisch für seine Interessen einzutreten.

Allen Drogenhändlern empfehlen wir übrigens ganz simpel,
an Fernsehteams vorbeizugehen statt auf sie zu. Is' einfach besser
fürs Geschäft. Komischerweise haben wir uns mit diesem Poli-
zeieinsatz, der inzwischen mehrfach im Fernsehen ausgestrahlt
wurde, weder in der einschlägigen Presse noch in anderen Me-

dien wiedergefunden, in denen wir ansonsten gern mit Hohn und Hass überzogen werden. Diesmal war es anscheinend beim besten Willen nicht möglich, weder mit technischen Mitteln noch ideologisch verblendeter Niedertracht, die Tatsachen aus dem Zusammenhang zu reißen. Vom Polizeipräsidenten gab's übrigens auch keine Belobigung.

Am Ende bleibt der bittere Beigeschmack, dass es Politiker gibt, die mit Drogendealern »gütliche Vereinbarungen« treffen wollen, an die sich die Dealer, wer hätte das gedacht, nicht halten! Was für ein Offenbarungseid. Hier noch einmal der verzweifelte und völlig neutrale Versuch, alle Beteiligten wachzurütteln: Es sind inzwischen selbst auf Kinderspielplätzen in Sandkisten harte Drogen gefunden worden. Verpackt in Kügelchen, die auf kleine Menschen mehr als einladend wirken. Einladend zum Anfassen, zum Aufpopeln oder sogar zum In-den-Mund-Stecken.

Wacht bitte auf, bevor wir den ersten Drogentoten im Vorschulalter haben!

Ungeborenes Leben

Berlin-Mitte. Wir haben eine Antiabtreibungsdemo zu sichern. Sie tragen Banner und schwenken Fähnchen mit Aufschriften wie: »Abtreibung = Mord!« oder: »Ab wann ist ein Mensch ein Mensch?« Jede Menge Pullunder- und Anzugträger, wohlfrisierte Damen, weiße Blusen, aber auch Birkenstockschlurfer und ein paar abgewetzte Cordhosen. Die katholische Kirche ist auch da.

Auf der anderen Seite ein bisschen Lila. Und schwarze Kapuzenpullis, schwarze Hosen mit Beintaschen. Rucksäcke. Aber auch schwarze Rollkragenpullover aus Kaschmir und ähnlich dezente, aber noble Kleidungsstücke. Natürlich schwarz.

Wir sind genau dazwischen. Mein Blonder steht großkotzig in Feldherrnpose, mit Scheißkerlsonnenbrille auf der Nase und lässig auf dem Griffstück seiner Schusswaffe im Holster abgestützter Hand an der locker durchhängenden Hundeleine direkt neben mir und hört Musik. Und zwar verbotenerweise durch den höchstdienstlich gelieferten transparenten Knopf im Ohr mit dem hellen Spiralkabel, an dem man schon von weitem selbst jeden Zivi erkennen kann. Auffällig unauffällig. Ich glaube, Enya. Ich hör ihn mitsummen.

Er entspricht rein optisch so wunderbar dem Klischee des »faschistoiden Schergen dieser totalitären, Freiheit unterdrückenden Überwachungsstaatsmacht«, dass ein junger Mann direkt vor ihm gar nicht anders kann, als sich durch ihn provoziert zu fühlen. Und offenbar vor allem durch mich. Dabei bin ich völlig entspannt. Er hat in seinem schwarzen Antifa-Outfit immer noch so viel Abstand zu meinem Jungen, dass ich gerade lediglich laut gegähnt habe und ihn jetzt eigentlich nur interessiert anschaue. Doch schon durch meine bloße Anwesenheit lässt er sich dazu hinreißen, mitten in Enyas »Only Time« in Richtung meines Jungen loszugiften und eines jener Gespräche mit ihm zu beginnen, die ich so mag, die uns aber bestimmt irgendwann mal den Job kosten werden.

»Ich tret deinem Köter gleich gegen den Schädel, wenn ihr da nich' abhaut!«

»Lieber nich'. Das tut weh.«

»Das kannst du annehmen, Alter, dass das weh tut!«

»Das nehm ich nich' nur an, das weiß ich sogar. Und es dauert mindestens drei Wochen, bis die Bisswunde an deinem Fuß wieder verheilt is'. Es sei denn, du bist nicht geimpft. Dann hast du vielleicht noch viel länger Spaß.«

»Ha, ha, Arschloch! Sehr witzig!«

»Wen nennst du hier Arschloch?«

»Na dich! Wen sonst?«

»Du darfst mich nich' Arschloch nennen. Das is' 'ne Straftat. Außerdem bin ich dann gekränkt und traurig.«

»Du bist aber eins, wenn du die Spießer hier unterstützt.«

»Wer sagt denn, dass ich sie unterstütze, mein mutiger Freund?«

»Ich bin nich' dein Freund! Und beschützt du sie etwa nich' vor uns, oder was?!«

»Ganz richtig, wir beschützen sie. Weil es offenbar nötig is'. Traurig genug. Aber deswegen unterstütze ich sie doch noch lange nich'.«

»Blödsinn! Du bist 'n Gehirnamputierter, wenn du gut findest, was die da sagen!«

»Ich bin ein Gehirnamputierter? Wie steht's mit dir? Was bist du? Krawalltourist? Oder Student?«

»Beides, Arschloch! So was wie dich und die da muss man bekämpfen!«

»Das war jetzt schon das zweite Mal Arschloch. Plus einmal Gehirnamputierter. Wenn du so weitermachst, musst du heute ohne Fernsehen und deinen Teddy ins Bett! Student bist du, ja? Na, dann bist du ja vielleicht nicht völlig verblödet. Ich erklär dir mal was. Wir beide stehen hier, weil's unser Job is', und nich', weil wir für oder gegen Abtreibung sind, kapiert?«

»Toller Job!«

»Richtig. Es ist ein toller Job! Und weißt du, warum?«

»Ja, weil ihr Leute verprügeln und in den Arsch beißen könnt!«

Die ganze Zeit sitze ich neben den beiden und schau hin und her wie bei einem Tennisspiel. Ich bin gespannt, wie es weitergeht. Der schwarzgekleidete junge Mann fängt an, ein bisschen nach Adrenalin zu schnuppern. Aber ich denke, es ist noch alles okay, denn mein Junge gibt sich Mühe. Feiner Junge. Wenn ich könnte, würde ich ihm ein Leckerli geben. Bis jetzt gefällt er mir ganz gut.

»Nein. Wie kommst du auf so einen Quatsch? Pass mal auf, ich erklär dir noch was, Student. Ein französischer Philosoph, dessen Namen ich leider immer wieder vergesse, hat einmal gesagt: »Ich teile Ihre Meinung nicht, aber ich werde dafür kämpfen, dass Sie sie frei äußern können.« Genau das ist unser Credo, deshalb sind wir hier. Das heißt noch lange nicht, dass wir hier für irgendjemand Partei ergreifen. Wenn ich ehrlich bin, hab ich

Schwierigkeiten, zu dem Thema überhaupt einen klaren eigenen Standpunkt zu finden.«

»Kann doch wohl nicht sein, Alter? Is' doch wohl völlig klar. Oder findest du etwa gut, was die reaktionären Faschistenarschlöcher da absondern?«

»Nein, aber reaktionäres Faschistenarschloch ist auch kein tolles Argument.«

»Laber nich' rum, Alter, bist du nun für oder gegen Abtreibung. Bezieh mal Position, Feigling!«

»Ach, ich weiß nich', Kleiner. Eine junge Frau nach einer Vergewaltigung zum Austragen des Kindes zu zwingen, mit dem Argument, dass der Junge oder das Mädchen in ihrem Bauch ja schließlich nichts dafür kann, halt ich für falsch. Ich bin schon der Meinung, dass jeder Mensch das Recht hat zu entscheiden, was er mit seinem Körper macht. Was aber, wenn dieser Mensch so klein ist, dass er das noch nicht kann?«

»Was soll das denn nun wieder heißen, Klugscheißer?«

»Ganz einfach. Die Fotoalben meiner drei Kinder beginnen alle schon mit Ultraschallaufnahmen, als sie noch winzig klein waren, im Bauch ihrer Mama. Ich könnt schwören, dass ich nicht nur ihre kleinen Hände und Füße darauf klar erkennen konnte, sondern ich bilde mir auch ein, dass ich sie alle drei habe lächeln sehen auf diesen Aufnahmen. Ich will verdammt sein, wenn ich hätte entscheiden müssen oder dürfen, ab wann sie das Recht gehabt hätten, auf die Welt zu kommen. Ich habe keine gute Antwort auf deine Frage, mein Freund, wirklich nicht.«

»Du hast drei Kinder?!«

»Ja, ganz genau. Und der Hund hier an meiner Seite, den du für eine hirnlose Bestie hältst und dem du gerade noch gegen den Schädel treten wolltest, ist nichts weiter als mein Schutzengel. Der Schutzengel, der jedes Mal, bevor wir in den Einsatz gehen, meinen drei Kindern versprechen muss, dass er Papa wieder gesund mit nach Hause bringt. Da bist du baff, was?!«

»Na, zumindest siehst du mit deiner Schutzweste und dem ganzen anderen Scheiß aus wie ein Söldner.«

»Bin ich auch. Ein Söldner für die Freiheit.«

»Was für 'n Scheiß, Alter.«

»Gar kein Scheiß. Wer weiß, vielleicht beschützen wir zwei nächstes Wochenende dich. Dich und deine schwarz vermummten Freunde, vor irgendwelchen rechten Schlägern. Wer weiß? Und auf wessen Seite bin ich wohl dann? Was meinst du? Auf deiner?«

»Wir brauchen euch nich'. Niemand braucht euch!«

»Na, die Spießer in ihren C&A-Klamotten hinter mir offensichtlich schon. Die sind froh, dass wir hier sind. Und einige von ihnen werden sich nachher per Handschlag bei uns bedanken.«

»Na, da kannst du aber stolz drauf sein, Alter.«

»Sind wir. Sehr sogar. Vor allem zeigt mir das aber, dass diese Menschen mehr verstanden haben als du und deine Steine werfenden Kumpels.«

»Wieso?«

»Weil sie sich für jemanden einsetzen und in Gefahr bringen, der nicht für sich selber sprechen kann. Das finde ich ehrenhaft, gleichgültig, ob ich ihrer Meinung bin oder nicht.«

»Ach, hör bloß auf zu sülzen, du Betschwester! Die wollen uns doch bloß ihre beschissene Weltanschauung aufzwingen, mehr nich'.«

»Hey, sieh dich vor, für die Betschwester kriegst du von mir gleich 'ne Anzeige!«

»Ha, ha, sehr witzig!«

»Siehste, das Schlimmste, find ich, ist, dass ihr nich' mal Humor habt. Nich' wir sind uncool, Atze, sondern ihr!«

»Ach, ich hab keinen Humor? Ich wette zehn zu eins, dass ich der alten Schachtel da hinten mit der Zwille sauber 'ne Lüftung durch die Birne baller, gehst du mit?«

»Nee, tu ich nich'. Warum auch? Was haben wir davon, wenn das alte Mädchen tot zusammenbricht. Und das vielleicht auch noch, bevor sie selbst jemals 'n büschen Sex hatte. Was soll daran witzig sein!?«

»Na, zum Beispiel, dass wir ihr auf 'n Grabstein schreiben könnten: ›ungeöffnet zurück‹, das wär doch was!«

»Ha, ha. Na, wenigstens hast du schwarzen Humor! Passt zu deinen Klamotten. Wird aber nix draus. Ich sag dir was, wenn du so scharf drauf bist, Blut zu sehen: Siehst du da hinten die Wiese? Wir zwei geben dir fünfzig Meter Vorsprung, und wenn du es schaffst, meinem Schutzengel davonzulaufen, kriegst du einen Freischuss! Und Blut siehst du dann garantiert auch. Aber bloß dein eigenes.«

»Arschloch!«

»Nee, du bist eins, wenn du die Gouvernante hinter mir umnieten willst, obwohl sie dir gar nichts getan hat! Verdammt, das könnt ja fast deine Mutter sein!«

»Ein Grund mehr!«

»Na toll! Mann, ich werd nie begreifen, wo dieser wahnsinnige Hass in euch herkommt!«

Als mein Junge diese Worte sagt, geht ein kleiner Ruck durch den Körper des schwarzgekleideten jungen Mannes. Seine Augen nehmen plötzlich einen traurigen, ja fast melancholischen Ausdruck an, und ich spüre seinen Schmerz. Dann höre ich ihn sagen:

»Genau, du wirst nie verstehen!«

Und ich überlege, was ich tun kann. Ich muss verhindern, dass sie sich als Feinde trennen, denn das haben sie beide nicht verdient. Ich fühle und verstehe einfach mehr als mein Jonas. Wie gern würde ich ihm etwas davon abgeben.

Ich fange an zu knurren. Aber ich knurre nicht den fremden Jungen an, sondern meinen eigenen.

»Was ist denn mit deinem Dackel los?«, macht der sich daraufhin spontan über uns lustig, doch mein Großer begreift. Er macht mich stolz, denn das Gespräch geht in meine Richtung.

»Er will mir etwas sagen.«

»Ach ja? Muss er kacken?«

»Nein. Er hält mehr von dir als ich. Und du von dir selbst anscheinend.«

»Was soll das denn heißen?«

»Das heißt, er möchte nicht, dass ich dich hasse. So wie du mich. Nehme ich zumindest an.«

»Was seid ihr zwei denn für abgedrehte Spinner?!«, sagt der Junge da, und er wirkt fast ein bisschen verlegen.

»Wir sind keine Spinner. Er ist keine Bestie, und ich bin kein Söldner. Und es wird Gründe dafür geben, dass du so bist, wie du bist. Vielleicht. Außerdem sollte jede erwachsene Frau imstande sein zu verhüten, wenn sie hirnlos umhervögelt. Ende. Wir trennen uns jetzt. Weil mir mein Hund schon wieder ein bisschen unheimlich ist und ich das erst einmal verdauen muss. Geh bitte weiter, pass auf dich auf, und überlege dir gut, was du tust. Bevor du es tust! Tschüs.«

Statt etwas zu sagen, blickt der schwarzgekleidete junge Mann mir zum Abschied nur lange und tief in die Augen, was bei den meisten meiner vierbeinigen Kollegen ein fataler Fehler wäre.

Ich lege nur leicht meinen Kopf schief, schaue ihm dann noch eine Weile nach und frage mich, wo und unter welchen Umständen wir uns wohl wiedersehen werden.

Gentrifizierung

Ein tolles Wort, oder?! Euphemismus in seiner reinsten Form. Führt unsere Hitliste ganz weit vorn mit an. Kommt gleich nach *suboptimal* und *beratungsresistent*. Heißt im Klartext nichts anderes als: Wir schmeißen die Alten und die Arbeiter aus ihren angestammten, weil bezahlbaren Wohnungen und Gegenden raus, um dann Lofts und Apartments zusammenzubrezeln für Gutbetuchte. Und warum? Weil Gutbetuchte mehr Geld bringen für andere ohnehin schon Gutbetuchte. Und weil Lofts hip sind.

Und wer setzt es durch, wenn's Ärger gibt? Genau, wir, die blöden Bullen!

Zwei Einsätze sind mir in dieser Beziehung in Erinnerung geblieben, die ich nicht wieder vergessen kann und will. Beide sind es irgendwie wert, dass man sie festhält. Symptomatisch, klassisch, für und wider …

Irgendwann fanden wir uns in einer Straße im schönen Kreuzberg wieder, weil schwarz vermummte Vollidioten der Meinung waren, mit Gewalt könne man Sympathie gewinnen und die Welt verbessern. Alle hatten Angst, ganz gleich, ob sie nun »Schuld« trugen oder auch nicht. Wie armselig, wie blöd und einfallslos muss man eigentlich sein, wenn man harmlose Bürger in Angst und Schrecken versetzt, weil Wohnraum »geschändet« wird. Nicht dass das Anliegen unwichtig oder gar unverständlich wäre, aber deshalb Menschen zu gefährden, vielleicht sogar willentlich zu verletzen, ist außerhalb jeder Toleranz.

Deshalb haben wir keinerlei Problem damit, den Bereich zu sichern und notfalls zu verteidigen, will heißen, zu befrieden. Wer aus rein materiellen Gründen Menschen angreift, der sollte sich warm anziehen, wenn wir in der Nähe sind! Und das hat überhaupt nichts mit der »freiheitlich demokratischen Grundordnung« zu tun oder dem »Gewaltmonopol und Sicherungsauftrag der Polizei«, sondern mit Müttern, die Kinderwagen schieben und plötzlich mittendrin sind, wenn hirnlose Großstadtguerillas glauben, sie könnten mit Gewalt und dreihundert Leuten das System stürzen. Wie bescheuert und herzlos muss man sein, um solche »Kollateralschäden« billigend in Kauf zu nehmen? Um genau das zu tun, wofür man die »faschistoide Großmacht« selbst pausenlos anprangert?

Wir sind auf jeden Fall hier, in voller Montur, und die Straße ist sicher, darauf kann man seinen Arsch verwetten. Die letzten Anwohner huschen mit ihren Einkaufstaschen in Hauseingänge. Manche von ihnen grüßen uns dankbar und lassen dann ihre Rollläden herunter.

»Sie dürfen gerne bei uns auf Toilette gehen oder sich aufwärmen«, hören wir mehr als einmal und haben das seltene Gefühl, auf der richtigen Seite zu kämpfen. Es geht um ein einziges Haus in dieser Straße, in der »Nachbarschaft« zugegeben mehr als dekadent. Ein Neubau, abgeschottet durch große Eisentore. Mit Parkplätzen auf den jeweiligen Stockwerken, direkt neben der Eigentumswohnung, für den Minicooper oder Luxussmart.

Aber selbst wenn es gelingen sollte, dieses Gebäude in Schutt und Asche zu legen, was würde das verändern? Den Rechtsstaat mit Gewalt in die Knie zwingen zu wollen ist nicht nur ein fast aussichtsloses Unterfangen, sondern auch ein taktisch wie menschlich komplett hirnrissiges. Das System von innen auszuhöhlen, das ist erfolgversprechend. Und sich so etwas von einem Polizeihund sagen zu lassen muss doch eigentlich mehr als peinlich sein, oder?!

Es gibt inzwischen Entscheidungsträger, die schwul sind, lesbisch, einen Migrationshintergrund haben oder der SED-Folgepartei angehören. Die APO-Freaks der 68er sind ebenfalls ganz gut am Ruder. Also merkt mal was! Nicht dass mein Bengel und ich das alles toll finden würden, aber die haben's alle begriffen! Wenn mit legalen Mitteln alles komplett durcheinanderzubringen und auf den Kopf zu stellen ist, was einmal gut und richtig war, was hat es da noch für einen Sinn, »Kollateralschäden« in Kauf zu nehmen? Keinen! Es sei denn, man ist völlig dämlich oder, noch viel schlimmer, man hat Spaß an der Gewalt. Und speziell gegen die letzteren Kunden treten wir mit Inbrunst an, um die Unschuldigen und Schwachen in unserem Land zu verteidigen, die mit diesem ganzen Scheiß so gar nichts am Hut haben. Die gibt es nämlich zuhauf, und sie haben alle ein Recht darauf, sich in Frieden und Unversehrtheit durch ihren Alltag zu kämpfen. Punkt.

Auf einmal steht Rea Garvey vor unserem Auto. »Wenn du einen Kaffee willst oder irgendwas, kommst du einfach da zu mir rein, okay?!«, sagt er, zeigt auf das Haus gegenüber vom Yuppiepalast, und Leipi möchte gern mit ihm fotografiert werden. »Na klar«, sagt der sympathische Kerl sofort.

Und das soll jetzt das Feindbild sein …?!

Neukölln. Wir schämen uns. Ganz furchtbar! Alle beide! Laut Gerichtsbeschluss in letzter Instanz wurde hier eine alte Frau aus ihrer Wohnung rausgeklagt, und heute ist Räumung.

Die Linken haben zu Recht gegen diese Unmenschlichkeit mobilisiert, und wir haben die rückwärtige Front zu sichern. Ein riesiges Polizeiaufgebot, um dem Gerichtsvollzieher, oder wer sonst auch immer von Amts wegen antrabt, ein gesichertes Arbeiten zu garantieren. Wir stehen am Hintereingang des schäbigen dreistöckigen Mietshauses und verstehen, genau wie die pöbelnden Schwarzvermummten am Vordereingang, die Welt nicht mehr.

Mutmaßlich ihr ganzes Leben hat die alte Frau in diesem Haus verbracht, und jetzt soll sie hier raus. Weil sie die Miete nicht bezahlen kann und das Amt die nicht übernimmt. Aus welchem Grund auch immer. Tausenden von Schmarotzern werden in diesem Land Wohnung und Farbfernseher bezahlt, und ausgerechnet sie soll jetzt ihre Spitzendeckchen zusammenfalten, die Erinnerungsfotos unter den Arm klemmen und von Polizei eskortiert ihr Zuhause verlassen. Wir schämen uns!

Warum haben nicht all jene, die sich jetzt vorne auf der Hauptstraße zu Recht empören, einfach fünfzig Cent gegeben, als es noch Zeit war und die Haifische der Medien über den Fall berichteten, damit sie ihre Miete zahlen kann, fragen wir uns. Doch wir ahnen auch, dass wir nur eine Entschuldigung suchen, eine Legitimation dafür, dass wir zwei hier sind. Die Zeit läuft ab. Ein Schlosser ist bestellt, denn Oma will nicht aufmachen. Die Volksseele kocht vor dem Haus, und bei uns hinten sind die ersten Kundschafter der Antifa erschienen.

»Wer seine Miete nicht zahlen kann oder will, der muss halt umziehen in eine kleinere Wohnung, wir müssen alle unsere

Miete zahlen …«, höre ich meinen Jungen vor sich hin murmeln, aber es hilft nichts. Es ist nicht richtig, was hier passiert. Er weiß das und singt leise, vielleicht sogar unbewusst, eine Zeile aus dem Lied »Oma« von Konstantin Wecker: »Komm, Oma, lass dich aussi tragen, wir sollten denen keine Schand ersparen …«

Um neun ist »Beginn der Maßnahmen«, und keiner glaubt mehr daran, dass das »Gnadengesuch«, die letzte »Bitte um Aufschub«, beim zuständigen Richter noch Gehör findet. Mein Junge schaut dauernd auf seine Uhr.

Acht Uhr fünfzig. Handschuhe an, Helme auf, Beißkorb anlegen, denn sie werden uns stürmen, so viel ist sicher.

Acht Uhr fünfundfünfzig. Mein Junge presst sich hektisch mit dem linken Zeigefinger den Spiralkabelknopf in seinen Gehörgang.

Dann reißt er das Kabel des Kopfhörers aus dem Funkgerät, damit ich mithören kann: »… Abbruch! Abbruch der Maßnahmen, der Richter hat vertagt!«

»Gott sei Dank«, flüstert mein Junge, streift mir den Beißkorb ab, kniet sich neben mich und nimmt mich in den Arm. Kurz darauf schallt lautstarker Jubel von der Hauptstraße zu uns herüber. Sie glauben, sie haben gewonnen. Aufschub ist nicht Aussetzung, aber das ist uns ganz egal. Dieser Tag wird friedlich enden, und wir sind unendlich dankbar dafür, dass wir niemanden beißen oder festnehmen müssen, dessen Herz auf gleicher Linie schlägt wie unseres!

Einen Moment später geht die rückwärtige Tür des Mietshauses auf, die zu der kleinen Rasenfläche mit Wäscheleine und winzigem gepflegtem Blumenbeet führt, vor der wir stehen. Eine alte, gebeugte Frau mit grauen Haaren, die zu einem Zopf geflochten sind, tritt in die Sonne und schaut, sich bekreuzigend, nach oben. Mein Junge streift mir die Polizeiweste herunter, klinkt mich von meiner Leine ab, und ich laufe zu ihr hin. Sie lächelt auf mich herab, fängt sogar an, mich sanft zu streicheln. Und dann fragt sie mich: »Na, du bist aber ein Hübscher, bist du mein Freund?«

HD

Wir haben vor sechs Monaten eine vernichtende Diagnose bekommen. So vernichtend und endgültig, dass es uns komplett aus der Bahn geworfen hat: Hüftgelenksdysplasie.

Hüftgelenksdysplasie und schwere Arthrose. Nichts ist mehr so, wie es einmal vorher war.

Hundebesitzer wissen sicher, worum es geht. Hier trotzdem noch einmal für alle Nichteingeweihten die Diagnose im Klartext: Eine angeborene Fehlstellung der Hüftgelenke hat im Laufe der Jahre in Verbindung mit ständiger starker Beanspruchung, also einem »verschleißträchtigen Lebenswandel«, zu extremer Abnutzung geführt. Und zu fiesen Schmerzen. Jeder Schritt tut weh. Wenn das Wetter kalt und feucht wird, beginnt man den Winter zu fürchten und Treppen zu hassen. So ist das.

Wissen Sie, was die Ironie des Schicksals ist? Dass diese Diagnose nicht etwa mir gestellt wurde, wie jeder Leser nach den letzten Zeilen sicher angenommen hat, sondern meinem Jungen! Beide Hüftgelenke hin. Kaputt. Vorbei.

Drei Tage lang war er fast ununterbrochen besoffen, und ich fing quasi bei null wieder mit ihm an. All die viele Arbeit, Geduld und Zeit, die ich in ihn investiert habe, und damit auch sämtliche Fortschritte – er hatte sich in letzter Zeit ganz gut gemacht – waren annähernd komplett dahin.

Die ersten Wochen war er übellaunig, unleidlich und in Selbstmitleid versunken. Dann hat er sich etwas zusammengerissen, unterstützt von feinfühligen Ratschlägen und Kommentaren unserer Madame wie: »Stell dich nich' so an, es könnte schließlich auch Krebs sein!«, oder: »Sei froh, Kniegelenke sind viel schwerer auszutauschen!« Super, oder?! Irgendwann hat er sich dann auf jeden Fall, auch mit meiner Hilfe, wieder gefangen, und gemeinsam haben wir versucht, einen Sinn darin zu finden. Denn alles, was geschieht, hat einen Sinn.

Man sollte meinen, dass meinesgleichen ein wenig Genugtuung darüber empfindet, dass einer von euch das Schicksal teilt, das ihr uns so grausam angezüchtet habt. Dem ist auch so, doch hätte ich mir gewünscht, dass es vielleicht einen Hundehändler, Züchter oder »Gebrauchshundesportler« erwischt und dann vielleicht bekehrt. Nicht meinen kleinen naiven Spinner, der mich jedes einzelne Mal, seitdem wir zwei zusammen sind, vom Auto behutsam auf die Erde hebt, um meine kalten Gelenke und Knochen zu entlasten. Doch die weisen alten Wölfe oder euer Allah, Buddha, meinetwegen auch der liebe Gott, hatten sicher ihre guten Gründe.

Gemeinsam haben wir es geschafft, ein paar davon zu finden. Zwar traf es ihn besonders hart, denn auch wenn er inzwischen Bücher schreibt, hat er sich bis zum heutigen Tag eigentlich immer nur über seine Physis definiert. Über die hart erworbene und täglich mühsam erhaltene Fähigkeit, für das, woran er glaubt, und für jene, die er liebt, notfalls auch kämpfen zu können. Aber diese Lebenseinstellung hat seinen Körper und auch seinen Geist geformt und macht ihn zu einem besseren Opfer für diese Krankheit als jemand Schwächeren, der daran zerbrechen würde.

Dann macht es ihn zu einem besseren Vater. Wie?

Nun, es hat ihn gezwungen, sein Leben Revue passieren zu

lassen. All die Dinge noch einmal zu durchleben, zu genießen und zu durchleiden, die seine Hüften letztendlich zerstört haben. Fast einhundert Kilo wog die Helmtaucherausrüstung, mit der sie ihn haben marschieren lassen. Über vierzig Kilo der Rucksack, den die Kampfschwimmer ihm auf den Rücken geschnallt haben. Und Karate war ebenfalls ein schmerzhafter, wenngleich auch guter Freund. Unterm Strich sagt er zwar stolz und trotzig, dass er alles genauso noch einmal machen würde. Er sagt aber auch zu seinem Sohn, dem er beim Skateboardfahren jetzt nur noch zusieht: »Wenn du weiter so verbissen das Springen übst, machst du bald den höchsten und coolsten Ollie dieser Stadt, doch in spätestens zehn Jahren werden sich deine Hüftgelenke so anfühlen wie meine. Ist es das wert, mein Schatz?«

Wer sagt also, dass es sinnlos ist, was gerade mit uns geschieht?! Es leitet einen neuen Lebensabschnitt ein. Es lässt meinen Bengel Gitarre üben, Bücher schreiben, Kindern beim Wachsen zuhören und Sonnenaufgänge wieder genießen. Ich will nicht sagen, dass es gut und richtig ist, aber er lernt seine Lektionen. Ja, in gewisser Weise beschützt es ihn sogar. Vor sich selber und auch davor, von seiner Firma verheizt zu werden zum Beispiel. Weil Jungs wie er immer in der ersten Reihe stehen. Und das geht mit tödlicher Sicherheit über kurz oder lang ins Auge.

Am schönsten aber ist, dass es ihn in gewisser Weise sogar stärker macht. Damit meine ich nicht, dass er inzwischen mehr Klimmzüge macht als je zuvor, weil untenrum kaum noch was trainiert werden darf, sondern dass sich seine Fähigkeit für Mitgefühl gesteigert hat.

Sonderbarerweise begegnen wir in letzter Zeit, wo wir auch sind, andauernd irgendwelchen alten Hunden, die mühsam ihr Heck hinter sich herziehen. Nicht dass es vor einem halben Jahr weniger davon gab, aber jetzt sieht er sie! Ebenso wie Menschen, die einen Rollator vor sich herschieben oder mit dem Stock in der Hand einsam auf Parkbänken sitzen, weil sie eine Pause brauchen. Im Ernst, schaut euch mal um, unsere Städte sind voll davon!

Nun wäre mein Bengel nicht mein Bengel und er würde mich wahrscheinlich gar nicht mehr so dringend brauchen, wenn er nicht auch auf diesem Gebiet zuweilen, sagen wir mal: leicht überreagieren würde! Denn neben so manchen aufmunternden Worten im Vorbeigehen oder manchmal lustigen Gesprächen mit Krückstock- und Rollatorfans sind wir vor zwei Wochen wieder einmal nur knapp am Chaos vorbeigeschrammt.

Wir waren nördlich von Berlin in einem Outlet-Center. So einem Ding, wo man angeblich ganz tolle Sachen ganz billig kaufen kann. Haben zumindest unsere drei Mädchen gesagt. Und wie wir da, direkt bei den Parkplätzen, auf einer der Gott sei Dank zahlreichen und blitzblanken Holzbänken rumlümmelten – also ich natürlich davor, is' klar – und darauf warteten, dass unsere Mädels mit irgendwelchem nutzlosen Kram wieder rauskamen, ging so ein komischer Typ an uns vorbei. Mit Goldkettchen behängt, aufgeblähten Muckis und kahlrasiertem Schädel. Im Schlepptau an der straff gespannten Leine zog er einen alten, großen Deutschen Schäferhund hinter sich her, der das hatte, was wir ein »Fließheck« nennen. Also einen schräg nach hinten abfallenden Rücken inklusive einer wohl von Geburt an kümmerlichen Hüfte. Dies und sein schleppender, wiegender Gang machten uns sofort klar: HD im Endstadium!

Als der Kerl auf unserer Höhe war, gab er seinem graubärtigen Begleiter einen heftigen Leinenruck, weil es ihm wohl nicht schnell genug ging, und mein Junge fing an zu pumpen. Nach dem zweiten Leinenruck hörte ich ihn rufen: »Hey, der kann nicht schneller, sehen Sie das nicht?!«

»Der kann sehr wohl schneller, kümmer dich um deinen Scheiß!«, erwiderte der Muskelmann. Dann ein erneuter Leinenruck!

»Kann er nich'. Das sieht man doch. Komm, lass ihm doch ein bisschen Leine«, war der nächste, wie ich finde, noch recht moderate Versuch meines Hüftkrüppels, die Sache noch zu drehen, bevor das Gewitter losbrach.

»Das is 'n scharfgemachter Killer, und du hältst jetzt besser mal dein Maul, bevor ich ihn dich und deine Töle plattmachen lass, kapiert!?«, war die unmissverständliche Antwort. Daraufhin schickte mein Großer mich in eine gut zehn Meter entfernte Mauerecke, legte mich ins »Platz«, stand auf, nahm die Uhr vom Handgelenk und steckte sie in seine Hosentasche.

Letzteres ist in »einschlägigen« Kreisen eine Einladung oder zumindest die unmissverständliche Ankündigung, dass es gleich losgeht. Die Botschaft kam an, und Meister Propper zog die linke Augenbraue hoch. Ich machte mir auf meinem Logenplatz ein wenig Sorgen. Denn wenn mein Junge nicht mehr redet, wird es tatsächlich ernst. Also musste ich was unternehmen. Ich rannte in das Geschäft und holte den Rest der Familie. Weil mir klar war, dass er etwas Vernünftiges tun würde, wenn seine Kinder ihn beobachten. Wir kamen gerade noch rechtzeitig wieder heraus, um zu sehen, dass der Mann seinen Hund von der Leine losmachte.

Eine kurze Geste meines Blonden in Richtung seiner Frau reichte aus, dass sie uns fünf sofort zum Stehen brachte, weil die zwei ein eingespieltes Team sind. Und dann hörten wir meinen Jungen, nach kurzem Überlegen, zu dem Typ Folgendes sagen:

»Dass du ihn abgeklinkt hast, ist schon mal ein Schritt in die richtige Richtung! Und jetzt machst du den zweiten. Du drehst dich jetzt um und gehst hier weg, solange du noch kannst, und wir werden sehen, ob er dir folgt. Wenn nicht, kümmere ich mich um ihn. Falls doch, bedeutet das, dass er dich liebt und respektiert, warum auch immer, und ich bitte dich, ihm das hoch anzurechnen! Denn ich glaube, er hat große Schmerzen. So, mein Großer, und jetzt musst du eine Entscheidung treffen.«

Jetzt lag ein wenig Spannung in der Luft, denn der große, müde Schäferhund setzte sich hin, und sein Besitzer sah nachdenklich zu ihm herunter. Als sich ihre Blicke kurz trafen, huschte ein Lächeln über das Gesicht des Glatzkopfs, er legte sich die Hundeleine um den Hals, sagte »Okay« und ging langsam in Richtung Ausgang.

Sein Hund sah ihm nur nach, und statt aufzustehen, drehte er den Kopf ganz langsam zu meinem Jungen und danach auch kurz zu mir. Ich fing an, darüber nachzudenken, dass ich in naher Zukunft wohl so einiges würde teilen müssen. Doch dann erhob er sich. Gemächlich und auch ein bisschen wackelig, jedoch mit Würde und vor allem voller Stolz ging der alte Krieger hinüber zu *seinem Jungen*, der sich in diesem Moment gerade umdrehte. Mit Freude und Genugtuung sah ich, wie er seinen Hund empfing. Nämlich mit einem Streicheln und einem Lächeln. Und eine alte schwarzgraue Rute bewegte sich langsam hin und her.

Während ich aufatmend dachte: Danke, dass ich den Schlafplatz vor der Heizung behalten darf, rannten meine Kinder, als wär ein Sack Reis geplatzt, zu ihrem Papa.

Selbst Madame war wohl erleichtert, wenn auch auf ihre eigene, sehr trockene Art und Weise. »Na, das war ja wieder mal knapp!«, sagte sie. »Kannst du mir mal sagen, was wir zu Hause mit einem weiteren riesengroßen Hund wollen?!«

Antwort:

»Kannst du mir mal sagen, was wir in diesem versnobten Designer-Outlet wollen?!«

Mut zu Fehlern

Dies ist kein Kinderbuch. Ihr seid alle erwachsen, was immer dieses Wort bedeuten soll. Oft bedeutet es offenbar, dass einem die Fähigkeit für Phantasie, Spontanität und auch Vertrauen flöten geht. Das ist schade. Denn am Last-Minute-Schalter des Lebens bleiben so viele wunderbare Dinge unentdeckt, wenn man im letzten Moment immer eine vernünftige Entscheidung fällt.

Das mag einen manchmal vor Schaden bewahren, trotzdem zahlt man dafür einen hohen Preis. Nämlich mit verpasstem Lachen und gelegentlich auch Glück. Mit einem Hund an eurer Seite könnte das anders sein. Nicht weil wir unfehlbar wären, nein. Aber wir sind eure Zeitmaschinen und auch euer sechster Sinn. Wir schaffen es, euren Alltag zu entschleunigen, ja sogar kurz anzuhalten, wenn ihr es am dringendsten braucht. Manchmal bringen wir euch sogar ein Stück Kindheit zurück.

Wann habt ihr das letzte Mal im Park auf einer Wiese gelegen, tief durchgeatmet und entspannt die Augen geschlossen, ohne Angst zu haben, dass man euch bestiehlt? Wann wart ihr überhaupt das letzte Mal im Park? Nun, mit uns geht so etwas. Vor allem aber helfen wir euch, nicht zu viel nachzudenken. Etwas zu vergessen, was nicht zu ändern ist. Spontane Entscheidungen zu treffen. Und zu vertrauen. Denn unsere Menschenkenntnis ist besser als eure.

Berlin-Charlottenburg. Jebenstraße. Die Rückseite vom

Bahnhof Zoo. Christiane F. lässt grüßen. Passt aber eigentlich gar nicht. Denn dies ist die Meile für die »Liebhaber« von kleinen Jungs, die hier ihren Körper und auch ihre Seele für Geld verkaufen. In dieser Straße ist nicht nur die Bahnhofsmission untergebracht, sondern die ganze Gegend bis hinein in den Park ist ein sogenannter »Kriminalitätsschwerpunkt«. Das Risiko, beklaut, totgeschlagen oder abgestochen zu werden, ist hier in etwa so hoch wie neuerdings am Alexanderplatz.

Deshalb streifen wir. Besonders nachts. Und wenn wir wollen, vergehen keine zehn Minuten, ohne dass wir »dienstlich« werden müssen. In den verschiedensten Kategorien. Ob nun gegenüber bei McDonald's jemand rausgeschmissen werden muss, der randaliert, vielleicht auch versucht hat, sich auf dem Klo trotz UV-Licht, das die Venen nicht erkennen lässt, einen Druck zu setzen, oder ob unter den Obdachlosen auf den Lüftungsschächten des Bahnhofs der Verteilungskampf um den besten Schlafplatz geschlichtet werden muss. Kaum zehn Minuten Frieden.

Unsere favorisierte Vorgehensweise und der schwache Garant für Ruhe, zumindest in einem Umkreis von etwa dreißig Metern, ist folgende: Wir lassen uns einfach auf und vor einer der Bänke auf dem Platz nieder. Gut sichtbar für jeden. Gegenüber vom Haupteingang auf der Bushaltestelleninsel zum Beispiel. Aufgerüstet und zumindest der Optik nach bereit für jede Schlacht, zündet sich mein Junge dann meist eine Pfeife an, die er immer in der prall gefüllten rechten Beintasche dabeihat. Oder er zückt den großen Hundekamm aus der anderen Beintasche und beginnt, mich demonstrativ durchzukämmen.

Nicht dass dann plötzlich alles wieder gut wäre und die Schmetterlinge der Nacht, die Motten, wie im Märchen um unsere Köpfe flattern. Nein, es geht natürlich alles nahtlos weiter. Aber eben in dem Moment an einer anderen Stelle. Und zwar nur, weil wir hier sitzen und Angst und Schrecken, Faulheit oder auch ein Stück Frieden und Gelassenheit verbreiten. Allzu lange dauert dieses Stelldichein ohnehin meist nicht. Weil spätestens nach ein paar Minuten das Funkgerät anfängt zu quäken. Und zwar um uns wegzuholen, dorthin, wo wir gerade nicht sitzen.

»Streitigkeiten, Jebenstraße, Ecke Hertzallee«, tönt es, und jeder kann mithören. Weil der Knopf im Ohr meines Jungen schon nach wenigen Minuten immer anfängt zu jucken und deswegen ohne Verbindung zur Funke motivationslos am Westenkragen baumelt.

»Keine zwei Minuten zu Fuß, Dicker, wollen wir mal hinschlappen?«, fragt er mich und klopft sich die Pfeife an der Hacke aus. Auf dem Weg dorthin zieht er sich langsam seine Handschuhe an und streicht sie glatt. Weil in dieser Gegend Blut, Schweiß und Tränen recht häufig fließen und genau wie diverse andere Körperflüssigkeiten so manche unangenehme Überraschung bergen. Per Funk sagt er dem Rest der Truppe, der sich gerade ein paar Pappschachteln beim Chinesen neben McDonald's geholt hat, sie mögen bitte mit dem Wagen hinterherkommen. Wenn sie aufgegessen haben oder wir um Hilfe brüllen.

Als wir um die Ecke biegen, sehen wir, wo wir hinmüssen. Höhe »Café Hertz«, einer BVG-Kantine, wo ganz früher auch Polizisten ein günstiges Brötchen kaufen durften, stehen eine große, teure Limousine und zwei Figuren direkt davor. Ein Mann in schlichtem, aber feinem Anzug redet mit einem Jungen, und eigentlich sieht es gar nicht nach Streit aus.

Als die beiden uns entdecken, schaut sich der Junge kurz hektisch um, und der Mann winkt uns heran. »Haben Sie die Polizei gerufen?«, fragt mein Jonas formlos, und der graumelierte Herr im feinen Zwirn zeigt mit manikürten Fingern auf sein Gegenüber und antwortet: »Ja, der da hat mich beklaut!«

Nun, wie sich herausstellt, ist der Junge zwar etwas abgemagert und schmächtig, jedoch kein Kind mehr, und der Streit entstand wegen einer »nicht erbrachten Dienstleistung«.

»Ich habe nicht bekommen, was ich wollte«, ist der Satz, mit dem sich der Mann sehr förmlich zu erklären versucht, bei meinem Bengel dafür aber nicht unbedingt Sympathiepunkte einheimst. Nur zu deutlich spüre ich, dass er darüber nachdenkt, welchem perversen Scheiß sich der Kleine wohl verweigert haben mag, als sein Blick die beiden mustert.

»Und flinke Finger hat er auch! Ein Bündel Geldscheine an einer silbernen Klammer hat er mir aus meinem Jackett entwendet!«, schiebt der Freier noch empört hinterher, worauf mein Bengel einen Mundwinkel leicht hochzieht.

»Stimmt das?«, fragt Jonas den Jungen, doch der schüttelt nur langsam seinen Kopf. Über den oberen Rand seiner neuen Brille, die er seit einem halben Jahr braucht, wenn er etwas Nahes klar erkennen will, versucht mein Hobbytelepath ihm tief in die Augen zu schauen. Ich schnüffel währenddessen ein bisschen an dem Jungen rum. Doch statt unsicher zu werden, lächelt er zu mir herunter.

»Ich will Anzeige erstatten«, poltert der Limousinenfahrer dazwischen.

»Gut, wenn Sie sich sicher sind, dass Sie das wirklich wollen. Dann bitte mal Ihren Ausweis«, ist die lakonische Antwort, und dem Mann huscht ein leichtes Zucken durchs Gesicht. Im Bruchteil einer Sekunde gehen ihm wohl die Konsequenzen seines Wunsches durch den Kopf, und er knirscht nachdenklich mit den Zähnen.

»Alles okay bei dir?«, quäkt es aus dem Funkgerät, und mit einem scheelen Blick in Richtung Beschwerdeführer antwortet mein Bengel: »Jo, ich glaub, wir sind hier gleich fertig.« Und um dieser Ansage Nachdruck zu verleihen, macht er dem Anzugträger folgendes Angebot: »Passen Sie auf, ich durchsuch den jetzt mal, und Sie denken noch mal einen Augenblick nach, einverstanden?«

Statt zu antworten, setzt der seriös wirkende Herr eine finstere Miene auf und knirscht weiter mit den Zähnen.

»Hast du irgendetwas dabei, woran ich mich verletzen könnte, eine Injektionsnadel, ein offenes Messer oder sonst was?«, stellt mein Superbulle vorbildlich die Standardfrage, bevor er gleich drei schwere Fehler hintereinander macht. Erstens dreht er den Jungen nicht um, um ihn beispielsweise am Auto den »Adler« machen zu lassen. Zweitens tastet er ihn für meinen Geschmack eine Spur zu offensichtlich oberflächlich ab. Und drittens kommt er ihm dabei für einen Moment so nahe, dass der Junge eine blitzschnelle Bewegung machen kann, die ich zwar nicht als gefährlich registriere, die aber allemal verdächtig ist.

Danach wendet sich Jonas mit den Worten »Nichts. So, was machen wir jetzt?« wieder an den Zähneknirscher.

Der hat inzwischen noch einen Gang höher geschaltet. Denn jetzt flattert ihm zusätzlich, ich denke, vor Zorn, sein rechtes Augenlid. Er zischt ein wütendes »Vergessen Sie's« durch seine geschlossenen Zähne, steigt in seinen Wagen, knallt die Tür hinter sich zu und fährt mit leiiicht überhöhter Geschwindigkeit davon.

»Na, das kriegen wir doch hin, oder?«, murmelt mein Bengel

mit Blick zu mir und dann zu dem bis jetzt noch immer völlig schweigsamen Jungen. Dann macht mein Großer eine Handbewegung, die aussieht, als wollte er den Kleinen von der Straße wischen. Der nickt ganz langsam und wortlos, dreht sich auf dem Absatz um und geht. Und zwar nicht in Richtung Jebenstraße.

Fünf Minuten später sitzen wir wieder an unserer Bank von eben. Moni, Kröte und Ali kämpfen wahrscheinlich noch immer mit ihren Essstäbchen, und mein Pfeifenraucher sucht in seinen Hosentaschen nach dem für Pfeifenraucher recht stillosen Zippo-Feuerzeug. Statt des Feuerzeugs hält er plötzlich einen Stein in seiner Hand. Einen kleinen grauen Stein in Herzform.

Unsere Mädchen haben uns erklärt, dass das ein sogenannter Handschmeichler und Glücksbringer ist, den man bei sich trägt, um sich an ihm festzuhalten, wenn man Angst hat oder sich beruhigen muss. Oder um einfach nur ein gutes Gefühl zu bekommen, ganz gleich, wo man gerade ist oder was man gerade macht.

Eine knappe Woche später erfahren wir, dass der grauhaarige Herr mit seinem feinen Anzug kein unwichtiger Mann in Berlin ist. Anschuldigungen gegen meinen Jungen schweben im Raum, von »Strafvereitelung im Amt« bis hin zu »Nötigung«. Da dieser Mensch aber wohl vieles ist, in letzter Konsequenz aber doch feige und kein Lügner, ist alles verpufft und hat sich in nichts aufgelöst.

Bis auf ein kleines Herz aus Stein, das wir seitdem bei jedem Einsatz bei uns tragen.

Behindertenparkplatz

Wir zwei behaupten ja immer, dass wir uns auf jeden Menschen einstellen können. Das ist gelogen. Können wir nicht. Die Gründe dafür sind recht simpel: Es fehlt uns an Grips und gutem Willen. Getreu dem Motto »Wen jeder mag, ist auch ein Arsch« ist uns das nicht einmal peinlich.

Niemand kann alles wissen. Und niemand will alles wissen. Da ist mein Superbulle keine Ausnahme. Bei komplizierten Betrugsversuchen mit vielen Zahlen verweist er schneller auf Rechtsschutzversicherung und zivilen Rechtsweg als jeder Winkeladvokat. Und bei schwulen Ehestreitigkeiten, wo ihm bildgewaltig erklärt wird, dass böswillig Gleitcreme mit Bienengiftsalbe vertauscht wurde, auf Paartherapie und Pro Familia. Selbst bei polizeifachlichen oder technischen Fragen stößt er schneller an seine Grenzen als ein Schneeball in der Hölle.

Wenn ich ehrlich bin, habe ich ihn noch nie irgendeine Vorschrift oder einen Paragraphen sauber zitieren hören. Selbst bei Festnahmen sagt er oft Blödsinn wie: »Sie haben das Recht, die Füße still zu halten.« Ist aber alles noch entschuldbar. Schlimmer wird's, wenn er schlicht bockig ist oder ihn einfach nur der Blödsinn treibt. Und das kommt öfter vor, als es gesund ist. Hier mal ein simples Beispiel, auch wenn er nur »Mittäter« war:

Seitdem er und Kröte mal gesehen haben, wie 'ne wackelige Oma sich vom äußersten Winkel eines vollen Lidl-Parkplatzes bis zum Eingang des Supermarktes vorkämpfen musste und dabei beinahe noch gescheitert wäre, weil ein Rückwärtsausparker sie fast ein Stück mitgenommen hätte, haben die zwei ein neues Hobby: Behindertenparkplätze! Klingt eigentlich nicht gerade nach einer großen Herausforderung, sollte man meinen. Aber weit gefehlt. Für meine beiden Superbullen schon. Zu kleines Hirn, zu großes Herz und jede Menge Unfug zwischen den Ohren. Keine optimalen Voraussetzungen für Beamte. Und für Polizisten erst recht nicht. Aber Moment, der Reihe nach …

Berlin-Tempelhof. Lidl-Parkplatz in der Manteuffelstraße. Hochsommer. Bambule und ich schlabbern bei geöffneter Heckklappe in unseren Boxen den Rest Wasser, den wir noch in unseren Thermosflaschen hatten. Das Funkgerät quäkt schleppend vor sich hin. Vorne sitzen unsere Helden, jeder mit 'ner großen Packung Langnese-Magnum-Imitat auf seinem Schoß. »Genau so lecker, aber halb so teuer«, freut sich Kröte mit vollem Mund und hat schon zwei Eis verputzt. Bambule und ich schauen uns kopfschüttelnd an. Denn das gibt mindestens Bauchschmerzen, wenn nicht gar Durchfall.

Natürlich dürfen wir alle vier hier gar nicht sein, und es ist auch nur eine Frage der Zeit, bis der erste hohe Beamte oder Linksautonome nach unseren Dienstnummern fragt. Um ein Disziplinarverfahren gegen uns loszutreten. Wegen Eisessen und guter Laune. Da entdeckt Kröte plötzlich besagte alte Dame.

»Guck ma' da! Der Opel hätt' Muttchen fast weggeputzt, haste das gesehen?!«

»Nee. Is' aber auch 'n gefährlicher Ort zum Spazierengehen.«

»Blödsinn, spazieren gehen! Die is' mit ihrem alten Golf ganz nach hinten durchgefahren, weil die Behindiplätze alle zugeparkt sind. Ich glaub, die hat sogar ihr blaues Dings hinter der Windschutzscheibe.«

»Kröte, du hast Falkenaugen, ich werd' dich zum Polizisten des Monats vorschlagen. Tauschst du ein Nougat gegen Weiße Schokolade?«

»Nee, mach ich nich'. Und du kommst jetzt ma' mit, wir wer'n ma' dienstlich!«

Und schwupp sind die beiden mit ihren Eispackungen unter dem Arm und mir im Schlepptau auf dem Weg zur Oma. Ohne ihr Auto abzuschließen oder die Fenster hochzukurbeln. Ist allerdings gar nicht so schlimm, weil Bambule völlig ausflippt, wenn sich jemand auch nur in die Nähe unserer Karre wagt. Als sie sich bei der alten Frau vergewissert haben, dass es ihr gutgeht, und Kröte sie, ganz Kavalier der alten Schule, eingehakt und eisessend, die letzten paar Meter bis zum Eingang gebracht hat, stehen wir drei dann vor den Behindertenparkplätzen.

Und genau in dem Moment, als Kröte feststellt: »Siehste, ich hab's geahnt, keiner hat 'n blaues Dings!«, kommt einer der beiden Falschparker aus dem Laden. Routiniert und glatt sagt er sofort: »Tut mir leid, mach ich nie wieder.«

Jonas antwortet mit einem »Jaja …«, lässt ihn in seinen Ford Fiasko einsteigen und wegfahren. Bleibt links daneben noch ein silberfarbenes Mercedes-Coupé übrig, natürlich auch ohne ein »blaues Dings«, und meine beiden Verkehrspolizisten beginnen ein Fachgespräch:

»So. Ich schreib dem jetzt 'n Ticket!«

»Kannste dir sparen, kriegste zurück, das Ding.«

»Wieso?!«

»Is' Privatgelände, gehört Herrn Lidl.«

»Quatsch!«

»Nix Quatsch, kannste knicken …«

»Blödsinn, hör mal gut zu, kannste was lernen: Es handelt sich hierbei um sogenanntes tatsächlich öffentliches Straßenland, weil dieser für jedermann frei zu befahrende Parkplatz durch keinerlei Schranke oder Tor verschlossen ist.«

»Ja. Und um Privatgelände.«

»Na und? Du hast überhaupt keinen Schimmer! Wann hast'n du das letzte Mal 'ne Verkehrsordnungswidrigkeitenanzeige geschrieben, du Nappel, hä?!«

»1860. Ist doch egal. Bleibt trotzdem Privatgelände. Geht nicht durch, das Ding. Und abschleppen lassen, wozu ich gut Lust hätte, geht auch nicht. Und weißte, warum? Is' Privaatgeländee! Außerdem is' die Verhältnismäßigkeit wohl nicht ganz gegeben, fürchte ich, wo du doch heute so auf Fachchinesisch stehst. Weil der Vogel nämlich gleich mit seinem Einkauf fertig ist und wieder hier antanzt.«

Stimmt. Das Letzte zumindest. Genau in dem Moment, als ich darüber nachdenke, ob ich mich über die beiden amüsiere oder mich besser für sie schämen soll, kommt ein Unsympath mit Föhnfrisur und Einkauf um die Ecke und pöbelt schon von weitem: »Hey, weg da, was macht ihr da an meinem Auto?«

»Ich versuch meinen Hund zu überreden, dagegenzupinkeln«, sagt Jonas postwendend, weil der Typ in Tonfall und Auftreten zu seinen Parkgewohnheiten passt.

Kröte jedoch beißt von seinem Eis ab, hebt beschwichtigend die rechte Hand und führt dann aus: »Sehr geehrter Verkehrsteilnehmer! Wie Ihnen sicherlich aufgefallen ist, haben Sie Ihr Fahrzeug auf einem Behindertenparkplatz abgestellt. Und auch wenn Sie behindert aussehen, können wir hinter der Windschutzscheibe Ihre Berechtigung nicht entdecken.«

»Du kannst aber schön reden«, stellt Jonas begeistert fest,

und Kröte hält ihm dafür seine Eispackung hin mit den Worten: »Hier, kannst meins mit weißer Schokolade haben!«

»Wird daran liegen, dass ich keine habe!«, geifert der Mercedesfahrer los und legt noch richtig nach: »Und wisst ihr was, ihr Pappnasen? Ich geh jetzt sogar noch mal rein, ich hab nämlich was vergessen. Ihr könnt mir währenddessen ruhig 'n Ticket schreiben, das zahl ich aus der Portokasse.«

»Hier hätt's eben fast 'ne gehbehinderte Oma erwischt, weil Sie zu faul sind, ein paar Meter weit zu gehen«, startet Kröte noch einen Empathieversuch. Geht aber leider gründlich in die Hose.

»Na und?! Entlastet alles die Rentenkasse!«, haut der Typ da raus, packt seine Tüte in den Wagen und geht tatsächlich wieder in den Supermarkt. Bei so viel Frechheit sind wir alle drei platt. Kröte ist so sauer, dass ihm das Eis in der Hand schmilzt, weil er vergisst, weiterzuessen.

»Un' nu? Wie wär's mit zweimal Pappnase, das geht vielleicht durch?«, fragt Jonas und beißt mit einem Knacken in die weiße Schokoglasur von seinem Eis.

»Nee, ich hab 'ne bessere Idee«, flüstert Kröte versonnen vor sich hin, leckt sich das Eis vom Handgelenk und schaut mit zusammengekniffenen Augen zwei dunkelhaarigen Tempelhofer Jungs hinterher, die sich gerade ein Einkaufswagenrennen liefern. Eine Minute später steht einer von den beiden vor Kröte, und es findet folgendes Gespräch statt:

»Wie heißt du?«

»Sag ich nich'!«

»Haha, du bist genau der Richtige für den Job.«

»Was für 'n Job?«

»Willst du 'n Eis haben?«

»Na klar!«

»Okay. Siehst du da drüben den silbernen Mercedes?«

»Bin ja nich' blind.«

»Gut. Weißt du, wie man aus'm Autoreifen die Luft rauslässt? Übers Ventil, mein ich!«

»Klar.«

»Okay. Wenn du aus den Hinterreifen von dem Benz da drüben die Luft rauslässt, kriegst du von mir 'n Eis.«

»Zwei!«

»Abgemacht. Ach ja, und die Kappen sauber wieder draufdrehen. Das wär ja sonst Diebstahl, das wollen wir ja nicht!«

»Geht klar, Chef.«

Zwei Minuten später hat das silberfarbene Mercedes-Coupé hinten einen Doppelplatten. Im nächsten Moment kommt die Föhnfrisur aus dem Laden gelaufen und kriegt gerade noch mit, wie Kröte seine Eisbox aufklappt, der Kleine zweimal zugreift und dann lachend wegrennt. Perfektes Timing!

»Das, das, das … Ich zeig euch an!«, stammelt er wutentbrannt.

»Ach ja? Wegen was denn? Diebstahl von Luft?«, feiert Kröte ab, schaut in seinen Karton und sagt: »Scheiße, das letzte Eis! Willst du das haben, Jonas?«

»Nein, mein Schatz, das gehört dir, das hast du dir verdient!«, antwortet der und grinst leicht debil vor sich hin. Währenddessen schlurft die Oma von eben mit ihrem Einkauf langsam durchs Bild und lächelt.

»Ich hetz euch meinen Anwalt auf den Hals!«, droht Rumpelstilzchen lautstark, mit hektischen Flecken im Gesicht. Lässt Kröte jedoch ziemlich kalt, denn er doziert mit Wonne:

»Tja, mal überlegen … Es is' kein Diebstahl und auch keine

Sachbeschädigung. Genau genommen ist die Luft ja nich' ma' weg. Nur halt nich' mehr im Reifen. Wenn Ihr Anwalt sein Geld wert ist, macht er vielleicht 'nen groben Unfug draus. Nee, halt. Mit 'n bisschen Tricksen schlägt er vielleicht sogar so was wie 'n Verdienstausfall raus oder das Erstatten einer Taxirechnung – oder Pannenhilfe. Schade nur, dass der Täter ein strafunmündiger Minderjähriger war und wir ihn leider nicht festhalten konnten. Aber ich sag Ihnen was: Zweihundert Meter weiter, auf der linken Seite, is' 'ne Tankstelle, und da gibt's, Sie werden's nich' glauben, Luft umsonst. Wenn Sie da hingehen und Ihren Personalausweis oder Rolexblender als Pfand dalassen, gibt der Tankwart Ihnen bestimmt die Luftmaschine mit. Machense ma', gehnse ma' los, Sie ham 'n paar Meter nachzuholen.«

Als der Typ das hört und nach ein paar Sekunden und Zuckungen im Gesicht dann auch versteht, pfeffert er seine zweite Tüte in den Kofferraum, knallt den Deckel zu und macht sich fluchend auf den Weg zur Tanke.

»Hey, Judge Dredd, du bist mein Held«, ruft Jonas und drückt Kröte einen Schmatzer auf die Backe.

»Bäh, du sollst mich in der Öffentlichkeit nich' küssen«, schimpft der, wischt sich mit dem Ärmel über die linke Wange, und die beiden laufen, mit den Händen in den Hosentaschen und mir im Schlepptau, quer über den Parkplatz, zurück zu unserem Wagen.

Als wir ankommen, kaut Bambule an einem Schweineohr, und auf dem Beifahrersitz liegt eine Packung Eis!

Blut

Keine drei Meter mehr. Gleich bin ich dran. Gleich lohnt sich der erste Sprung! Ich kann seine Angst riechen, seinen Schweiß, das Adrenalin und vor allem: sein Blut!

Oh, hoffentlich bin ich nicht lange mit ihm allein, wenn ich mir nehme, was ich will, und ihm gebe, was er verdient hat. Hoffentlich! Ich spüre, dass ich die Kontrolle verliere, fühle, dass sich die Haarspitzen über meiner Wirbelsäule aufgestellt haben und hart sind, als wären sie aus Glas. Fangzähne blitzen auf im Rhythmus der vorbeifliegenden Straßenlaternen. Meine Augenfarbe hat nicht mehr dieses beruhigende Kastanienbraun, das die Kinder so sehr lieben, sondern jenes dunkle, fast schwarze Rot, das die Menschen erstarren lässt und sich tief in ihre Seele gräbt.

Er schlägt einen Haken.

Jaaa, so ist es gut, renn hinein in den Wald, vor mir kannst du nicht flüchten, der Wald ist mein Zuhause. Mit geschlossenen Augen würde ich dich noch finden. Du hast meinen Jungen angegriffen! Das hättest du nicht tun sollen! Ich glaube, du hast ihn sogar verletzt! Aber das wird dir leidtun. Furchtbar leid. Und wenn mein naives Menschenkind nicht so dämlich und gutmütig wäre, würde ich dich bereits zur Ader lassen, sei gewiss!

Eine gefühlte Ewigkeit hat es gedauert, bis er meiner Forderung nachgab, dich zu holen. Und seine albernen Vorschriften hat er auch noch eingehalten. Dreimal hat er dich aufgefordert, stehen zu bleiben. Dreimal! Ich wäre schon längst bei dir gewesen. Vorschriften hin, Vorschriften her.

Ich kann deine Angst riechen. Sie liegt süß und schwer in der Luft. Jetzt bist du nicht mehr frech und aggressiv. Jetzt bist du der Gejagte. Das Opfer. So wie eben mein Kleiner. Warum hast du nicht getan, was er gesagt hat? Er hat nichts Unmögliches von dir verlangt. Du hast seine Gutmütigkeit hinterlistig und feige ausgenutzt, und jetzt zahlst du den Preis dafür.

Was? Was? Du hältst an? Nein, tu das nicht. Bitte. Hah! Mich täuschst du nicht! Mich wirst du nicht hereinlegen oder bequatschen. Ich höre dich denken, Primat. Und ich weiß auch von dem Messer hinter deinem Rücken. Und genau deshalb hast du den Anblick auch verdient, dem du jetzt standhalten musst. Es ist bitter kalt. Du stehst im Lichtkegel der Taschenlampe, die an meiner Weste befestigt ist. Mein zischender Atem liegt wie Höllendampf zwischen uns beiden in der Luft, und dein Gesicht hat dieselbe bläulich weiße Farbe wie der Schnee um dich herum.

Wenn du schlau bist, machst du jetzt keine einzige Bewegung mehr, bis die Handschellen klicken. Aber du bist nicht schlau. Ich spüre es. Du willst kämpfen, und du sollst deinen Kampf bekommen. Mit einem dreckigen Grinsen wickelst du deine dicke Lederjacke um den linken Arm und kommst langsam mit beruhigenden Worten und verdecktem Messer in der rechten Hand auf mich zu. Gerade so, als wolltest du mein Freund sein. Gerade so, als wolltest du mich nicht in deine Jacke beißen lassen, um mir dann mit dem Messer kreisrund die Kehle aufzuschneiden und mir dabei zuzusehen, wie ich zuckend verblute.

Aber ich bin nicht so dumm wie mein großer Junge, und du hast zu viele schlechte Filme gesehen. Du zuckst mit deinem linken Arm, um mich zum Beißen zu verleiten, die Klinge deines

Messers blitzt auf, und ich schlage ansatzlos und blitzartig die Zähne in dein rechtes Handgelenk. Mit einem kurzen Ruck nach hinten bringe ich dich zu Fall, und mit einer Drehung kugele ich dir den Arm aus. Du schreist wie wild, ja fast hysterisch, doch ich habe noch nicht, was ich will. Sie werden jeden Moment bei uns sein, also leiste ich es mir und öffne dir mit einer mahlenden Bewegung beider Kiefer deine Pulsader. Das Blut spritzt über den jungfräulichen Schnee und lässt ein Bild entstehen, wie es schöner nicht sein könnte. Ich schließe meine Augen, und es durchströmt mich in warmen Schauern. Die Jagd ist zu Ende!

Als ich meine Augen wieder öffne, steht mein Junge neben mir, und ich höre ihn wie aus weiter Ferne rufen: »Komm, mein Großer, komm, lass ihn los, es ist vorbei. Komm, bitte lass ihn los.«

Ich öffne den Fang, streife mit meiner blutverschmierten Schnauze beim Aufstehen über das Gesicht des Messerstechers, atme auf Höhe seines Ohres laut aus und schüttle mich am ganzen Körper. Während sie den Mann auf dem Boden noch versorgen, gehe ich mit meinem Jungen etwas abseits, und wir überprüfen uns gegenseitig auf Verletzungen. Er nimmt mich, schmutzig wie ich bin, in seine Arme, und ich genieße noch für einen Augenblick diesen magischen Geschmack. Blut!

Auch wir Vierbeiner haben eine dunkle Seite. Besser, man nimmt sich davor in Acht.

Rollstuhl

»**Wir sind keine Verkehrspolizisten**«, hat er gesagt und zu mir heruntergeschaut. Ich mag es nicht, wenn er so redet! Der große, dumme Junge. Ach, es kommt noch eine Menge Arbeit auf mich zu.

Zumindest hat er meinen Blick registriert. Und gesehen hat er den Rollstuhlfahrer an der Ampel auch. Es hätte ihm aber klar sein müssen, dass dieser kaputte Mensch mit seinem Rolldings viel mehr Zeit brauchen wird, um die Straße zu überqueren, als das grüne Licht ihm gibt. Immerhin standen wir fast neben ihm. Gut, okay, er nicht ganz. Aber ich stand direkt neben ihm. Und hab ihm direkt in seine Augen geblickt. Es waren gesunde, kraftvolle Augen. Ungebrochene Augen. Der kaputte Mensch hat mich erkannt. Es klingt seltsam, aber wenn ihnen etwas genommen wird, werden sie woanders manchmal stärker. Das ist traurig und schön zugleich. Ich meine, dass ihnen erst etwas kaputtgehen muss, damit sie anderes lernen und schätzen.

Jedenfalls hat er ein Auge zugekniffen, und ich legte daraufhin meinen Kopf schräg. Alles war klar.

Nicht so wie bei Buddy. Buddy hat eine Hüfte, die nicht mehr zu gebrauchen ist und ihn vor Schmerzen wahnsinnig macht. Gassi geht auch er mit einem Rolldings. Einem Rolldings für Hunde. Es wird ihm unter die Hinterbeine geschnallt. Furchtbar. Buddy will nicht mehr. Seine Augen sagen es. Aber er hat noch eine letzte Aufgabe für seinen Menschen. Sein Mensch muss lernen, eine Entscheidung zu treffen. Eine Entscheidung, die weh tut. Dann kann Buddy gehen. Hoffentlich lernt sein Mensch recht schnell!

Mein großer, dummer Junge stellt sich auf jeden Fall wieder einmal schön dämlich an. Aber ich habe da so meine Mittel. Ungehorsam zum Beispiel. Mitten auf der Straße bleibe ich einfach stehen. Er gibt mir einen Leinenruck, aber ich lasse nur ein kurzes Knurren hören. Und dann sieht er endlich, dass sich der Kaputte abmüht, rechtzeitig über die Straße zu kommen, und es dennoch unmöglich schaffen wird. Na endlich!

»Wir sind keine Verkehrspolizisten«, sagt er ein zweites Mal. Und dann flüstert er: »Aber du hast recht, Teddy, danke«, dreht sich quer und hebt seine Hand. Alle müssen jetzt warten. Auch der Idiot in dem grünen Stinkding, der bereits hupt.

Als der Kaputte auf meiner Höhe ist, kneift er wieder ein Auge zu, und ich nicke ganz kurz und beiläufig, damit niemand etwas merkt. Dann sagt er laut zu meinem Jonas: »Danke, Herr Polizist«, was mich sehr amüsiert, und ich lasse weiter alles so aussehen, als wäre es die Entscheidung meines großen Jungen gewesen.

Als der Kaputte endlich die andere Straßenseite erreicht hat, schaut mein Junge den Typ im grünen Stinkding mit dem Blick an, den ich ihm beigebracht habe, kniet mitten auf der Straße nieder und tut so, als ob er sich den Schnürsenkel zubindet. Na ja, manchmal schießt er halt noch über sein Ziel hinaus …

Kynologie leichtgemacht

»In drei Schritten zum Erfolg!« So oder so ähnlich klingen sie, die reißerischen Verkaufsversprechen der selbsternannten »Fachleute«, stimmt's?! Wer will es ihnen verdenken. Ist ja schließlich ein Riesenmarkt. Überall springen uns Ratgeber in Form von Büchern, Videos, ja sogar ganzen Fernsehserien an, die uns suggerieren wollen: So geht's und nicht anders! Die größten Verkaufstalente auf diesem Gebiet füllen sogar ganze Konzertsäle. Unglaublich! Unterm Strich alles nichts weiter als eine erfolgreiche Geschäftsidee.

Da das Buch, das sie in den Händen halten, von einem »Möter« stammt und ja sogar auf dem Umschlag ein Deutscher Schäferhund zu sehen ist, nämlich ich (nein, nicht reinrassig, aber wie soll ich mich sonst beschreiben?), wollen wir all jene nicht enttäuschen, die sich sachdienliche Hinweise fürs Zusammenleben mit Typen wie mir erhoffen. Oder sich schlicht vergriffen haben. Das Problem dabei ist bloß, dass wir zwar zu den wenigen tatsächlichen Profis auf diesem Gebiet gehören, aber leider alles andere als seriös und typisch sind. Das Hirn meines Jungen ist zu dem Thema eigentlich komplett vernebelt, und ich verfolge natürlich meine eigenen Interessen und Ziele. Übrigens sehr erfolgreich. Denn wäre ich nicht, wie ich bin, gäbe es dieses Buch zum Beispiel nicht, und mein zweibeiniger geistiger Tiefflieger würde ganz anders durch die Welt stolpern.

Maßgebliche Motivation unsererseits ist folglich eher Manipulation und auch ein bisschen Provokation, beides mit positiver Zielsetzung selbstverständlich, als einen Leitfaden zum Dressieren von Hunden rauszukörpern. Weil es uns beide ankotzt, wie in ganz vielen Fällen Hunde behandelt werden. Nämlich als Ware oder Egokrücke. Also los, wollen wir mal ein bisschen geifern, anecken, aber vielleicht auch ein paar Herzen öffnen ...

Zunächst einmal ist der Begriff »Kynologe« keine geschützte Berufsbezeichnung. Jeder, der im Dunkeln mit beiden Händen seinen Hintern findet, darf sich so nennen. Stark, was? Wirklich lernen oder sogar studieren kann man »Kynologie« erst recht nicht. Es gibt zwar an irgendeiner Uni in Österreich einen Lehrgang, aber der Abschluss desselben taugt wohl in allererster Linie nur, um ihn hinter den Spiegel zu hängen. Nicht dass man danach keine Ahnung hätte, aber »Doktor der Kynologie« is' halt nich', auch wenn's cool klingt und jede Menge Assoziationen freisetzt. Der Begriff Kynologie kommt übrigens aus dem Griechischen und bedeutet laut Duden »Lehre von Zucht, Dressur u. Krankheiten der Hunde«. Wobei die Wörter »Zucht« und vor allem »Dressur« ein ziemlich dunkelrotes Tuch für mich sind. Warum nennen sie das Ganze nicht einfach »Lehre vom Verstehen des Hundes«? Ach, was soll's, Wortklauberei. Na ja, um das Dilemma oder besser die Grauzone um die Begrifflichkeiten noch einmal abschließend zu verdeutlichen, hier folgender Schenkelklopfer: Wenn mein Trottel sich, um Unbedarfte auszunehmen, Visitenkarten drucken lassen würde, mit der Aufschrift: »Jonas, staatlich geprüfter Kynologe«, ließe sich dagegen kaum was unternehmen. Denn schließlich hat er bei einer deutschen Behörde eine viermonatige, ausgiebige Ausbildung auf dem Gebiet genossen, an deren Ende es eine

Abschlussprüfung gab sowie eine amtliche Urkunde, mit der man uns zwei auf die Menschheit losließ. Comprende?! Lustig, oder? Zumal ich ihm nicht viel mehr zutraue, als hinter mir die Kacke wegzuräumen, denn vorneweg geh schließlich immer ich!

Wir halten also mal fest: Wer sich bei Ihnen per Visitenkarte, Phantasieausweis oder auch nur mündlich als »Kynologe« vorstellt, dem zeigen Sie am besten gleich, wo der Zimmermann das Loch gelassen hat.

So, zack, bumm, das wäre erledigt. Und wieder ein paar Feinde mehr! Aber das sind Sie mir, lieber Hundefreund, schon wert.

Was den Rest der hauptberuflich durch die Lande ziehenden Hundeversteher angeht, lässt sich Folgendes ganz simpel sagen: Das sind, wenn denn erfolgreich, Verkaufstalente, die wohl auch Immobilien ganz gut verticken könnten, vor allem aber sind sie eines, nämlich – sympathisch! Genau! Sie sind sympathisch und verfügen über Empathie, um mal gleich zwei Fremdwörter in Reihe zu verballern. Verständlicher und besser ausgedrückt: Es sind Menschen, die über Einfühlungsvermögen und Fingerspitzengefühl verfügen und in der Lage sind, ihre Umwelt gefühlsmäßig wahrzunehmen und zu verstehen. Das verschafft Zugang zu Hunde- wie auch zu Menschenherzen. Außerdem haben sie, wenn sie sich denn auch an größere Kaliber heranwagen, fast zwingend einen halbwegs ausgeglichenen Charakter und das, was ich angeborene Autorität nenne. Ausgeglichenheit eben. Solche Leute ruhen in sich selbst. Wäre ich ein Backfisch oder frisch verliebt, was ich eigentlich fast immer gerade bin, würde ich sagen: Sie strahlen in ihrem Inneren. Und das spüren wir. Du folgst jemandem, weil er es verdient hat, und nicht, weil er dich zwingen oder hereinlegen will. So einfach ist das, das ist das

Rezept. Sie merken, wohin die Reise geht? Übrigens sind solche Menschen selten wirtschaftlich herausragend erfolgreich. Weil es ihnen meist nicht besonders wichtig ist. Sie kommen klar, ganz ohne Frage, denken aber so gut wie immer in ihrer sehr eigenen Währung.

Wir halten also als Zweites fest: Wenn Sie einen Profi um Hilfe bitten und der dafür exorbitante Stundensätze aufruft, mit welchen Begründungen auch immer, machen Sie was? Genau! Sie zeigen ihm, wo der Zimmermann das Loch gelassen hat.

Peng, und schon haben wir die Nächsten verprellt! Und die sind auch noch gefährlicher, weil sie das Geld haben für gute Rechtsverdreher. Schnuppe. Denn jetzt wird's spannend und chaotisch. Wir gehen jetzt nämlich weg vom Profisektor, denn eigentlich sollten Mensch und Hund alleine klarkommen. Das ist zumindest die jahrtausendealte Erfolgsgeschichte. Warum sollte sich das heutzutage geändert haben? Okay, gut, vielleicht weil die Zweibeiner ein bisschen verlernt haben, dass wir Brüder sind und immer waren. In unseren Adern fließt Blut. Wir haben beide ein Herz, das für jemanden schlägt oder schlug, eine Lunge, die uns tief durchatmen lässt, und eine Seele, die uns unsterblich macht. Wenn ihr das akzeptiert oder sogar verstanden habt, könnt ihr euch die nächsten Klugscheißereien von mir schon fast ersparen. Langwierige Ausführungen darüber, dass Schmerzen Schmerzen sind, ganz gleich, ob du nun zwei oder vier Füße hast, dass Trennung, Mutterglück oder auch Stolz nicht davon abhängen, wer du bist, sondern nur davon, wie.

Es kommt für mich also nicht in die Tüte, hier großspurig davon zu predigen, wie man einen Hund »erziehen«, »abrichten« oder »dressieren« kann. In feinster Schräubchenkunde könnte ich darüber dozieren, wie man sich mit physischer oder psychischer Gewalt einen Hund gefügig, mit Essen und Bestechung zum Untertan oder mit endlosen Übungswiederholungen zum willenlosen Roboter machen kann, aber warum sollte ich. Wem täte ich damit einen Gefallen? Meinesgleichen sicher nicht! Und euch auch nicht. Das glauben nur manche von euch. In Wahrheit aber führen all diese Wege vielleicht zu Gehorsam und Gefolgschaft, aber niemals zu echtem Vertrauen, Liebe oder gar Magie. Was lässt mich für meinen Jungen, wenn es sein muss, in den Tod springen, was glaubt ihr wohl?! Die Angst vor Prügel, Aussicht auf ein Leckerli, das Abrufen eines qualvoll einstudierten Bewegungsablaufs oder die selbst gefundene Gewissheit, dass er es mir wert ist? Denkt mal drüber nach.

Also gilt es, weniger an uns zu arbeiten und mehr an euch. Damit meine ich keineswegs, dass ihr gesund, groß, stark und dominant sein müsst, nein, nein. Bloß ehrlich. Ehrlich und fair. Nur mit Mühe kann ich mich davon abhalten, in diesem Kapitel über Menschen zu berichten, selbst aus unserem direkten Umfeld, die nach der Devise leben: »Hart zu meinem Hund, weich zu mir selbst«, aber ich will die Atmosphäre und den Zauber nicht vergiften, der zu euch überspringen soll. Denn genau das ist meine Absicht. Wenn nur ein einziger von euch Zweibeinern nach der Lektüre dieses Buches seinen Hund mit anderen Augen sieht und damit sich und ihn ein Stück weit glücklich macht, hat es sich gelohnt!

»Die Hunde sind Spiegel unserer Seele«, höre ich meinen Jungen oft sagen, wenn er im Einsatz von Passanten nach »Erziehungstipps« gefragt wird, was erstaunlich oft vorkommt. Wie um alles in der Welt kommen die Leute bloß darauf, dass mein lieber Trottel ihnen fundiert Auskunft geben könnte, nach

Anfragen wie: »Also, wie Sie dem das beigebracht haben, das müssen Sie mir unbedingt verraten!«

Und weil das alles bisher recht schwerer Stoff gewesen ist, Sie es aber trotzdem tapfer bis hierher geschafft haben und vielleicht auch ein wenig enttäuscht sind, dass die knallharten Tipps à la Cesar Millan bis jetzt so ziemlich ausgeblieben sind, hier nun ein paar Gesprächsfetzen und Zitate, die, wie ich meine, viel wertvoller sein können als Verhaltensregeln und Vorschriften. Weil Sie, lieber Hundefreund, wunderbar zwischen den Zeilen lesen können, das weiß ich genau. Und deshalb viel mehr verdient haben als Besserwissereien und Vorhaltungen.

»Sagen Sie mal, wie kommt es, dass Sie Ihren Hund dahinten warten lassen können, so lange, wie Sie wollen?«

»Ganz einfach: Weil er sich sicher ist, dass ich zurückkomme.«

»Herr Polizist, Verzeihung, ich habe Sie und Ihren Hund eben dort oben auf dem Dach gesehen. Mein Hund würde da niemals hochgehen, wieso Ihrer?!«

»Wenn etwas für mich normal und selbstverständlich ist, ist es das für ihn auch. Außerdem glaube ich, dass er mich für viel zu tollpatschig hält, um mich da oben allein zu lassen.«

»Wieso beißt der eigentlich genau in den Arm mit der Hand, wo das Messer ist?«

»Na, wohin denn sonst?«

»Glauben Sie, ich könnte dem weglaufen?«

»Ja, wenn ich will.«

»Gutenrath, jetzt erklären Sie mir bitte mal, also aus kynologischer Sicht: Warum hat Ihr Hund das gerade für Sie gemacht?«

»Weil er mich liebt!«

»Gutenrath, so schaffen Sie die Prüfung nie.«

»Sind Sie sicher, dass Ihr toller Polizeihund hier nicht auf den Friedhof kackt?«

»Sind Sie sicher, dass Sie hier nicht auf den Friedhof kacken?«

»Helfen Sie mir doch mal. Was meinen Sie, warum hat mein Hund keinen Respekt vor mir?«

»Weil Sie vielleicht selber keinen Respekt vor sich haben.«

»Wie bekomme ich meinen Hund so sportlich und fit hin wie Ihren?«

»Bewegen Sie sich mehr.«

»Wie mache ich meinen Hund aggressiver?«

»Bleiben Sie einfach, wie Sie sind!«

»Sagen Sie mal, was kostet eigentlich so ein ausgebildeter Schutzhund?«

»Viel Zeit, Geduld und Liebe.«

»Wie bringe ich meinem Hund das *Sitz!* bei?«

»Suchen Sie einen Weg, ihm zu erklären, warum das für ihn Sinn machen sollte.«

Okay, ich denke, das reicht. Sie wissen, was ich meine, oder? Wir sind alle Individuen. Sie, ich, wir alle! Einzigartig. Verschieden mutig oder feige, sportlich oder faul. Und daran ist überhaupt nichts falsch. Suchen Sie sich einen vierbeinigen Lebensgefährten nicht nach modischen Schönheitsidealen, Rassestandards oder ehrgeizigen Plänen aus. Sondern nach dem Gefühl, das Sie verspüren, wenn Sie ihm das erste Mal begegnen. Wenn das auf beiden Seiten stimmt, denn vielleicht werden ja auch Sie nur »ausgesucht«, kommen wundervolle Jahre auf Sie zu. Da bin ich mir sicher! Und wenn Ihr Hund auf »Sitz!«, »Platz!« und »Aus!« hört, ist das im Grunde nichts weiter als sein Geschenk an Sie für Ihre Bereitschaft, Toleranz und Weisheit, sich selbst zu hinterfragen.

Ihr Menschen wollt so oft alles verstehen und dominieren, und dabei erstickt ihr jedes Wunder. Das Zusammenleben von Mensch und Hund ist eines der letzten Wunder unserer zivilisierten, vor allem aber technisierten Welt. Warum nur wollt ihr ihm den Zauber nehmen, indem ihr es entschlüsselt, erklärt, zur Wissenschaft verkommen lasst? Aber ich bin guter Dinge. Genauso wenig, wie es euch gelingen wird, die Liebe auf pure Chemie zu reduzieren, wird es euch gelingen, auch nur einem einzigen Hund verlässlich hinter seine Stirn zu gucken. Wir werden unsere Geheimnisse bewahren. In eurem und in unserem Sinne. So lange, bis ihr endgültig einmal »vor die Hunde geht«!

Tja, das war nicht das, was Sie erwartet hatten, oder? Tut mir leid. Aber von dem ganzen anderen Krempel gibt es doch schon genug. Wenn Sie sich dennoch die Mühe machen sollten, die letzten Seiten noch ein-, zweimal auf sich wirken zu lassen und darüber etwas nachzudenken, könnte ich mir vorstellen, dass sie

Ihnen und Ihrem Hund vielleicht mehr bringen als so manche Bücherwand voller »Erziehungsratgeber«.

Denn der Schlüssel, mein zweibeiniger Bruder, liegt tief in dir selbst.

Für all jene jedoch, die irgendein Schema brauchen, einen Plan oder gar »Richtlinien« für ein erfolgversprechendes Vorgehen, bitte schön, ich will Sie nicht enttäuschen. Sie erinnern sich an den ersten Satz dieses kleinen Hundevortrags? Hier sind sie, die ultimativen »Drei Schritte zum Erfolg«, an die Sie sich halten sollten und deren Reihenfolge ebenfalls recht wichtig ist. Sie stammen übrigens keineswegs von mir, sondern aus einem sehr, sehr alten Buch. Und sie lauten:

1. **Liebe**
2. **Glaube**
3. **Hoffnung**

Viel Glück!

Demut

Kein Mensch ist von Grund auf schlecht! Keiner von euch! Und man muss wissen, wann man verloren hat. Das sind simple Weisheiten. Wenn du sie aber beherzigst, wenn du sie lebst, dann lässt dich dein Feind vielleicht gehen, wenn du besiegt bist. Ihr mögt voller Vorurteile stecken, gegen Libanesen, Türken, Palästinenser, Araber oder wen immer ihr medienunterstützt als Feindbild gerade ausgemacht habt. Aber das sind alles Menschen. Sie haben Kinder, sie haben Träume, und sie haben eine Heimat, die weit weg ist. Überlegt einmal, was für euch das Wort Heimat bedeutet. Und jetzt denkt einmal darüber nach, was es bedeuten würde, wenn ihr euch am anderen Ende der Welt wiederfinden würdet, weil das Leben zu Hause beschissen ist. Warum auch immer. Völlig wurscht, ob nun aus wirtschaftlichen oder politischen Gründen. Wäre uncool, oder?

Zum x-ten Mal hat sich mein Vollidiot in einen Hinterhof locken lassen. Ob nun Neukölln oder auch Kreuzberg, er lernt es nicht. Ob nun aus Jagdfieber oder der selbstgerechten Überzeugung, das Richtige zu tun, wir sind wieder mal im Arsch. Nicht dass ich die Gefahr nicht wittern würde, nein, meine Sensoren sind intakt. Aber wer von uns beiden ist der Hundeführer, der Lehrling? Nun, ich bin es nicht.

Die zweibeinigen und auch vierbeinigen Brüder sind zu weit weg, als dass sie uns noch helfen könnten. Und die Schlinge zieht sich zu. Wie Haie umkreisen sie uns immer enger, und ich denke darüber nach, wie ich hinterher erklären könnte, dass er mir hier gestorben ist.

Er hat die Waffe in der Hand, und aus der Dunkelheit fragt ihn eine Stimme: »Willst du dir den Weg freischießen, Weißbrot?«

»Ja, wenn nötig«, höre ich ihn sagen, und ich spüre, dass er selbst nicht daran glaubt.

»Du bist mutig, aber dumm«, erwidert die Stimme, die auf seltsame Art beinahe sympathisch, ja fast ein bisschen weise klingt. Das macht mir Hoffnung. Man muss wissen, wann man verloren hat. Wenn du dich auf deinen Rücken legst und auf Gnade hoffst, weil auch du nur fair gekämpft hast, lässt dein mutmaßlicher Feind dich vielleicht gehen. Also gehe ich mit gutem Beispiel voran und lege mich hin. Sehr langsam. Denn es ist das Einzige, was ich im Moment noch für meinen Jungen tun kann.

»Dein Hund ist schlauer als du«, höre ich und fühle, dass die Botschaft angekommen ist. Es sind mindestens fünf, und es liegt Blutdurst in der Luft. »Hast du Kinder?«, fragt die Stimme, und ich ärgere mich furchtbar, weil mein Idiot nicht mitkriegt, dass ihm gerade die Hand gereicht wird.

»Was spielt das für eine Rolle«, sagt er leichtfertig dahin und lädt die Waffe durch.

»Wie ist dein Name?«, fragt die Stimme, und ich bin mir sicher, dass dies das letzte Angebot sein wird.

»Cid«, sagt mein Bengel, einfach nur »Cid«, und die Stimme flüstert: »Ah, Ciiid? *El Cid?!* Du hast vor langer Zeit auf unserer Seite gekämpft, Rodrigo, schade, dass du übergelaufen bist.«

»Blödsinn«, ist alles, was meinem Trottel dazu einfällt, und ich stelle mit Demut fest, dass er dem Mann in der Dunkelheit nicht einmal annähernd gewachsen ist.

»Geh in Frieden, Habibi, und vergiss nicht, wem du dein Leben verdankst!«, ist das Letzte, was ich die Stimme sagen höre, die ich unter Tausenden wiedererkennen würde.

Als wir durch den Torbogen den Hinterhof verlassen und in der klaren Berliner Winternacht tief durchatmen, schaue ich zu ihm hoch und frage mich, ob er begriffen hat, was gerade geschehen ist.

Auf jeden Fall freue ich mich sehr, dass er nicht Wilhelm oder Heinrich heißt.

Hundekacke

Mehr als fünfzig Tonnen kommen in Berlin täglich zusammen. Angeblich. Möchte wissen, wie die Menschen auf solche Ergebnisse kommen. Überhaupt sind sie mit Sicherheit die Einzigen, die auf die Idee kommen, Kacke zu zählen, zu wiegen oder zu untersuchen.

Okay, ein gewisses Interesse geht auch für uns von diesen Hinterlassenschaften aus. Aber wir haben ein weitaus zivilisierteres Verfahren entwickelt, um an Informationen zu gelangen. Ohne Kontakt! Ein kurzes Schweben meiner Nase über die entsprechende Skulptur reicht aus, um mich präzise ins Bild zu setzen, wer wann und in welchem Zustand dafür verantwortlich gezeichnet hat. Und ob man ihm vielleicht besser nicht begegnen sollte. Oder unbedingt!

Na ja, fünfzig Tonnen klingt auf jeden Fall recht heftig, oder? Für eine einzige Stadt! Dementsprechend liegen die Nerven der Zweibeiner gelegentlich auch ziemlich blank. Denn obwohl Berlin in dem Ruf steht, die hundefreundlichste aller deutschen Städte zu sein, rasten hier selbst Hundebesitzer zuweilen aus, wenn sie in die Tretmine eines fremden Vierbeiners geraten sind. Jene übrigens oft am heftigsten, die sich selbst zu fein sind, die Häufchen ihrer eigenen nassnäsigen Familienmitglieder wegzuräumen. Gerechtigkeit hat halt viele Gesichter.

So fällt es also sicherlich nicht schwer, sich vorzustellen, dass ich als vierbeiniger Polizist ständig im Fokus stehe, wenn ich mich in der Öffentlichkeit bewege. Genau wie meine zweibeinigen Kollegen. Auch wenn die eher selten der Versuchung unterliegen, sich irgendwo auf dem Gehweg zu erleichtern. Würde ja auch noch schlimmer aussehen, oder?! Nun sei zu meiner Verteidigung noch kurz vorausgeschickt, dass ich und die Meinen ebenfalls nicht einfach auf den Gehweg machen. Wie mein großer Junge oft dümmlich-stolz anmerkt: Meine Verdauung und mein Notdurftgebaren sind vergleichbar mit der Präzision einer Schweizer Uhr. Bedingt durch hochwertigste Nahrung sowie psychische und physische Stabilität.

Aber auch mir schlägt zuweilen etwas oder jemand auf den Magen. Und dann kommt es schon mal vor, dass weniger diskret erledigt und weggeräumt wird als normalerweise üblich. So geschehen einst auf der großen Wiese vor dem altehrwürdigen Reichstag, mitten im Herzen von Berlin. Entweder war ich zuvor einer köstlichen, aber ungesunden Versuchung erlegen, oder ich litt an einer Virusinfektion. Ich hab den Grund dafür vergessen, dass mich für einen Augenblick die Beherrschung verließ.

Aber ich will mich gar nicht herausreden. Auf jeden Fall war geschehen, was nicht mehr rückgängig zu machen war. Platsch! Und zwar unter den Augen diverser kamerabehängter Touristen, feixender Jugendlicher und ordnungsliebender Mitmenschen. Einem Ableger der letzteren Spezies, der zuvor wahrscheinlich schon empört darüber war, dass mein Mensch und ich nicht kompromisslos gegen ein paar junge Leute vorgegangen waren, die es respektlos und auch noch fröhlich wagten, mit einem Frisbee auf diesem historischen Boden hin und her zu laufen, fiel dieses mein Malheur sofort ins Auge. Und zwar noch bevor mein Junge die, man lese und staune, dienstlich gelieferten und ständig mitgeführten Hundekotbeutel zum Einsatz bringen konnte, in denen alles verpackt und fachgerecht entsorgt wird, was ich so mache.

»Das räumen Sie sofort weg!«, war denn auch die prompte und unmissverständliche Kampfansage des sicherlich in Ehren ergrauten Herrn in seiner beigefarbenen adretten Popelinejacke. Und einem kleinen Wunder gleich, zeigte sich ein langhaariger junger Mann in alten Jeans und kaputten Turnschuhen in engem Schulterschluss mit ihm und rief: »Genau, Alter! Räum die Scheiße weg!«

Ein Grinsen huschte über das Gesicht meines Jungen. Er schaute runter zu mir und sagte: »Na, wenigstens halten sie zusammen, wenn es gegen uns geht. Das gibt doch Hoffnung, oder was meinst du, Dicker?«

Doch ein scharfes »Wird's bald!« des ersten selbsternannten Exekutivüberwachers riss uns aus unserem Monolog. Die Augen meines Bengels blitzten kurz auf, und noch bevor er etwas antworten konnte, schob die graue Eminenz ganz hektisch hinterher: »Machen Sie das gefälligst weg!«

Nach höchstens zwei Sekunden, die sich wie eine Ewigkeit anfühlten, zwinkerte der Große mir mit dem linken Auge zu, und ich hörte ihn sagen, während er in Richtung meines Haufens nickte: »Was, das da?«

»Genau, die Hundescheiße da!«, kam es postwendend zurück, und mir schwante nichts Gutes. Inzwischen hatte sich auch der junge Mann, der auf Grund seines Selbstbewusstseins gut ein Mitglied dieser neuen, lustigen Piratenpartei sein konnte, genau wie ein gefühltes Dutzend Handykameras in unsere Richtung orientiert.

»So, so, für Hundescheiße halten Sie das. Na, dann wollen wir doch mal sehen ...«, zwitscherte Jonas, hockte sich hin und steckte ansatzlos die Fingerkuppe seines rechten Mittelfingers in meinen Haufen. Die Augen der beiden ungleichen Männer, die jetzt nebeneinanderstanden, weiteten sich unnatürlich, und sie sahen plötzlich aus wie Vater und Sohn.

Mein Junge stand auf, drehte sich zu ihnen, kniff ein Auge zu und führte abwechselnd langsam den Mittelfinger dicht an Nase und offenem Auge vorbei. Nachdem er zweimal kurz geschnüffelt hatte, sagte er: »Sie haben recht. Es sieht aus wie Kacke, es riecht wie Kacke … Moment …«, und mit der gleichen Geschwindigkeit, mit der er Münzen vor den Augen seiner Kinder verschwinden lässt, steckte er seinen Ringfinger in den Mund, leckte sich über die Oberlippe, atmete tief und schwer durch, um dann trocken zu verkünden: »… und es schmeckt sogar wie Kacke. Es muss Kacke sein!«

»Sie … Sie sind widerlich!«, stammelte daraufhin der alte Herr, und der Pirat: »Häh, hähhäh, mach das noch mal, Alter!« Dann winkte er in Richtung seiner Kumpel und rief: »Hey, kommt mal her, Leute, der Bulle frisst Scheiße!«

Selbst ich war fassungslos. Über die Sache an sich und darüber, wie naiv die beiden doch waren. Gut, mein Bengel ist manchmal recht schnell, und einem Polizisten in Uniform traut man ohnehin so etwas nicht zu, aber trotzdem … Du lieber Himmel, irgendwann schmeißen sie uns raus. Ganz sicher!

Ins Internet haben wir es dann aber wahrscheinlich am Ende aus einem ganz anderen Grund geschafft. Als mein Bengel nämlich fertig war mit seinem ekligen Taschenspielertrick, zückte er, um die Gemüter zu beruhigen, einen der besagten Hundekotbeutel, um zu erledigen, was er ohnehin getan hätte. Ob er sich selbst nun für besonders cool hielt und deswegen den Beutel aufblies, um dann zackig und beherzt bis zum Boden des Tütchens zu greifen, oder ob es schlicht ein Materialfehler war, wie es schon öfter vorkam: Das Tütchen riss, und er fasste mit der ganzen Hand und einem Lächeln Richtung Publikum voll in gut dreihundert Gramm Hundekacke! Irgendwie hatte er's verdient!

Meine Holde

Der Nachrichtensprecher hat heute in der Hitze der nach-mittäglichen Rushhour im Autoradio gesagt, es sei ab Mitter-nacht mit einem Sternschnuppenhagel zu rechnen. Also sitzt mein Junge im Liegestuhl in der Dunkelheit des Gartens, mit dem dritten Bier in seiner Hand, von mir bewacht, starrt in den Himmel und wartet. Wartet auf den einen Sternenschweif am Firmament, der ihm in seinem kindlichen Gemüt die Chance zu einem Wunsch gewährt.

Damit hier keine Missverständnisse entstehen: Sein Herz ist komplett vergeben! Schon seit langer Zeit. Aber der Platz in sei-nem Inneren, jene kleine Schmuckschatulle, in der er Menschen aufbewahrt, die ihn berühren und bewegen, die ihm Achtung und Respekt abringen, leert sich, statt sich zu füllen. Nicht ein-mal Vater und Mutter sind darin zu finden. Das macht mir Sor-gen. Große Sorgen. Umso mehr freue ich mich über jedes ein-zelne Lebewesen, das seinen Weg kreuzt und ihn daran erinnert, dass am Ende vielleicht doch das Gute bleibt und Schönheit all die Hässlichkeit besiegt. Von einem solchen Lebewesen möchte ich hier berichten.

Eigentlich sollte diese Geschichte den Titel »Die Amazone« tragen, doch das wird ihr nicht gerecht. Sicher, sie ist meines Wissens die erste und einzige Polizistin, die er vorbehaltlos im Schlachtgetümmel an seiner Seite akzeptiert. Das liegt aber wohl weit weniger daran, dass der kleine Mensch in Selbstverteidigung und mit Spezialschlagstock ausgesprochen versiert ist und innerhalb der Firma als Ausbilderin auf diesem Gebiet fungiert, als vielmehr an der Tatsache, dass diese Frau und Mutter ebenfalls Rettungssanitäter ist. Eine Rettungssanitäterin, die, wie ich ihn gerne sagen höre, ihn auch dann noch medizinisch versorgen würde, wenn neben ihr Steine und Flaschen aufschlagen. Das macht sie beinahe zu einem Familienmitglied, denn sie würde, egal unter welchen Umständen, da bin ich mir sicher, darum kämpfen, seinen Kindern den Vater zu erhalten.

Auch ihr Äußeres ließe sich mit dem Klischee der Kriegerinnen, die sich die Brust wegbrannten, um Pfeil und Bogen besser einsetzen zu können, kaum in Einklang bringen. Zu viel Weiblichkeit hat sie sich dafür erhalten. Wenn man von einem stets ernsten Blick und häufigen Sorgenfalten auf ihrer Stirn mal absieht. Allerdings vergleicht er ihr Profil auch oft und gern, nicht zuletzt aufgrund von Frisur und Hautfarbe, mit dem einer stolzen Indianerin. Doch das ist alles gar nicht so wichtig. Denn gleichgültig ob schwarz, weiß oder grün, lang, kurz, männlich oder weiblich, die Taten, Gesten und damit gelebte Werte verleihen einem Menschen jene Größe, die in den Erinnerungen und Herzen bleibt. Für immer.

Wenn sie den Wolf, den sie ihren Partner nennt und der kaum zwanzig Kilo weniger wiegt als sie selbst, stets behutsam in seine Transportbox hebt, schaut Lennox – das ist sein Name – oft zu mir herüber. Und ich weiß genau, was dieser Blick bedeutet. »Sieh her, was für eine starke Person ich aus ihr gemacht habe! Auch wenn ich jetzt alt und krank bin, ich kann sie bald verlassen. So weit bist du noch lange nicht.« Und recht hat er, der alte Mann.

Als sie vor Jahren, ausgerechnet von einem anderen Teammitglied, so schlimm gebissen und verletzt wurde, dass eine großflächige Hautverpflanzung vonnöten war, hat sie sich nicht nur gegen kosmetische Korrekturen, sondern auch erfolgreich gegen ihren Hass und ihr Misstrauen gewehrt. Bis heute sitzt sie fast täglich im gleichen Auto mit demselben Wolf, der sie, der Himmel weiß, warum, einer solch harten Prüfung unterzog. Nie hat es ihrer Einstellung zu uns geschadet. Kein bisschen.

Vorgestern hat sie beherzt und ohne lange zu zögern die Fensterscheibe eines Autos eingeschlagen, in dem ein Hund dem Tode nahe war, weil sein Herr ihn in gleißender Sonne darin zurückgelassen hatte. Umringt von Polizisten, die in Dienstgrad und vermeintlicher Kompetenz weit über ihr standen, war sie die Einzige, die die Konsequenzen und die Verantwortung dieser Tat nicht scheute. Alle um sie herum trugen silberne Sterne auf den Schultern, nur sie nicht. Bescheiden und trotzdem stolz war sie diejenige, die eine Entscheidung treffen wollte und konnte. Der Hund hat überlebt!

Während der Anreise zu einem internationalen K9-Vergleichswettkampf, bei dem sie uns erfolgreich vertrat, wurde sie Zeuge eines schweren Unfalls auf der Autobahn. Durch ihr schnelles und besonnenes Helfen nach dem Crash können mehrere Beteiligte jetzt beschwerdefrei weiterleben. Der Polizeipräsident hat ihr dafür eine Dankesurkunde und eine billige Uhr gegeben. Bei der letzten Beförderung wurde sie übergangen.

Ich könnte noch eine ganze Weile so weitermachen. Davon erzählen, dass sie trotz engem finanziellem Rahmen astronomische Tierarztrechnungen für Lennox' besten Kumpel, einen schwerverletzten Kater, ausgegeben hat oder im Kollegenkreis alljährlich Sachspenden für das Berliner Tierheim organisiert. Aber darum geht es heute Nacht gar nicht.

Gestern war sie noch mit uns zusammen im Dienst, und heute erfahren wir durch eine unscheinbare SMS, dass sie im Krankenhaus ist, eine schwere Operation hinter sich gebracht hat und erst einmal nicht möchte, dass wir sie besuchen kommen.

Wir brauchen eine Sternschnuppe!

Seit fast drei Stunden sitzen wir nun schon im Garten, und endlich ist er da, der ersehnte wunderschöne Silberstreif am Himmelszelt, und ich höre meinen betrunkenen Jungen leise sagen:

»Bitte, lass Daniela Meinhold wieder gesund und glücklich werden! Weil sie es verdient hat!«

Alexanderplatz

Wir sind die Antwort. Wir stehen mit unserem »Eiswagen«, der mit seinen Thermoboxen einen Hauch von Bofrost-Dienstwagen nicht ganz verleugnen kann, mitten auf dem Platz, mit Blick zum Neptunbrunnen. Man hat uns angewiesen, während der Nachtstreifen hier verstärkt Haltepunkte einzulegen und sogenannte Fußabsetzstreifen durchzuführen. Um Sicherheit zu verströmen, abzuschrecken oder nachdenklich zu machen, was weiß ich. Weil man hier durchdreht, prügelt und auch tötet. Wahnsinn!

Wir sind zu acht. Vier Zweibeiner, vier Vierbeiner. Gandhi pennt, Kröte raucht eine nach der anderen, und Bambule tut so, als würde er jeden fressen, der unserem Wagen zu nahe kommt. Irgendwann kriegt der Choleriker bestimmt 'ne Herzattacke. Ali hackt auf seinem neuen Handy rum, mein Junge pellt sich grad ein Ei in seine Tupperbüchse, und Moni feilt sich ihre Fingernägel. Die Türen unserer Boxen sind offen. Nur die Gitterstäbe der Innentüren schützen uns davor, geklaut zu werden, oder jene, die es versuchen wollen, als Hundefutter zu enden. Ganz nach Perspektive.

Unser Wagen versprüht mit seinen vergitterten Fensterscheiben und dem Aufbau hinten für die Hunde ein bisschen von dem Charme, den die Polizeistreifen in den schlimmsten Zeiten von Belfast innehatten. Nur mit einem Unterschied: Uns fürchtet man nicht wirklich. Die deutsche Polizei ist zuallererst einmal Gesprächspartner. Das lebt man, besonders hier, und zeigt es uns auch deutlich.

Ein Jugendlicher mit Bierflasche in der Hand zeigt uns den Mittelfinger. Moni antwortet mit gleichem Gruß. Aber frisch maniürt. Ein paar Punks sitzen mit ihren Hunden auf der Erde. Mein Junge winkt ihnen kauend und freundlich zu. Sie schauen sich gegenseitig verwundert an und winken dann freundlich zurück. Es könnte eigentlich alles so schön sein. Doch dann passiert es, das Unvermeidliche.

Sobald wir irgendwo stehen, der Motor ausgeht und vorne die Türen auf, hat garantiert irgendein Bürger Gesprächsbedarf. Selten sind diese Gespräche erbaulich, fast immer aber anstrengend. Nun gibt es bei uns eine klare Aufgabenteilung. Bei Zweibeinern wie Vierbeinern. Wir sind deshalb eine so gut funktionierende, vor allem aber harmonische Truppe, weil wir alle grundverschieden sind. Verschiedene Talente, Temperamente, ja sogar Kulturen ergänzen sich. Und das macht nicht nur Spaß, sondern sorgt auch für Sicherheit.

Schwierig wird's bloß, wenn die Kompetenzen, sagen wir mal, falsch abgerufen werden. Das Quatschen übernimmt zum Beispiel so gut wie immer mein Jonas. Er hat nicht nur die Nerven dafür und jahrelanges Training auf dem Gebiet, sondern nicht selten sogar Spaß daran. So gibt es Absprachen und geheime Zeichen, die dazu führen, dass potentielle Nervensägen entweder sofort oder kurz vor drohender Eskalation direkt zu ihm durchgereicht werden. Mit durchwachsenem, aber stetigem Erfolg. Klappt bloß nicht immer.

Ein hellhäutiger Typ mit Nickelbrille und langen Dreadlocks von undefinierbarer Farbe, der dreißig oder auch sechzig Jahre alt sein könnte, nähert sich unserem Wagen und zuckt erst mal komplett zusammen. Weil Bambule sich gestört fühlt und in seiner Box Geräusche macht, als ob 'ne haarige Bombe hochginge. Eigentlich haben wir Spaß an der Nummer, und außerdem ist er eine perfekte Alarmanlage. Deswegen haben wir noch nie ernsthaft versucht, ihm das Ganze auszureden.

Auch diesmal führt es dazu, dass der Bob-Marley-Zombie zusammenschreckt, als hätte er einen kurzen epileptischen Anfall. Kröte, der draußen steht, kann sich das Lachen nicht verkneifen, und mein Spaddel prustet ein bisschen Ei aufs Armaturenbrett. Auf diese Weise sauber vortemperiert, steht der Mann dann aber doch direkt vor Kröte, der ihm dummerweise am nächsten ist, zeigt mit dem Finger auf ihn und ruft: »Das sind sie, die Mörder vom Neptunbrunnen.«

Jetzt wäre noch wichtig zu erwähnen, dass Kröte nun leider alles andere als unser feinfühliges Kommunikationstalent ist. Um es mal vorsichtig auszudrücken. Nicht falsch verstehen, er ist ein herzensguter Mensch und toller Polizist, aber in seiner Art ziemlich direkt, man könnte auch sagen: einfach! Und so sagt er dann auch einfach:

»Also, ich hab den nich' erschossen. Und die da drin haben auch alle 'n Alibi.«

»Darum geht es doch gar nicht! Die Berliner Polizei hat den Mann hingerichtet!«

»Hm.«

»Wie hm? Ist das alles, was Sie dazu zu sagen haben?!«

»Tja, hm, erst mal ja …«

»Sie sind doch nichts weiter als ein widerlicher Söldner! Wie kann man überhaupt auf einen Menschen schießen?«

»Laden, entsichern, zielen und abdrücken. Is' keine Schwarze Kunst, kriegen Sie auch hin.«

»Das kriege ich nicht hin! Was für eine Frechheit! Ich würde nie einen Menschen verletzen!«

»Nich' mal Ihren Friseur?«

»Das ist so typisch. Ihr seid doch alle völlig verroht und gleichgültig.«

»Sie haben gar keinen, stimmt's? Friseur, mein ich.«

»Hey, Sie stumpfer Faschist, meinen Sie eigentlich nicht, dass Sie in die Hölle kommen?«

»Da ich nicht glaube, dass es im Himmel Whisky und nackte Weiber gibt, will ich das doch hoffen!«

»Sie sind das Allerletzte! Das Allerallerletzte!!«

»Aber immer noch gut genug, um für Sie den Kopf hinzuhalten, wenn's eng wird, richtig?!«

»Ich verzichte auf Schutz von Abschaum wie Ihnen. Sie haben diesen armen, harmlosen Mann kaltblütig getötet!«

»Jetzt reicht's mir aber, du geplatztes Sofakissen! Erstens hab ich den nicht erschossen! Und zweitens war der Nackte schizo, hatte seine Drops abgesetzt, dafür aber ordentlich Drogen intus, hielt sich selbst für den Messias und war dabei, sich mit seinem Messer selber die Gurgel durchzuschnitzen! Also Hut ab vor dem Polizisten, der den Mut hatte, zu ihm in den Brunnen zu steigen, um ihn daran zu hindern! Denn das musste einer von uns, weil wir dazu verpflichtet sind und sonst Vögel wie du behauptet hätten, wir wären untätig gewesen, während der sich umbringt. Kapierste das so weit? Und wenn so einer dann auf dich zustolpert, mit 'nem Messer in der Hand, und es nach mehreren Aufforderungen nicht fallen lässt, was machst du denn dann, du Klappstuhl, he, na was? Einfach mal sterben für die Bürger dieser Stadt? Oder vielleicht zur Seite gehen und zugucken, wie er auf jemand anders losgeht, oder wie oder was?!

Quatsch mich bloß nich' weiter zu, du Vogel! Hau ab, wasch dir die Haare, such dir'n Job und bitte deine Mutter um Entschuldigung! Abgang!«

»Kröte …«

»Was?!«

»Krööte …«

»Was?! Was willst du, Jonas?! Lass mich in Ruhe! Der Typ geht mir auf'n Sack! Ich bin kein Abschaum!«

»Kröte, beruhig dich. Ich hab dich lieb.«

»Ja, fein … Ich dich auch … Mach du mal besser hier weiter, sonst platzt mir noch der Arsch.«

»Okay, okay. Weißt du was, zünd dir mal 'ne Zigarette an und geh mit Bambule 'ne Runde Gassi. Und Sie, Sie sagen mir bitte mal Ihren Namen«.

»Wieso? Petrowski. Und?«

»Nein, nein. Ihren Vornamen.«

»Meinen Vornamen? Wieso das denn? Marcel. Marcel Petrowski. Wieso?! Krieg ich jetzt eine Anzeige, oder was? Wegen was?«

»Na, da fiele mir schon so einiges ein. Aber darum geht's mir gar nicht.«

»Sondern?«

»Passen Sie mal auf, Marcel. Ich weiß nicht, was man Ihnen ins Essen gemischt hat oder was die Polizei Ihnen angetan hat, dass sie meinen lieben Kollegen so anfahren. Was ich aber weiß, ist, dass Sie ihn gekränkt haben. Und dass Sie jetzt eine Spezialbehandlung kriegen.«

»Ach, was soll das denn heißen? Werd ich jetzt auch niedergeknüppelt, oder was?«

»Nein. Sie kriegen jetzt den Polizeiteddy!«

»Blödsinn! So ein Schwachsinn, Sie können Ihr Plüschtier behalten!«

»Nein, nein, ich will Ihnen nur jemanden vorstellen. Kommen Sie mal her, schauen Sie mal. Sehen Sie sich mal meinen Teddy an. Gucken Sie mal, wie der Schnuffel daliegt. Glauben Sie, jemand wie er wäre so entspannt und gut drauf, wenn wir tatsächlich die Mörder und Faschisten wären, für die Sie uns halten?«

»Ach, hör'n Sie doch auf.«

»Lassen Sie das Bild einfach mal auf sich wirken. Sehen so Killer aus? Und er ist übrigens auch ein Polizist.«

»Nhh.«

»So, und jetzt möchte ich, dass Sie gehen und mal in Ruhe darüber nachdenken, ob Sie jemanden, der bereit ist, für Sie seine Gesundheit oder sogar noch mehr zu riskieren, Abschaum nennen dürfen? Auf Wiedersehen, Marcel, und passen Sie auf sich auf, das hier ist ein gefährliches Pflaster.«

»Hallo, Bambule, hallo, Kröte. Na, habt ihr zwei den Alexanderplatz befriedet?«

»Aber so was von! Is' der Vogel weg?«

»Ja. Und vorher hab ich ihn noch mal ordentlich für dich zusammengeschissen!«

Tränen der Götter

Habibi. Klingt doch nett, oder? Ich meine, selbst wenn man es nicht weiß, hört man doch schon am bloßen Klang, dass es freundlich gemeint ist. Wir jedenfalls können so was. Ihr könnt es manchmal. Wenn ihr euch anstrengt. Oder nicht gerade mit irgendwelchen anderen wichtigen Regeln oder Angeberei beschäftigt seid.

Auch mein Jonas ist manchmal abgelenkt und eilt dann mit Karacho den eingeschlagenen Holzweg entlang bis ans Ende der Sackgasse. Und reagiert dementsprechend auch nicht auf ein freundlich gemeintes »Habibi«.

Erschwerend kommt hinzu, dass der Vater seines besten Freundes wie auch sein Freund selbst ihn oft so nennen, meist einhergehend mit einem freundlichen Kneifen oder Klaps auf die Wange. Er müsste also wissen, was das Wort bedeutet.

Er hat im tiefsten Kreuzberg einen Mann am Wickel, den er für verdächtig hält. Mitte vierzig, schwarze Haare, circa ein Meter siebzig groß, in weißen wallenden Klamotten und offensichtlich nur sehr mühsam in der Lage, sich in deutscher Sprache auszudrücken. Okay, der Typ hat sich tatsächlich ein bisschen merkwürdig bis ängstlich verhalten, als er uns sah. Aber das mag viele Gründe haben. Liegt nicht zuletzt vielleicht an unserem martialischen Aussehen.

Doch riechen, ja, ich möchte fast behaupten, duften tut dieser Mensch in der Tat recht interessant. Aber wen glaubt mein

Junge da vor sich zu haben? Einen international gesuchten Topterroristen oder Drogenbaron? Ich halte ihn eher für einen gutsituierten Touristen. Aber bitte, ich lass meinen Menschen erst mal machen.

»Sie riechen wie 'ne ganze Haschplantage, bitte mal Ihre Papiere«, sagt er zu ihm, nachdem er sich vorgestellt hat.

Ob der Mann sich nun in seiner Ehre gekränkt fühlt oder schlicht nicht versteht, was man von ihm will, er macht einen Schritt auf meinen Jungen zu, hebt eine Hand und sagt in bestem Oxford-Englisch: »Nice to meet you. Do you speak English?«

Das war meinem Großen wohl eine Spur zu hektisch, denn er tritt in der gleichen Geschwindigkeit einen Schritt zurück, greift an seine Waffe und sagt: »I smell drugs. Show me your hands!«

Statt dieser Aufforderung nachzukommen, gestikuliert der sehr gepflegt wirkende Mann ein wenig mit seinen offenbar manikürten Fingern und sagt lediglich: »No, no drugs, Sir …«

Statt ihn ausreden zu lassen, herrscht mein Superbulle ihn an: »Lift your hands! Turn around!«, und beginnt ihn zu durchsuchen.

Ohne zu protestieren, antwortet der Mann in ruhigem, freundlichem Ton: »No drugs, Habibi, I assure you.«

Statt wie gewohnt mitzumachen und mich in eine taktische Position zu begeben, hab ich mich inzwischen einfach hingelegt. Schwarzer Afghane, roter Libanese, grüner Türke, lila Ostfriese – was immer du auch glaubst, hier in der Luft zu schnuppern, es sind sicher keine Drogen, du Nulpe, denk ich bei mir, während ich mit scheelem Blick dem Bengel bei der Arbeit zuschaue.

Der wundert sich inzwischen genauso über mich und kommt wohl ins Grübeln, denn sein Betatschen des weißgekleideten Mannes wird immer langsamer, bis es wie in Zeitlupe erstirbt.

Genau in dem Moment, wo mir durchs Köpfchen geht: Na, das wird auch Zeit, du Superdrogenfahnder, der Typ ist sicher kein Verbrecher, hält direkt auf unserer Höhe eine große schwarze Limousine. Zwei Männer in schwarzen Anzügen steigen aus, nehmen links und rechts neben uns Aufstellung, und mein Junge kriegt hektische Flecken im Gesicht.

»No danger. Everything is okay«, sagt daraufhin der Mann an der Wand, nimmt seine Arme runter, dreht sich langsam um und beginnt ein kurzes Gespräch in einer sonderbar klingenden Sprache mit einem der beiden. Der tritt daraufhin einen Schritt vor und erklärt in glasklarem, akzentfreiem Deutsch: »Mein Arbeitgeber bedauert zutiefst, wodurch auch immer Ihr Misstrauen erregt zu haben, und entschuldigt sich dafür. Überdies möchte er Sie wissen lassen, dass der Duft, der ihn umgibt und den Sie verzeihlicherweise wohl als verdächtig und ungewohnt wahrgenommen haben, lediglich von, wie sagt man … Weihrauch herrührt.«

Gooong! Die Ansage kommt bei meinem Jonas an, nach einer kleinen Pause und verzögert, so ähnlich wie eine Opernarie bei einem Ferkelchen, und ein ungläubiger bis verdutzter Ausdruck huscht über sein eben noch unbewegliches Gesicht.

Ich krieg Panik, dass er jetzt wieder irgendeinen respektlosen, dämlichen Scheiß erzählt. Doch er reißt sich ausnahmsweise mal zusammen und hält komplett die Klappe. Wahrscheinlich ist er sprachlos, was selten genug vorkommt, und ich genieße den Augenblick.

Die Herren merken aber wohl, dass das Gehirn meines Drogenspezialisten momentan nur mechanisch funktioniert. Deshalb weist der Boss einen der schwarzen Männer mit ein paar melodiösen Sätzen an, etwas aus der Limousine zu holen.

Der kehrt nach kurzer Zeit mit einem kleinen reichverzierten Leinenbeutelchen in der Hand und folgenden Worten zurück: »Mein Arbeitgeber würde sich geehrt fühlen, Ihnen eine kleine Probe dieser auch in Ihrem Land völlig legalen Substanz zum Geschenk machen zu dürfen. In unserer Heimat nennen wir es ›Die Tränen der Götter‹.«

Mein Junge ist zwar immer noch nicht voll da, wacht aber anscheinend langsam auf, denn er antwortet immerhin in einem vollständigen Satz: »Das ist sehr freundlich von Ihnen, aber ich darf leider nichts annehmen; so sind unsere Vorschriften.«

Nach kurzer Übersetzung und, wie ich mir einzubilden glaube, einem flüchtigen Augenzwinkern zwischen den beiden Fremden steht der Schwarzgekleidete immer noch mit ausgestrecktem Arm da, hält zwischen den Fingerspitzen das Beutelchen und sagt ernst: »Mein Arbeitgeber ist ein enges Familienmitglied des Sultans von Oman. Er versichert aufrichtig, dass die Geschehnisse bisher für ihn verständlich sind und keinerlei Anlass zu Disharmonien bieten. Sollten Sie ihn allerdings beleidigen, indem Sie sein Geschenk ausschlagen, wird dies für Sie weitreichende Konsequenzen bis hin zu diplomatischen Verwicklungen nach sich ziehen!«

Goooong! Das war's. Mein Kleiner steht da wie ein Depp. Mit offenem Mund und versteinerter Miene streckt er seinen Arm aus, lässt sich das Beutelchen in die Hand legen und sagt nur wie ein Roboter in Richtung des weißen wandelnden Duftbaums: »Thank you, Sir. Welcome in the capital of Germany.« Für mehr reicht's nicht.

Der Duftbaum lächelt nur huldvoll, vielleicht auch eine Spur amüsiert, geht zur Limousine und wartet, bis man ihm die Tür aufhält. Bevor er einsteigt, dreht er sich noch einmal kurz um, nickt in meine Richtung und sagt: »A beautiful German she-pherd. A wise guy, I think.« Dann steigt er ein, und der Wagen gleitet davon.

Danke, Habibi, denke ich und mit einem belustigten Blick auf meinen sprachlosen Tollpatsch: So etwas könnte dir ruhig jede Woche einmal passieren.

Ach, und wie könnte es anders sein – und übrigens für eine feine Nase wie die meine gar nicht leicht zu verkraften: Unsere ganze Bude roch nach der Aktion eine gefühlte Ewigkeit nach Weihrauch.

Rudi der Chihuahua

Rudi der Chihuahua. Rudi das Rudiment. Aber das ist er gar nicht. So werden sie nur gern gesehen von euch hochmütigen Menschen. Die Kleinen. Doch sie machen einen guten Job. Sie machen einen wichtigen Job. Manchmal auch einen harten. Ihr ahnt nichts von ihrem Auftrag. Deshalb macht ihr euch lustig über sie. Es wird Zeit, euch aufzuklären. Sie sind hier, weil sie gebraucht werden. Dringend. Von Menschen, die nichts haben, was sie lieben können. Oder niemanden, von dem sie geliebt werden. Weil sie nicht aussehen, wie sie aussehen sollten nach den kranken Maßstäben ihrer sogenannten Mitmenschen. Oder weil sie schlicht ihre Würde verloren haben. Oder verkauft. Und damit auch ihre Selbstachtung. Um diesen kranken Seelen über die Runden zu helfen, ja vielleicht sogar wieder ein Stück weit gesund zu machen, dafür sind sie hier. Da seid ihr baff, was?! Man kann sich an zwei Kilo Hund festhalten und daraus Lebensmut, Schutz und Geborgenheit schöpfen.

Zwei Kilo! Oh ja, sie machen einen wahrhaft phantastischen Job! Sie machen euren Job. Wenn ihr mal etwas wacher durch eure Welt gehen würdet, würdet ihr sie besser sehen. Die Menschen, die oft bunter oder auffälliger wirken als alle anderen und sich trotzdem einfach nur festhalten an dem kleinen, manchmal winzigen Hund auf ihrem Arm. Aber statt sie wahrzunehmen und auf sie einzugehen, mit einem kleinen Kompliment oder einer beiläufigen Geste beispielsweise, ignoriert ihr sie. Bestenfalls. Denn wenn ihr sie beachtet, dann meist nur mit Hohn und Spott. Statt sie in eure Gemeinschaft hineinzulassen oder zurückzuholen, grenzt ihr sie weiter aus. Das Zittern eines kleinen Häufchens Elend, auf dem Arm irgendeiner *Schwuchtel* oder einer *Hure*, so sehen es viele von euch ja wohl, ist vielleicht nur der Zorn über eure Ignoranz – oder tatsächlich Spiegelbild der jeweiligen Seele. Da staunt ihr, was?!

Wo wir schon dabei sind, kann ich euch auch gleich noch den nächsten Zahn ziehen. Aufgepasst! Sie sind keineswegs schutzlose Häufchen Elend. Denn sie sind nicht allein. Sie haben einen Patron. Jeder von ihnen. Mindestens einen. Damit meine ich nicht ihren Menschen. Der ist meist erst willens und in der Lage, seinen vierbeinigen Zwerg adäquat zu schützen, wenn dessen Aufgabe und Besuch bei ihm fast beendet ist. Nein, ich meine einen richtigen Schutzpatron. Einen von uns Großen. Solltet ihr nicht vergessen, wenn ihr den Drang verspürt, nach einem kleinen Hund zu treten.

Auch ich bin ein Patron.

Er heißt Rudi, ist ein kurzhaariger Chihuahua und wohnt fünf Häuser weiter. Seine Gastgeberin ist eine dicke Frau mit blonden Haaren. Mutter von drei Kindern. Ihr richtiger Rudelführer ist nicht mehr da. Ich sehe diese Familie beim Gassigehen immer alleine. Sehr alleine. Die anderen Kinder spielen nicht mit Rudis Kindern. Denn das sind sie: seine Kinder.

Er hat einen schweren Job. Genau genommen sogar mehrere. Für die dicke Frau ist er wohl Partnerersatz. Er tröstet sie, macht, dass sie sich nicht einsam fühlt, und bringt sie zum Lachen. Für die Kinder ist er Spielkamerad, Traumfänger, Wärmflasche und Hilfestellung beim Erwachsenwerden. Indem er vortäuscht, hilflos zu sein, und sie so zwingt, Verantwortung zu übernehmen und nicht nur an sich selbst zu denken. Er macht das toll, ich beobachte ihn schon lange. So witzig es für Uneingeweihte klingen mag, aber: Rudi ist jetzt ihr Rudelführer.

Doch auch wenn er beispielsweise exzellent Wache hält über den Schlaf seiner Menschen und jeden Fremden sofort melden würde, der sich ihnen nachts nähert, ist er doch aus verständlichen Gründen mit der physischen Verteidigung seines Rudels heillos überfordert. Und deshalb hat er mich.

Neulich waren wir beim Joggen im Park, mein großer Junge und ich, als wir sie wieder einmal sahen. Allein und für sich machten sie ein Picknick und vermittelten auf den ersten Blick einen harmonischen, ja fast glücklichen Eindruck. Auf den zweiten Blick bemerkten wir aber, dass unweit von ihnen ein paar Männer um einen Grill herumstanden, Bier tranken und Fleisch verbrannten, das sie essen wollten. Und dass die dicke Frau leise weinte, obwohl sie sich Mühe gab, es vor ihren Kindern zu verbergen.

Sie versuchte zu lächeln, aber ich sah, wie ihr Kinn zitterte und sich ihr Bauch unregelmäßig hob und senkte. Tapfer schmierte sie Brote für ihre Kinder, aber ich spürte, dass sie den beißenden Spott der angetrunkenen Männer nicht mehr lange ertragen könnte. Dabei verströmte sie keine Aggression, sondern eine seltsame Mischung aus Traurigkeit und Verzweiflung. Ähnlich wie ein Stier, der nach vielen kleinen schwächenden Stichen des Matadors sicher weiß, dass der nächste Stich ihn tötet, sich dagegen aber weder wehren kann noch will.

»Ob die fette Made sich noch selbst den Arsch abwischen kann?«, grölte einer der Biertrinker, und die anderen brüllten vor Lachen. »Welcher Blinde ist denn über die fette Sau rübergestiegen und hat der drei Gören gemacht«, meinte einer der anderen sagen zu müssen, und ein Dritter fügte blöd grinsend hinzu: »Na, auf jeden Fall hat er sie danach sitzenlassen.«

Das war zu viel. Ich wusste, dass sie Witwe ist und dass dieser letzte Satz etwas in ihr zerbrach. Es ist genau diese Art von Menschen, meist Männern, und der Umgang, den sie mit Wehrlosen pflegen, der immer wieder die dunkle Seite in mir weckt und mich zweifeln lässt, ob etwas anderes sie ändern kann als Gewalt. Oder ihre Androhung.

Missmutig ließ ich kurz meinen rechten Fangzahn aufblitzen, und mir war klar, dass Rudi bald etwas unternehmen würde. Er hatte uns entdeckt, wir saßen inzwischen knapp zwanzig Meter entfernt auf einer Parkbank. Aber selbst wenn ich nicht da gewesen wäre, hätte sich der mutige Chihuahua spätestens jetzt für sein Rudel geradegemacht. Denn dicke Tränen rannen inzwischen, immer noch lautlos, über die runden Wangen der Frau, und es fiel ihr zitternd ein Butterbrot aus der Hand.

Rudi sprang aus seinem Körbchen, schüttelte sich, schritt stolz etwa fünf Meter auf die Kerle zu, drückte seine kleine Brust heraus und ließ sein mächtigstes Bellen hören. Die Männer lachten. Statt sich entmutigen zu lassen, ging Rudi weiter und bellte erneut.

»Hey, Fettschnecke, deine Ameise dreht durch«, rief einer, und dann passierte es. Die Frau ließ ein Geräusch hören wie ein verletztes Tier. Dann sog sie laut die Atemluft ein und rief weinend: »Warum seid ihr so? Warum macht ihr so was?« Jetzt liefen die Tränen in Sturzbächen. Ihre Kinder schauten sie verstört an, und einer der Männer brüllte bedrohlich: »Was willst du, fette Sau!? Sei bloß vorsichtig! Und deinen Fotzenlecker schmeißen wir gleich auf'n Grill.«

In diesem Moment bemerkte ich, dass mein großer Junge

wohl schon eine ganze Weile mich beobachtete statt die Szene vor uns. Ich hatte bereits eines jener Knurrgeräusche hören lassen, von denen ich weiß, dass es selbst meinem Menschen Angst macht. Weil es aus einer Tiefe und Welt kommt, vor der sich die Zweibeiner zu Recht furchten. Da ich aufrecht neben ihm auf der Bank saß, also in Augenhöhe, gab er mir mit leicht gesenktem Kopf und schmalem Blick das Okay. Dieses Okay heißt: Ich soll tun, was ich für richtig halte.

Also sprang ich von der Bank und legte mich Sekunden später direkt neben dem Chihuahua ab. Rudi hatte jetzt natürlich eine ganz andere Verhandlungsposition und wuchs, gefühlt, auf seine doppelte Körpergröße heran. Der Fleischverbrenner, der uns am nächsten war, hörte unvermittelt auf zu kauen und zog die linke Augenbraue hoch.

Mit Grillzange in der einen und Bierflasche in der anderen Hand ließ er den Blick in die Runde schweifen, bis er meinen Jungen auf der Parkbank sah. Der hob die rechte Hand, winkte zweimal und veranlasste mich mit einem kurzen Nicken, erneut zu knurren. Daraufhin fiel dem Kerl das Bier aus der Hand und ergoss sich schäumend über den Rasen. Sein Kopf flog herum, er schluckte und sah sich unsicher nach seinen Freunden um. Die hatten sich inzwischen in einer Reihe hinter ihn gestellt, wie ein Knabenchor, der gleich ein Lied anstimmt.

Durch die Kumpel im Rücken gestärkt, rief der Frontmann zu meinem Jungen hinüber: »Was soll das hier werden, Alter?«

»Mal sehen. Ein schöner Sonntag, hoffe ich«, rief mein Blonder zurück. Dann gab er die knappe Anweisung: »So, jetzt bitte einmal Grillwürstchen für die Kinder und eine einfühlsame und vor allem glaubhafte Entschuldigung für die Frau. Und zwar pronto!«

»Was, wenn nich', Alter?«, war die Antwort, und die Miene meines Bengels verfinsterte sich.

»Dann wird's zumindest für euch kein schöner Sonntag, so viel steht mal fest.«

»Sagt wer?«, zischte der Typ daraufhin, und 10248, ich benutze gerne hin und wieder seine Nummer, weil er meine auch ständig benutzt, gab ihm die passende Antwort, indem er uns vorstellte: »Sagt die Polizei, und besonders Diensthund 2045, der kaum noch zehn Meter von dir entfernt ist und total scharf drauf, dir dein Gehänge abzureißen. Ein Kopfnicken von mir, und du singst für den Rest deines Lebens Sopran!«

Das reichte aus, um den Grillmeister erneut schlucken zu lassen und seinerseits mit einem ganz langsamen Kopfnicken in Richtung seiner Kumpel die Würstchen für die Kinder in Auftrag zu geben. Dies und ein förmliches »Verzeihen Sie bitte, wir haben uns wohl eben im Ton vergriffen« sowie ein »Wollen Sie vielleicht ein Bier?« in Richtung meines Jungen machten aus einem zunächst scheußlichen doch noch einen schönen Sonntag.

Nur Rudi blieb noch eine ganze Weile sauer auf die »neuen Freunde«. Irgendwie verständlich, oder?! Schließlich wollten sie den Helden dieser Geschichte auf den Grill legen …

Das verwunschene Land

Sie nennen es »Fighting City«, aber niemand weiß mehr genau, wer dieser Stadt den Namen gab. Die nüchternen Pragmatiker unter ihnen, meist höherdekorierte Polizisten, jene, die selten oder noch nie wirklich dort gewesen sind, sagen auch gerne »Übungsstadt«. Doch das ist in etwa so, als ob man eine Harley Davidson einfach nur »Motorrad« nennt. Es wird der Sache nicht gerecht. Denn dieser Ort verändert Menschen. Innerlich wie äußerlich. Die meisten kommen mit einem guttrainierten Körper und einer leichten Wesensänderung davon. Manche allerdings auch nicht. So wie ein Weggefährte von uns beiden, der nach einem schrecklichen Sturz für kurze Zeit ins Reich der Toten schaute. Er hatte die Kraft zurückzukommen, doch eine riesige Narbe quer über seinen Schädel und ein wundervoller Rottweiler, der ihm anschließend zugeteilt wurde, waren danach seine Begleiter.

Ein riesiges eisernes Tor, das sich quietschend wie von Geisterhand öffnet und einen einzusaugen scheint, sobald man davortritt oder -fährt, ist das Portal zu dieser Welt, die man beinahe als rechtsfreien Raum bezeichnen könnte. Denn dort ist es gefährlich, und jedem der das »Hinterland« betritt, sollte das klar sein. Jeden Moment könnte auf den Straßen oder Waldwegen eine schwarze Limousine mit völlig überhöhter Geschwindigkeit um die Ecke kommen, sich jemand vor dir blitzschnell abseilen oder ein vierbeiniger Polizist zähnefletschend vor dir stehen.

Doch es ist trotzdem ein guter Ort. Denn dort üben und lernen sie, das Böse im Zaum zu halten. Und deswegen ist es auch nicht weiter verwunderlich, wenn das Böse und die Gefahr dort ständig zu Gast sind. Mein Junge liebt diesen Ort. Die Melancholie, die Einsamkeit und die einzigartige morbide Atmosphäre scheinen ihn magisch anzuziehen.

Es gibt kleine Einfamilienhäuser, in deren Vorgärten verrostete Kinderwagen zu finden sind, wo einem zuweilen helles, klares Lachen entgegenzuschallen scheint sowie die Stimme einer Mutter, die zum Essen hereinruft. Genauso gibt es trostlose Plattenbauten, aus deren winzigen Wohnungen scheinbar leise einsame Schluchzer zu hören sind oder die Hilfeschreie einer gedemütigten Frau. Geschäftiges Treiben als Trugbild im und vor dem vom Efeu überwucherten Supermarkt und dem dazugehörigen Parkhaus. Straßenbahnen, deren schemenhafte ewige Fahrgäste jedes Mal müde aufzustöhnen scheinen, wenn sich schwarzmaskierte Männer wieder einmal zum Stürmen bereitmachen. Mehrere Brücken, an denen unzählige Bergungsmanöver geübt wurden und unter denen im fahlen Mondlicht trotzdem ein Mensch am Seil zu hängen scheint, weil einem Polizisten die Kraft ausging, den Körper lange genug hochzuhalten. Kanalisationsschächte, durch die wir alle gemeinsam hindurchmussten, um unsere Angst vor der Enge, dem Schmutz und den Ratten zu besiegen.

Der zweitliebste Ort von uns beiden ist die Kirche. Wenn du es, egal zu welcher Tages- oder Nachtzeit, bis ins komplett mit tiefem Sand ausgelegte Kirchenschiff geschafft hast, bist du in Sicherheit. Auch wenn selbst in dieser Halle ein an Seilen aufgehängter Schwebebalken existiert, den jeder zweibeinige und vierbeinige Spezialist während seiner Ausbildung mindestens einmal klag- und schadlos überquert haben sollte, strahlt dieses alte Gebäude Frieden aus. Im Kirchturm hängt ein dickes Seil von der Dachspitze hoch oben, an dem jeder hochklettern kann und muss, der etwas auf sich hält. Es gelingt meinem Blonden in letzter Zeit nicht mehr, was mich gewaltig amüsiert, weil ihn das furchtbar ärgert.

Doch unser absoluter Lieblingsplatz ist die Helikopterplattform auf dem höchsten Gebäude der Stadt. Auch wenn sie für ein Zweierteam mit sechs Beinen nicht gerade leicht zu erreichen ist, haben wir dort schon gemeinsam so manchen Sonnenuntergang bewundert oder im klirrend kalten Winter unseren Atem in die Nacht geschickt. Einen wundervollen Ausblick hat man von dort. Bis zum heutigen Tag sitzen wir oft aneinandergelehnt auf dieser Plattform, oder ich lasse mich im Liegen von ihm als Kopfkissen missbrauchen, weil es Momente der Stille und der Dankbarkeit sind, die einem niemand jemals wieder nehmen kann.

Wie gesagt, dieser Ort verändert die Menschen. Weil hier einfach alles möglich scheint.

Und obwohl ich schon Dutzende Male auf der »Plattform der Helikopter« gewesen bin, hatte ich bis zu einem ganz bestimmten Tag nicht die geringste Ahnung davon, was sich Unglaubliches hinter diesem Wort verbirgt: Helikopter.

Eines Morgens waren mein Junge und ich gemeinsam auf der Avus unterwegs in Richtung Dienst. Ich saß verbotenerweise auf dem Beifahrersitz aufrecht neben ihm, döste vor mich hin und amüsierte mich nur hin und wieder über die verdutzten Gesichter der Menschen, die an uns vorbeifuhren, als mein Tollpatsch mit einer dämlich klingenden Ankündigung aufwartete:

»Pass mal auf, Dicker, wir haben heute ein Rendezvous mit den großen blauen Libellen, und wir werden mit ihnen fliegen ...«

Okay, dass uns ein weiterer Trainingstag im Gelände bevorstand, wusste ich, und das im »verwunschenen Land« beinahe alles möglich war, das glaubte ich inzwischen auch. Aber trotzdem, hey, was für eine beknackte und abstruse Ansage!? Also setzte ich ein mildes Lächeln und leichtes Nicken in Gang, denn auf Bekloppte musst du eingehen und ihnen zuhören, das lernst du als Polizist gleich mit als Erstes, und dachte bei mir: Jaja, na klar ... große blaue Libellen, sicher – und wir werden mit ihnen fliegen, aber natüürlich werden wir das, hhmm, bestimmt!

Also, es ist ja nun nicht so, als würde es mir nicht öfter mal so vorkommen, als hätte er nicht alle Tassen im Schrank oder wäre stinkbesoffen, aber er schafft's immer wieder, selbst mich noch zu verblüffen. Er wird meinen Blick schon ganz richtig gedeutet haben, denn er sah sich veranlasst hinterherzuschieben:

»Schau mich nicht so herablassend an! Wirklich, wir werden heut gemeinsam abheben. Schwupp!« Und dazu machte er mit der rechten Hand eine fliegende Aufwärtsbewegung, bis er damit gegen den stinkenden grünen Duftbaum am Rückspiegel klatschte. Weil ein saumäßig lautes Motorrad ihn erschreckt hatte, das uns rechts überholte und das ebenfalls viel zu tief flog.

Ich schüttelte immer noch den Kopf. Erstens, weil ich mir nicht vorstellen konnte, dass, selbst wenn es solche Riesenbrummer geben sollte, sie Lust hätten, uns mitzunehmen, oder uns auch nur ansatzweise mögen würden. Obwohl, mögen vielleicht schon, aber nur im Sinne von haps und weg, quasi als Leckerli. Und zweitens, weil ich, falls es tatsächlich solche Dinger geben sollte, ganz sicher nicht auch nur in die Nähe von so einem Monster gehen würde, geschweige denn aufsteigen, um mich von ihm in die Lüfte heben zu lassen! Nicht für Geld und gute Worte oder 'n Pfund Hackepeter. Mit einer Mischung aus Skepsis und einem Schuss Mitleid dachte ich bei mir: Kindskopf, ob wir dich jemals großkriegen? Große blaue Libellen! Spinner!

Weitere Motivationsversuche seinerseits wie »Hey, du Spaßbremse, das is' voll klasse, wirst schon sehen, fast wie Achterbahn fahren« ließen mich gänzlich unbeeindruckt. Hätte nicht viel gefehlt, und ich hätt ihn bös angeknurrt, nur um ihm klarzumachen, dass ich keins seiner Kinder bin und Achterbahnen ungefähr so klasse finde wie Flöhe im Nacken oder Durchfall im Einsatz. Aber da ich die ganze Geschichte ohnehin für einen blöden Witz hielt, widmete ich mich den Rest der Fahrt wieder den lustigen Gesichtern in den Autos neben uns.

Als wir dann den Schlagbaum der Polizeikaserne passierten und von dem sympathischen Wachmann durchgewinkt wurden, hatte ich den Quatsch eigentlich schon wieder vergessen. Wir bogen in die Lehrabteilung ein, fuhren vorbei an Gruppen marschierender Polizeischüler, über die ich mich ebenfalls amüsierte, weil sie aus dem Tritt kamen, wenn sie mir zu lange nachschauten, und standen dann vor dem großen grünen Tor. Spätestens da bekam ich ein merkwürdiges Gefühl in der Magengegend. Mehr als sonst. Die Eisenflügel knallten hinter uns ins Schloss, ich blickte erschreckt zurück und fühlte mich fast ein wenig gefangen, ja verschluckt vom verwunschenen Land. Wir machten wie so oft einen kleinen Umweg auf der Hauptstraße, vorbei an der verkohlten Tankstelle, die wohl schon tausendmal in Brand gesetzt und von der Feuerwehr wieder gelöscht worden war, bis wir schließlich auf der riesigen Freifläche vor der Zwingeranlage ankamen, wo wir mit dem Rest unserer Truppe verabredet waren.

Die Geländewagen der anderen waren bereits im Halbkreis aufgestellt, und genau in dem Moment, als ich hinausspringen wollte, um die Freunde zu begrüßen, bebte plötzlich die Erde! Die Luft begann ebenfalls zu vibrieren, ein tobender Sandsturm erhob sich, und mit einem Donnern, aus der Sonne kommend, schwebten sie auf einmal ein: die großen blauen Libellen!

O Mann! Du liiieber Himmel! Ich sprang hinunter in den Fußraum unseres Wagens und machte mich klein und unauffällig, in der Hoffnung, dass sie uns nicht entdecken würden. Doch sie flogen nicht vorbei. Im Gegenteil! Mit einem Geräusch, als würde jemand tausend Trommeln schlagen, und zwar rasend schnell, schienen sie in der Luft über uns zu stehen und uns zu suchen. Auweia! Jeden Moment rechnete ich damit, dass mein Fenster zersplitterte und eine lange, klebrige Zunge oder ein Sog mich, vielleicht sogar das ganze Auto in die Höhe riss.

Libellenkacke! Wir werden alle enden als Libellenkacke, schoss es mir durch den Kopf, als mein Junge seelenruhig sagte: »Ganz ruhig, Großer, keine Gefahr. Gleich sind sie gelandet.«

Ja, toll, und dann ist auch die letzte Chance auf Flucht vertan, du Blödmann, dachte ich und schaute ihn nur böse an. Mit dieser Rostlaube von Auto erst recht! Genau in dem Moment, als ich mir vorzustellen wagte, wie groß der Stachel einer Libelle dieses Ausmaßes wohl sein mochte, nahm die Frequenz der Trommeln hör- und spürbar ab. Mit der Hoffnung, dass es vielleicht doch nur ein paar Dutzend lustige Japaner sind, die da auf ihren Riesentrommeln herumhämmern, schob ich mit angelegten Ohren ganz langsam meinen Kopf gerade mal so weit nach oben, dass ich mit engen Sehschlitzen knapp durchs Autofenster sehen konnte.

Uuunsichtbar, ich bin unsichtbar, und außerdem hab ich Riiiesenzähne, mit denen ich euch allen in den Hintern beiße, ihr hässlichen Viecher, wenn ihr mir doof kommt, hätte ich am liebsten vor mich hin geflüstert, wenn ich gekonnt hätte, als ich sah, was ich da sah: riesengroße blaue Libellen! Und in ihren Köpfen saßen noch weitere, menschenähnliche Insekten, die jedoch die gleichen Kopfformen und Augen hatten wie die Flattermänner selber. Igitt! Dann öffnete sich plötzlich bei einem der Biester der Bauch, eins dieser kleinen Krabbelviecher sprang geduckt heraus und winkte in unsere Richtung.

Als ich kurz darüber nachdachte, wieso das kleinere Tier noch nicht verdaut war und vor allem ohne jeden Fluchtversuch unter den immer noch schwirrenden Flügeln stand, sagte mein Depp zu mir: »Los, komm, wir sind gleich dran«, versuchte mir meine Ausrüstung anzuziehen und mit mir auszusteigen. Aaaber nich' mit mir! Diesmal nicht! Irgendwann ist auch mal Schluss! Ich dachte: Wenn du da rausgehen willst, na bitte, ich bleib hier. Du kannst 'n Schild mitnehmen, auf dem steht: »FRISS MICH«, aber dein Hund bleibt diesmal hier.

Da er meine Gemütslage eigentlich immer einzuschätzen weiß, spürte er, dass es mir dieses Mal recht ernst war, und begann beruhigend auf mich einzureden: »Pass mal auf, Dicker. Das ist nichts weiter als ein von Menschen zusammengeschraubter Klumpen Metall, der aus Gründen, die ich selber nicht ganz verstehe, fliegen kann. Das ist alles. Kein Grund, so eine Angst zu haben.«

Kein Grund, Angst zu haben, kein Grund, Angst zu haben … Was für ein Scheiß! Selbst wenn das alles genau so stimmen würde, was ich nicht glaubte, war's nicht geeignet, mein Vertrauen zu erhöhen. Wenn der große Wolf in den ewigen Jagdgründen gewollt hätte, dass die Menschen fliegen können, hätte er ihnen ja wohl Flügel gegeben und keinen »Klumpen Metall«, der dann ja wahrscheinlich auch zu Boden knallen kann wie ein Klumpen Metall! Anmaßende Idioten! Ich mach hier so lange den Garfield und verkeil mich in der Tür, bis ich was Besseres höre als diesen Quatsch!

In dem Bewusstsein, dass mit mir diesmal nichts zu machen wäre, legte mein Junge dann eine ganz andere Platte auf und kam mir mit den Totschlagargumenten, denen ich nichts entgegensetzen kann: »Pass auf, mein Schatz, wir müssen da raus. Ich brauche dich. Ich verspreche dir, dass dir nichts geschehen wird. Ich bin bei dir und passe auf dich auf! Habe ich jemals auch nur eines meiner Versprechen gebrochen?!«

Nein, hat er nicht, stellte ich resignierend fest, und mein Auftrag lautet, ihn zu begleiten, egal wohin. Ahhhhhhh. Minuten später liefen wir gemeinsam mit einem anderen Team auf das Rieseninsekt zu, das niemals Menschenhirn und -hand entstammen konnte, und ich hielt kurz inne, um eine mentale Botschaft zu entsenden. So, wie es sich in der richtigen Welt gehört und, wenn sie ehrlich gemeint ist, seit Urzeiten auch akzeptiert wird. Ich senkte meinen Kopf und flehte tonlos: Große, mächtige Libelle, ich bin nur ein kleines Säugetier und gebe mich und meinen Menschen in deine Obhut! Er weiß ohnehin nicht, was er tut, drum bitte ich dich für ihn und mich um Nachsicht! Verschone uns, nimm meinen Respekt entgegen, und sei gewiss, dass ich dich weder töten noch verletzen will und werde! Ich danke dir, mächtiges und stolzes Tier!

Dann sprang ich in den Bauch des Monsters, nahm zwischen

den Beinen meines Jungen Platz und erwartete mein Schicksal. Donnerndes Getöse setzte ein, durchsetzt von quäkenden Menschenstimmen, dann vibrierte und ruckte plötzlich alles, und dann, dann hoben wir ab. Wir hoben ab! Ich konnte es nicht fassen. Wie der Kondor und der Adler, die Könige der Lüfte, hoben wir ab, obwohl es nicht unsere Bestimmung war, und schwebten über Mutter Erde. Ich konnte fliegen!

Ein vorsichtiger Blick aus dem Bauch unseres neuen blauen Freundes heraus ließ die Welt und die Menschen unter uns immer kleiner und unwichtiger werden. Ein Gefühl der unendlichen Freiheit und des Glücks kam in mir auf, und ich war dankbar. Dankbar, dass die wunderschöne Libelle meine Botschaft offenbar angenommen hatte, dankbar, meinen Jungen bei mir zu haben und, bis jetzt zumindest, nicht gefressen worden zu sein.

Plötzlich ging ein Ruck durch den Riesenkörper, wir sackten ein paar Meter ab, und ich dachte schon: Jetzt müssen wir bezahlen! Ein solches Gefühl und Glück wird einen hohen, wenn nicht gar endgültigen Preis haben. Doch in dem Augenblick, als ich mich tief zwischen die Beine meines Jungen kuschelte und Trost darüber empfand, dass wir zusammen sterben würden, fing sich die Libelle wieder und setzte an zu einer eleganten und mächtigen Aufwärtskurve direkt in den blauen Himmel hinein. Wow!

Ein kurzer und inniger Augenkontakt mit meinem Blonden veranlasste ihn, die schützende Hand von meinem Kopf zu nehmen und laut gegen den Lärm unseres Himmelstürmers anzubrüllen: »Versprochen ist versprochen! Schau hinaus, genieß den Flug!«

Nun, der Tag war noch lang, und wir übten ausgiebig das

blitzschnelle Landen, das Auf- und Absitzen, bis das Vertrauen zu unserem mächtigen Verbündeten alle Zweifel ausgeräumt hatte. Dieses unglaubliche Tier stand ganz eindeutig auf unserer Seite! Auch wenn ich dachte, dass meine Botschaft maßgeblich zum Gelingen dieses Tages beigetragen hatte, war ich doch sicher, dass die Natur der Libellen nicht aggressiv und bösartig sein konnte.

Sonst würden sie nicht so geduldig mit uns zusammenarbeiten. Wie dem auch sei, von diesem Tage an grüßte ich freudig jedes dieser Exemplare, das ich im Himmel oder sonst wo entdeckte, und sah meinen Lieblingsplatz, die Helikopterplattform in »Fighting City«, mit ganz anderen Augen. »Fighting City« – Unsinn, »das verwunschene Land« hat einmal mehr bewiesen, dass Respekt, Demut und Hoffnung die Schlüssel sein können zu wundervollen und unglaublichen Dingen. Schade nur, dass wir ein verwunschenes Land dafür zu brauchen scheinen.

Tu es nicht!

Wir stehen im dunklen Treppenhaus auf halber Etage. Die rote Leuchte des Lichtschalters frisst sich durch die Wand, und über uns hören wir die Stimmen und Schritte der Sanitäter und der anderen Polizisten.

Er stützt sich wie ein Betrunkener links am Geländer ab. Meine Leine hält er in der rechten Hand. Er bebt vor Wut. Sein Gesicht ist bis auf das zitternde Kinn versteinert, und auf der Stirn sehe ich im gelben Licht der hereinstrahlenden Straßenlaterne deutlich jene Jähzornsader hervortreten, von der ich nur zu gut weiß, was sie bedeutet.

»Hast du sie gesehen?«, fragt er mich, ohne mich anzuschauen. »Hast du gesehen, Dicker, wie sie geblutet hat!? Hast du gesehen, wo sie geblutet hat!?«

Ich stehe neben ihm, atme tief durch und versuche, seinen Blick zu fangen.

»Ich geh da jetzt hoch und polier dem Typ die Fresse«, kündigt er an, stößt sich vom Geländer ab, dreht auf der Hacke um und will im Sprung den ersten Treppenabsatz nehmen. Ich lasse mich zu Boden fallen und setze dadurch die Leine so abrupt unter Spannung, dass er um ein Haar stürzt. Im Herumwirbeln faucht er mich an: »Verdammt, lass mich! Ich geh da jetzt hoch und sorg dafür, dass dieses Schwein nie wieder einem kleinen Mädchen so etwas antut!«

Nein! Nein, tu das nicht, möchte ich brüllen und bedaure einmal mehr, dass ich kein Wort hervorbringe. Stattdessen richte ich mich nur langsam auf, setze mich und lasse ein tiefes Knurren hören.

»Was!?«, herrscht er mich an. Genau, was, denke ich. Was hast du da vor!? Denk nach! Wenn du das tust, nehmen sie dich für immer aus dem Spiel. Dann bist du weg vom Fenster. Für immer. Du wirst nie wieder die Chance haben, zur richtigen Zeit am richtigen Ort zu sein. Tu es nicht!

Weil er inzwischen weiß, dass ich ihn denken höre, er aber leider dasselbe Kunststück mit mir noch nicht zuwege bringt, müssen meine Augen ihm erzählen, was ich nicht aufzuschreiben oder zu sagen vermag. Also springe ich an ihm hoch und stütze mich mit den Vorderbeinen an seiner schusssicheren Weste ab, mit einer Pfote auf dem Schriftzug POLIZEI und mit der anderen auf dem Wappen der Hundeführer, auf das er so stolz ist. Wir sind fast auf Augenhöhe.

So, mein Freund, schau mich an – wofür stehen wir, was machen wir hier?, versuche ich ihm in die Augen zu lasern. Der Weg hierher war lang und schwierig, ja fast unmöglich, und das soll's jetzt gewesen sein, weil du dich nicht beherrschen kannst?! Tu es nicht!

Seine blaugrauen Augen scheinen mir zu brechen, doch langsam weicht der Jähzorn aus seinem Blick. Eine dicke Träne läuft ihm über die linke Wange, bevor sie langsam in seinem Bart versickert. An der Stelle wird es wohl ein paar graue Haare mehr geben, denke ich und lecke ihm quer über das Gesicht. Er kann das nicht leiden, ich weiß das. Aber es sorgt mit Garantie für einen Stimmungswechsel, das weiß ich auch.

Planmäßig motzt er mich an: »Lass den Scheiß, Dicker, du stinkst aus dem Maul!« Ich stoße mich ab und ihn dabei nach hinten. Er muss einen Ausfallschritt machen, sagt: »Danke«, und ich überlege einen Augenblick, wie er das meint.

Dann drehe ich mich um und fange an, ihn Schritt für Schritt an unserer Nabelschnur hinter mir herzuziehen. Wie ein störrisches Kind folgt er mir widerwillig die Treppe hinunter, bis wir gemeinsam durch die große Flügeltür in den Hof und die klare Nacht hinaustreten.

Beide atmen wir tief durch und schauen in die Runde. Da stehen sie nun alle an ihren erleuchteten und geöffneten Fenstern. Damit sie auch ja alles sehen und hören können. Jetzt, wo es nicht mehr drauf ankommt. Wo wart ihr Leute, als die Kleine euch gebraucht hat? Heute und die vielen Male davor? Sie waren da, schätze ich, aber hinter den Gardinen.

Meinem Bengel geht wohl Ähnliches durch den Kopf, denn er brüllt in die Runde: »Was is' los, gibt's nichts im Fernsehen?!« Wie in Berlin nicht anders zu erwarten, pöbelt mindestens die Hälfte der Gaffer frech zurück.

Ich schüttel mich, recke den Kopf in Richtung schwarzverdecktem Mond und setze an zu meinem schönsten Wolfsgeheul. Eine Ansage, ein Aufruf, ein kurzer Abgesang und auch ein Klagelied. Für eine kleine, geschundene Seele. Die Fenster schließen sich, mein Junge lächelt zu mir herab, und aus der Nacht stimmen ein gutes Dutzend der unterschiedlichsten Hundestimmen mit ein.

Gorleben

Ja, wir waren dabei, und nein, wir schämen uns nicht dafür. Warum auch? Wir bereuen es kein bisschen. Ihr stellt Regeln auf, nur um sie anschließend zu verletzen. Ihr solltet euch schämen. Was ist eure vielgepriesene Demokratie denn wert, wenn ihr meint, euch darüber hinwegsetzen zu können, wann immer es euch in den Kram passt. Wie klein oder groß darf oder muss eine Minderheit sein, damit sie sich über die Mehrheit erheben darf? Und mit welchen Mitteln?! Erklärt es mir, ich möchte es verstehen.

In unserer jahrtausendealten Geschichte haben wir niemals die Natur zerstört oder auch nur beleidigt wie ihr in den letzten hundert Jahren. Wir haben immer das Wohl der Welpen als oberste Priorität gesehen. Wir haben aber auch immer unseresgleichen respektiert. Einigt euch. Findet einen Weg! Viel Zeit bleibt euch nicht.

Die Felder brennen. Hoch lodern die Flammen, und der Nachthimmel verdunkelt sich in schwarzem Rauch. Eine wahrlich apokalyptische Szenerie. Genau so wird euer letzter Tag aussehen, so stelle ich ihn mir vor. Auf der einen Seite weinende, verletzte Menschen, auf der anderen die schwarzvermummten, hasserfüllten. Und mittendrin wir. Der ganze Zug ist angetreten. Dreißig Menschen, dreißig Hunde. In voller Montur! Wir sollen als letzte Instanz verhindern, dass die Chaoten noch mehr in Brand setzen. Wir sollen die Linie halten. Eine Szenerie wie im Krieg.

Wofür wird hier gekämpft, wofür treten diese Verrückten ein? Für Umweltschutz und Frieden? Mit Feuer und Gewalt?! Am Feldrand steht eine junge Frau mit Tränen im Gesicht und beiden Händen schützend auf ihrem kugelrunden Bauch. Sie sieht ihr Land in Flammen aufgehen. Wir kennen sie. Wir wissen, wer sie ist. Denn sie hat uns gestern Nachmittag zum Kaffee eingeladen. Zu Kaffee und Kuchen. Ja, sogar zu Hundekuchen. Auf der Dorfstraße waren wir alleine unterwegs, als sie uns ansprach.

»Jungs, wollt ihr einen *Kaffe* mit uns trinken«, hat sie gefragt, als wir an der Ampel vor ihrem Hof zum Stehen kamen.

»Das dürfen wir nicht annehmen ...«, hat Tommy zu ihr gesagt. Und grinsend hinzugefügt: »Das dürfen wir doch nicht annehmen, dass das alles ist. Gibt's keinen Kuchen?«

Laut und herzlich hat sie da gelacht, die Heike. Achtundzwanzig Jahre, strohblond, mit Sommersprossen und stämmig. Wunderschön und bodenständig. Und schwanger. Im achten Monat, wie sie erzählt hat. »Es gibt sogar Hundekuchen, bringt eure Süßen ruhig mit rein, Rasmus wird sich sicher freuen über ein bisschen Abwechslung.«

Eine Minute später stand unser Wagen, versteckt vor missgünstigen Blicken, auf ihrem Hof, und unsere beiden Jungs saßen mit einer Großfamilie am Kaffeetisch. Ich kaute tatsächlich an einem trockenen Stück Hundekuchen, und Bosko versuchte herauszufinden, ob Rasmus, der Hofhund, nur alt war oder aber eine total liebe Fehlbesetzung für seinen Job.

»Wir wollen, dass ihr wisst, dass wir euch nicht hassen. Ihr seid genauso wenig freiwillig in diesem Wahnsinn hier wie wir«, sagte sie mit einem Lächeln in meine Richtung, und mir war klar, dass sie die Matriarchin ist. Mit knapp dreißig das Oberhaupt einer Familie, die wohl schon seit vielen Generationen hier dieses Land bestellt. »Wir sind nämlich nicht die, die Schienen ansägen oder Gleisbetten aushöhlen und unschuldige Menschen gefährden.

Doch ich möchte auch, dass ihr uns versteht. Ich habe immer häufiger denselben immer wiederkehrenden Alptraum. Ich wache nachts schweißgebadet auf, weil ich geträumt hab, dass mein Kind missgebildet ist. Sie legen mir den Säugling in die Arme, und er sieht aus wie ein Ding statt wie ein Mensch! Versteht ihr? Wir haben einfach Angst. Warum schaffen sie den Mist nicht einfach raus ins All oder meinetwegen irgendwo in die Pampa, wo keine Menschen sind!«

Man sollte meinen, dass wir spätestens jetzt bereut hätten, die Einladung angenommen zu haben. Aber weit gefehlt. Tommy hatte immer noch Freude an dem selbstgemachten Käsekuchen, Bosko an Rasmus, und mein Großer und ich, wir hören einfach gern den Menschen zu. Wie willst du sie jemals auch nur annähernd verstehen, wenn du ihnen nicht zuhörst?! Du kannst unseren Job machen, so wie er gedacht ist. Du kannst ihn aber auch nutzen als Reisender zwischen den Welten. Auf der Suche nach Momenten wie diesem. Die deinen Horizont erweitern und dein Herz. Die dich stärker machen und trotzdem empfindlicher. Auf dass du jenen, die nach dir kommen, etwas weiterzugeben hast, was wichtiger ist als Geld.

Am Ende bat mein Großer darum, einmal sein Ohr auf ihren Bauch legen und sie zum Abschied in den Arm nehmen zu dürfen. Und als er sich von seinen morschen Knien wieder träge hochgerappelt hatte, sagte er: »Der ist ganz sicher nicht missgebildet, sondern wird stark und schön wie seine Mama.« Das stolze Glänzen in den Augen dieser kleinen, untersetzten Bäuerin würden wir aus Gorleben mit uns nach Hause nehmen.

Aber auch das Bild, wie sie jetzt dort steht, am Rande ihres brennenden Feldes, und weint.

Ihr Mann ist bei ihr und hält sie schützend in seinem Arm. Selbst der Großvater steht mit versteinerten Gesichtszügen, langsam den Kopf schüttelnd, inmitten der Rauchschwaden, die Hände zwischen den Hosenträgern bis zu den Ellenbogen in seiner abgewetzten blauen Latzhose vergraben.

Mein Junge und ich stecken in Helm und Beißkorb direkt vor einer Welle schwarzvermummter Gestalten und stellen uns die Frage, wer hier eigentlich die größten Idioten sind: jene, die Atommüll bei Familien deponieren, oder jene, die fremdes Land in Brand stecken, oder – vielleicht wir!

Die Urkunde

Heute bekam er ein Stück Papier. Es muss sehr wichtig sein. Es muss ihm enorm wichtig sein. Er wollte es sogar an die Wand hängen, aber seine Rothaarige war dagegen. Er hat mir vorgelesen, was darauf stand. Nämlich dass er und ich fortan ein Team sind. Als wären wir das nicht schon seit unserer ersten Minute! Unser beider Namen stehen dort, hat er gesagt. Und dass ich jetzt eine eigene Nummer habe. Er wird sich diese Nummer mit Farbe unter die Haut stechen lassen, hat er angekündigt. Denn er glaubt, dass ich der einzige Polizist bin, der selbst seine Leiche noch verteidigen würde.

Er ist sentimental. Aber süß. Und ehrlich. Er wird das machen, fürchte ich. Seine Rothaarige wird darüber schimpfen. Dann stand da noch eine Zahl. Diese Zahl soll ausdrücken, wie gut wir sind, im Vergleich zu anderen. Was für ein Unsinn! Die Menschen! Außerdem hat er mir erklärt, dass ich umsonst zum Tierarzt darf, solange ich aktiv bin. Was er genau mit »aktiv« meint, habe ich aber nicht verstanden. Eine »Zulage« bekomme ich auch. Oder besser, er. Es reicht mal eben knapp für das Spezialfutter, das ich brauche, weil ich Nierenprobleme habe, sagt er.

Das war übrigens die allererste Prüfung für ihn. Sie haben ihn gefragt, ob er mich haben will, obwohl ich dieses Problem wahrscheinlich mein Leben lang mit mir herumtragen werde. Keine Sekunde hat er gezögert und diesen Test sauber bestanden. Doch er meckert trotzdem manchmal und nennt mein Futter »Goldstaub«. Aber er gönnt mir jeden Bissen. Das fühle ich, wenn er mich füttert. Oder wenn er zärtlich mein Fell streichelt, das in der Sonne glänzt und nur deshalb so gesund ist und duftet, weil er mir das beste Fressen gibt, das er ausfindig machen konnte. Ich denke, er ernährt sich ungesünder als mich. Aber daran arbeiten wir noch.

Auf jeden Fall ist dieses vergängliche Stück Papier ganz schrecklich wichtig für ihn. So wichtig, dass er geheult hat, als wir endlich alleine waren. Der große Junge! In einem kleinen Raum saßen wir uns gegenüber, blickten uns in die Augen, und er hat sich bei mir bedankt. Bedankt für mein Vertrauen, die Ausdauer und meinen Mut, der allein es möglich gemacht hat, dass wir einen Lehrgang bestanden haben, von dem die Ausbilder sagten, dass es nur einen einzigen bei der gesamten Polizei gebe, der noch anstrengender sei.

Er nahm meinen Kopf in beide Hände und flüsterte: »Du bist mir in den Hubschrauber gefolgt, aufs Boot, ins Wasser, in die Dunkelheit, über Mauern und Dächer, hast dich tapfer mit mir allen unglaublichen Herausforderungen gestellt, die sie uns abverlangt haben. Und dafür, mein Freund, gebe ich dir mein Wort, dass auch ich dich niemals im Stich lassen werde. Ich kann dir nicht garantieren, dass wir aus jedem Einsatz heil herauskommen werden. Aber ich verspreche, dass ich eine der Regeln niemals befolgen werde. Sie wollen, dass ich dich auch alleine schicke. Daran werden wir uns nicht halten. Ich bin immer in deiner Nähe. Und du wirst niemals länger als ein paar Sekunden ohne mich kämpfen müssen. Wenn es uns erwischt, dann beide!«

Dann gab er mir einen Kuss auf meine feuchte Nase, was

er interessanterweise überhaupt nicht eklig zu finden schien, wischte sich die Tränen weg, und wir verließen gemeinsam diesen kleinen Raum in eine Zeit und Welt, die für uns beide so schwierig und trotzdem wundervoll werden sollten.

Er ist so ahnungslos und naiv, dass er ein Stück Papier für wichtig und unseren Job für meinen Auftrag hält.

Am heutigen Tage habe ich ihn einfach nur noch etwas mehr an mich gebunden. Und auch formbar gemacht. Ich hoffe, er ist den Aufwand wert!

Hussein kommt

Barack Hussein Obama gibt sich die Ehre, und alles ist im totalen Ausnahmezustand! Gullydeckel werden zugeschweißt, Mülleimer versiegelt, Jungfrauen verkorkt, und Turbanträgern wird untern Rock gefasst. Boden- und Luftüberwachung steht lückenlos, und auf den umliegenden Dächern lümmeln Scharfschützen herum. Das hochtechnisierte Deutschland fährt ganz großen Bahnhof auf. Reicht den Amis aber nicht. Sie haben ihren eigenen Hofstaat plus Sicherheitsmaschinerie mit eingeflogen. Sicher ist sicher. Hey, und ich könnt schwören, ich hab eben 'nen FBI-Diensthund mit schwarzer Oakley-Sonnenbrille gesehen! Wird 'n Sprengstoffexperte sein, schätz ich. Ich hab mal zu ihm rübergebellt, aber der Typ hat mich nich' mal eines Blickes gewürdigt.

Unsere eigenen vierbeinigen Bombenfreaks sind schon einmal komplett durch, aber jetzt schickt die Supermacht ihre importierten Belgier noch mal in den Bereich. Einer hat 'ne volle Babywindel gefunden. Glückwunsch! Die haben wir natürlich liegen gelassen. Aber stimmt schon: Is' ja schließlich auch irgendwie 'ne Bombe. Oder zumindest 'ne Tretmine. Wir sind hinter dem Schloss Charlottenburg und sollen dort im dazugehörigen, normalerweise öffentlich zugänglichen Park verhindern, dass Kommandoeinheiten mit Vollbart oder Berliner Hausfrauen mit Kittelschürze den schokobraunen Schlaks beim Dinner stören.

Man hat diese historische Kulisse erwählt, weil 'ne Menge

Hofschranzen und noch mehr geltungssüchtige Wichtigtuer aus unseren Breitengraden stilecht dort hineinpassen, schätze ich. Ist ja schließlich für so etwas gebaut worden, die Hütte. Außerdem hat's tatsächlich so ein bisschen Disney-Flair. Fühlen sich die Amis bestimmt sauwohl. Genau wie Tausende Touristen, die hier sonst durch die »total authentischen« Flure geschleust werden. Es verschandeln zwar diverse Baugerüste, liebevoll drapiert und zugehängt, ein wenig den Gesamteindruck, aber ansonsten sieht die ganze Anlage aus wie geleckt.

Und jeder ist wichtig. Jeder hat 'nen Knopf im Ohr und macht einen auf Geheimagent, sogar mein Jonas. Clint Eastwood hat mit dem Ding viel cooler ausgesehen, würd ich ihm am liebsten sagen. Stattdessen hebe ich erst einmal mein Bein an einer wahrscheinlich mit Nagelschere gestutzten kugelrunden botanischen Kostbarkeit. Ist genauso aussagekräftig, wenn nicht noch mehr. Sie merken schon, ich bin ein wenig auf Krawall gebürstet. Aber ich beruhige mich schon wieder. Eigentlich könnte ich nämlich jetzt zu Hause sein und durch den Zaun mit meinen beiden Nachbarinnen flirten, statt hier Überstunden zu schieben. Zwei Airedaleterrier-Damen, die gerade aus ihrem Urlaub zurück sind. Yasmin und Rübe. Rassige Weiber, sag ich euch.

Aber nein, Mister »No We Can't« fliegt ein, und alles bricht in Hysterie aus. Und Hysterie ist wörtlich gemeint! Vorn, an den Absperrungen, stehen haufenweise Groupies, die 'nen Eisprung kriegen, nur weil 'ne schwarze Riesenlimousine an ihnen vorbeigleitet. Völlig wurscht, wer drinsitzt. Vielleicht war's ja wieder mal Hape Kerkeling, diesmal mit Schuhcreme im Gesicht. Hoffentlich nicht! Sonst fliegen wir Sicherheitsfuzzis hier alle um die Lampe. Und zwar mit Schallgeschwindigkeit!

Aber ich denke, heute ist so etwas annähernd ausgeschlossen. Gibt einfach zu viele Kontrolleure, die Kontrolleure kontrollieren. Man könnte auch sagen: Wichtigtuer. Klingt aber nicht so hübsch wie der vorletzte Satz. Totaler Zungenbrecher, oder?! Fast wie Fischers Flitsche! Los, dreimal hintereinander, so schnell ihr könnt!

Verzeihung. Bin nicht ganz bei der Sache. Aber ich hab 'ne Entschuldigung. Na ja, vielleicht ist's auch nur 'ne Ausrede. Die brauchen uns beide hier nämlich gar nicht. Teddy und Jonas verteidigen heldenhaft den Schlosspark, toll, was!? Genau wie gefühlte dreitausend weitere Securitys mit zwei und vier Beinen. Und überhaupt, ich finde, Yasmin und 'n kühles Schwarzbier sind 'ne echte Alternative zum amerikanischen Präsidenten. Zumal wir den Sonnyboy wahrscheinlich sowieso nicht zu Gesicht kriegen.

Das Einzige, was uns jetzt noch fehlt, ist irgendein Klugscheißer, der uns mit konstruktiver Kritik oder Maßregelung segnet, weil ihm etwas auf- oder eingefallen ist, was bisher allen anderen entging. Und richtig, wie der Misthaufen die Fliege ziehen wir genauso einen Vogel wieder einmal magisch an!

Der Ehrlichkeit halber muss man allerdings gestehen, dass das nun folgende »Problem«, wie so oft, ein selbstgemachtes ist. Denn mein Bengel hat, in exakt der gleichen Grundstimmung wie ich und wahrscheinlich in der ehrenhaften Absicht, mit diesem Tag doch noch etwas Sinnvolles anzufangen, vor knapp zwei Minuten damit begonnen, mich zu kämmen. Zu diesem Zweck hat er salopp den Metallkamm aus seiner rechten Beintasche gezogen, kurz gegrinst und angefangen, mich zu verwöhnen. Hmmmm …

Nicht mal zwei Minuten hat die Idylle gehalten, bis der erste Würdenträger diesen Fauxpas bemerkt und auf uns herniederstößt wie ein Falke auf das großäugige Häschen. Aus dem nun folgenden Dialog halte ich mich besser komplett raus. Es riecht nämlich mal wieder extrem stark nach Karriereknick.

»Sind Sie wahnsinnig?! Was machen Sie denn da, wenn ich fragen darf?«

»Nach was sieht's denn aus?«

»Hören Sie, ich bin XYZ von der Dienststelle Hastenichtgesehen und Ihnen gegenüber klar weisungsbefugt. Vor allem aber bin ich nicht gewillt, mir von Ihnen irgendwelche Frechheiten anzuhören!«

»Sehen Sie, da haben wir zwei wenigstens eine Gemeinsamkeit. Machen Sie Ihren Job. Ich mach meinen. Tschüs, schönen Tag noch.«

»Tschüs, schönen Tag noch?!«

»Genau. Im Sinne von: Machen Sie's gut, bleiben Sie gesund, grüßen Sie Ihre Frau und meine Kinder. *Arrivederci* halt.«

»Ich sag Ihnen was, Witzbold, es kostet mich einen Telefonanruf, und Sie sind bis auf weiteres vom Dienst suspendiert!«

»Suspendiert?«

»Suspendiert!«

»So richtig suspendiert, mit Nach-Hause-Gehen und so?«

»Darauf können Sie Gift nehmen!«

»Haben Sie selbst 'n Handy, oder wollen Sie meins haben?«

Spätestens jetzt verengen sich die Augen unseres Gegenübers zu schmalen Sehschlitzen, und er fängt an, mit versteinerter Miene in seine linke Hand zu sprechen.

»Was wird das denn jetzt, bestellen Sie sich 'ne Pizza? Ich hätt gern auch eine. 'ne Margherita, aber ohne Käse, dafür mit viel Shrimps bitte, geht das?«

»Sie sind gleich Ihren Job los.«

»Glaub ich nich'. Und selbst wenn, könnt ich ja immer noch bei Ihrer Truppe anheuern.«

»Hier wird gleich der wichtigste Mann der Welt erwartet, und Sie misten in aller Ruhe Ihre Flohfalle aus, das kann doch wohl nicht Ihr Ernst sein!«

»Ernst wird es, wenn Sie den Polizisten an meiner Seite noch mal Flohfalle nennen! Und ›gleich‹ ist in frühestens fünf Stunden! Also entspannen Sie sich, Sie werden heut nicht mehr befördert.«

»Nein. Aber Sie vielleicht gefeuert!«

»Haha. Apropos, wo bleibt die Pizza?«

»Augenblick noch.«

Mich weiterhin kämmend, allerdings wohl auch mit dem Hauch einer Ahnung, dass er sich mit dem Falschen angelegt haben könnte, kniet mein Großmaul trotzig neben mir und erwartet die Breitseite, die gleich kommt. Hoffentlich wird's kein Tsunami.

Zu unserer Überraschung erscheint eine streng frisierte Mittvierzigerin im dunkelblauen Hosenanzug, ebenfalls mit Knopf im Ohr und wunderschönen hellgrünen Augen. Chefin! Weil wir auf fast alles gefasst waren, inklusive Angela Merkel, allerdings nicht mit Catwoman gerechnet hatten, sind wir verdattert und still. Und das ist auch gut, denn so liegt der Eröffnungszug nicht bei uns.

Da ich inzwischen frisch frisiert bin und mein Fell glänzt, als ob hier 'n Werbespot für Hundefutter gedreht würde, lass ich trotzdem erst noch einmal meinen ganzen Charme spielen. Betont langsam schüttele ich mein veilchenfrisches Zauberfell in der Mittagssonne, darauf bedacht, meine Wirkung nicht zu verfehlen. *14:00 Uhr, Berlin, die Frisur sitzt!/ Ich hab die Haare schön!/ Baby, komm, lass uns Welpen machen!* Und was macht sie? Sie lächelt! Catwoman steht auf Hunde, wer hätte das gedacht?! Bingo!

Obwohl mein Trotzkopf mich leise »Schleimer« nennt und weder Dankbarkeit noch Einsicht dafür an den Tag legt, dass er wieder mal erlebt, wie ich rausreiß, was er verbockt hat, tu ich so, als wär er mein Boss, und setz mich kalenderblattmäßig an seine linke Seite.

»Sie haben da aber ein prachtvolles Tier«, sagt das Alphaweibchen, und unserem Sparringspartner entgleisen die Gesichtszüge. Als ob das noch nicht reichen würde, scheißt sie ihren Kollegen auch noch vor unseren Augen und Ohren zusammen: »Und dafür hast du mich jetzt hierhergerufen, Tobi?! Ich habe wirklich Wichtigeres zu tun!«

Geht runter wie Öl, gebe ich zu. Jetzt bin ich aber mal gespannt, ob mein Knaller wenigstens ein fairer Gewinner ist. Denn so lieb ich ihn hab, er ist leider auch für unangenehme Überraschungen gut. Und als hätte ich's geahnt: Er tritt nach. Zu tief sitzt der Stachel des Underdogs in seinem Fleisch. Der Straßenjunge, der Obrigkeit, Autorität und auch ein Stück weit sich selbst verachtet, wird wohl niemals ganz dazugehören, fürchte ich.

»Genau, nehmen Sie Ihren aufgeblasenen Wichtigtuer und kümmern Sie sich um was Wichtiges«, höre ich ihn sagen, und in mir bricht eine Welt zusammen. So viel Zeit und Mühe hast du mich schon gekostet, du dummes Menschenkind, und doch gibt es immer noch Momente wie diesen, wo ich dir am liebsten selber in den Hintern beißen würde. Wer nicht erkennt, wann er gewonnen hat, Sympathien leichtfertig ausschlägt und die Größe missen lässt, Gegnern, die am Boden liegen, die Hand zu reichen, der hat was zwischen die Hörner verdient. Exakt das kriegt er jetzt, und nicht zu knapp!

Der Kopf der Frau fliegt herum, und ihre grünen Augen blitzen auf. Schön und gefährlich!

»Wie war das?«, fragt sie scharf. Doch anstatt die letzte Ausfahrt zu nehmen, stellt mein Trottel klar: »Sie haben mich schon verstanden.«

Allerdings hat sie verstanden. Wie jeder gute Führungsoffizier stellt sie sich gleich in zweifacher Hinsicht vor ihren Mann und beweist damit eindrucksvoll ihre Klasse. Sie macht drei Schritte auf uns zu, was mutig ist, denn immerhin sind vierzig Kilo Schutzhund auf der Szene, und fordert unmissverständlich ein: »Ich möchte, dass Sie sich sofort bei meinem Mitarbeiter entschuldigen. Sofort!« Und mit untrüglichem weiblichem Instinkt, gepaart mit der Präzision eines erfahrenen Kriegers, fügt sie hinzu: »Damit wir uns richtig verstehen: Das war keine Bitte! Es kostet mich nämlich tatsächlich nicht viel mehr als ein paar Anrufe, und Sie sind Ihren Diensthund los. Haben Sie das verstanden? Wir hören!«

Mein Großer neigt leicht den Kopf zur Seite, und über seine Augen huscht ein Lächeln. Er hat ihr Parfüm erkannt. Wenn er ihr das jetzt sagt oder irgendeinen anderen respektlosen Blödsinn, kriegen wir Probleme, das spüre ich deutlich. Ich denke, mein Junge auch. Vielleicht auch nicht. Was weiß ich. Manchmal macht er mich schier wahnsinnig!

Ob nun aus Einsicht oder aus einem anderen Grund, sagt er: »Es tut mir leid«, und ich bin erleichtert. Sehr erleichtert. Der Typ hinter ihr schiebt sich ein Kaugummiplättchen in den Mund und zwinkert mit seinem linken Auge in unsere Richtung. Na, hoffentlich ist sie in deiner Nähe, wenn's mal richtig eng wird, du Affe, denke ich. Und erschrecke im nächsten Moment, denn ich spüre ihre Hand auf meinem Fell. Einfach so, ohne Ankündigung. Als wäre ein Vogel sanft und schwerelos gelandet.

»Das war sehr schlau von deinem Herrchen«, flüstert sie. Dabei schaut sie allerdings meinem Jungen in die Augen. Der hat sich nicht im Griff. Ich hätte drauf wetten können!

»Cabochard, richtig?«, und ihre Augen blitzen noch einmal kurz auf.

»Richtig.«

Dann dreht sie sich auf spitzer Hacke um und zwingt die Streithähne, sich kurz die Hand zu geben, um danach einfach zu gehen. Ohne ein Wort.

Hussein haben wir an diesem Tag nicht mehr zu Gesicht bekommen. Macht aber nichts.

Denn ein unvergesslicher Mensch pro Tag reicht uns völlig!

Jim Beam Honey

Er liegt im Garten auf dem Bauch auf dem feuchten Rasen, und alles, was vorbeikommt, wird angepöbelt. Jeder! Den wunderschönen Schmetterling, der es gewagt hatte, neben ihm zu landen, hat er »Angeber« genannt. Ob nun beleidigt oder nur vom schlechten Atem angewidert, schwupp, war der Falter wieder weg.

Ein Erkundungstrupp Ameisen hatte noch viel weniger Glück: »Na, ihr Spießer? Ja, so is' fein. Bloß keiner außer Reihe tanzen. Ihr wärt klasse Plozisten! Auch so zum Demonstranten wegtragen – oder innen Arsch kriechen. Genau! Hehe, das wär doch mal was: Wolfjang Tiiiese von Plozeiaameisen vonne Straße getragen un' rektal intrudiert! Das wär 'ne Schlagzeile. Ergebnis: Mehr Hirn im Hintern als im Kopf, hehehehee … Also ab, los, ihr seid hier bei mir falsch. Ab zur Exee…, zur Exeee… Scheiße, zur Plozei eben. Bei drei seid ihr hier verschwunden, oder ich schnipp euch den Gruppenführer weg! Drei! Flupp, un' schon bricht Panik aus, typisch …«

Wenn er so betrunken ist, dass er nicht einmal mehr »Exekutive« aussprechen kann, ist das zwar bedenklich, aber nicht wirklich besorgniserregend. Denn erstens, wer schon liegt, der kann nicht mehr umfallen, und zweitens liege ich keinen Meter von ihm entfernt und pass auf ihn auf. Allerdings auf den hellen, trockenen Terrassensteinen, die langsam von der aufgehenden Morgensonne angewärmt werden, denn ich bin ja nicht blöd.

Das Kinn auf dem rechten Handrücken abgelegt, neben ihm ein leeres Whiskyglas samt Flasche, schiebt sich der nächste Aspirant gemächlich langsam in sein Sichtfeld. Eine Schnecke parkt im Zeitlupentempo direkt vor seiner Nase, beäugt ihn argwöhnisch mit ihren Stielaugen und zwingt ihn zum Schielen.

»Na, du hast mir gerade noch gefehlt. Schleimer. Los, geh weiter, hier gibt's nichts zu sehen! Los, verpiss dich! Oder es gibt einen Verbringungsgewahrsam, direkt in die Bratpfanne! Glaubst du nich'?! Pass ma' auf, mein Guter: Hab schon Mijonen von euch verputzt. Mijonen! Weinbergschnecken in Weißweinsoße, Weinbergschnecken in Knoblauch, hau bloß ab, solange du noch kannst! Guck nich' so frech, du spinnst wohl?! Keinen Respekt vor der Exee…, vor der Plozei, typisch! Und überhaupt, was bist'n du für einer?! Lass mich raten … Wohnmobil dabei, scheißlangsam … Ich hab's, du bist 'n Holländer! Einer von diesen Spaddels, die nie im Stau stehen, weil sie immer vorneweg fahren, richtig?! Ha, heute is' nich' dein Tag, mein Freund! Mach dich vom Acker, oder ich knöpf mir dein Wohnmobil vor, bis ich was finde. Und ich find was, Kumpel, kannste glauben. Egal, ob Profiltiefe der Scheißreifen oder abgelaufene TÜV-Plakette von der Gasheizung, hau ab, solange du noch kannst! Is' doch 'n faires Angebot, oder etwa nich'?! Ich will hier einfach nur meine Ruhe haben. Is' doch nich' zu viel verlangt, oder?«

Ob die Schnecke ihn nun verstanden hat oder auch nicht, auf jeden Fall robbt sie weiter und beweist damit weit mehr Verständnis, als mein alkoholschwangeres Sorgenkind zurzeit in der Lage ist aufzubringen. Es ist halb acht Uhr morgens, und ich fang an, mir Gedanken darüber zu machen, wie ich ihn ins Bett kriege, als auf einmal die Air Force erscheint. Drei Hornissen, so groß wie fliegende Meerschweinchen, umkreisen plötzlich seinen Kopf.

»Leute, was wollt ihr, ich geb auf! Ihr habt Asyl auf meinem Grundstück, weil die Nachbarn euch alle hassen, was wollt ihr noch?! Ihr habt ein Nest im Kajak und eins unterm Dachgiebel, verdammt, ihr solltet mich beschützen, statt mich zu bedrohen, was soll der Aufriss?! Ich mach jetzt meine Augen zu, und wenn ich sie wieder öffne, gehört die Lufthoheit alleine wieder mir. Wenn nich', fliegt ihr hier alle raus! Alle! Darauf könnt ihr euch verlassen!«

Dann schließt er seine Augen und schläft mir für eine Viertelstunde einfach ein. Ich bin da, mein Freund, ich bin bei dir, möchte ich ihm am liebsten sagen, aber es reicht, wenn ich über seine Pause wache. Er liegt da, eigentlich recht friedlich, doch selbst im Schlaf sind die Falten auf seiner Stirn nicht ganz verschwunden.

Ich glaube nicht, dass seine Träume schön sind, deshalb weck ich ihn mit einem dicken Zungenschmatzer quer übers ganze Gesicht wieder auf.

»Was soll der Scheiß, pfui Teufel, vielen Dank auch. Mach dich lieber mal nützlich, du Kackmaschine, und hol mir noch 'ne Flasche von dem Pussywhisky, statt mich hier vollzusabbern. Hey, Whisky mit Honig, was für eine grandiose Idee, Digger, oder?! Weißt du, Schnuggel, wie wir früher so was genannt haben? Ich werd nie vergessen, wie mich Harald Ebsen gebeten hat, so etwas Ähnliches, ich glaube Baileys, vor einer Seefahrt außerhalb der Zollgrenzen für die Bestellliste zu buchstabieren. DELTA, OSCAR, SIERRA, ECHO, NOVEMBER …, und dann gab's 'ne Kopfnuss. Ach, war das schön! War das schön …

In dieser Stimmung möchte ich ihn halten. Bis ihn der Schlaf endgültig besiegt. Denn ich weiß, er wird im Traum in See stechen und die Freunde wiedertreffen. Jene Männer, denen er vertraut hat und die ihm heutzutage so sehr fehlen. Holger Bargsen, Rainer Dainhard, Martin Werner und all die anderen Weggefährten, denen Freundschaft mehr wert war als Recht und Gesetz. Und Oberflächlichkeit. Aber noch liegt er im Garten.

»Weißt du, Digger, wie Madame den Honig nennt? Bienenkacke! Das musst du dir mal vorstellen, Bienenkacke! Hey, flüssiges, wertvolles, wunderbares Gold ist das, genau wie der Whisky, mit dem sie es zusammengebracht haben. Genial! Wer weiß, wann die Bienen unseren Planeten endgültig verlassen haben. Sie ham die Schnauze voll, genau wie ich. Doch bis dahin sollte man jeden einzelnen Schluck von diesem wunderbaren Zeug genießen. Jim Beam Honey! Der Stoff, aus dem die Träume sind! Die guten Träume! Häschen, komm, bring mich ins Bett, ich red nur noch Scheiße ...«

Mühsam schaffen wir gemeinsam die Stufen zum Schlafzimmer im oberen Stockwerk. Die Schuhe liegen irgendwo verstreut im Haus. Er ist barfuß, und seine Fußsohlen sind schwarz wie die Schatten auf seiner Seele. Doch er hat mich! Ich bin der Schlüssel, der Weg, sein Hoffnungsschimmer am Horizont. Und deshalb bitte ich euch: Geht nicht zu hart mit meinem Jungen ins Gericht.

Denn wir sind heute Nacht wieder einmal zu spät gekommen.

Die Tochter des Hooligans

Feinde werden nicht geboren, sie werden dazu gemacht. Der Hass der Menschen ist etwas Einmaliges. Kein anderes Tier hasst, quält und tötet so sinnfrei wie der geschickt rasierte Affe, der sich Mensch nennt. Sicher, die Katze spielt die Maus tot und der Orca seinen Seehund. Aber bei denen steckt mehr dahinter als Langeweile oder Frustration. Beim Menschen oftmals nicht. Diesen Teufelskreis gilt es zu durchbrechen, und sie kommen alleine offenbar nicht aus ihrer Sackgasse heraus.

Dabei ist es nicht schwierig. Es bedarf so manches Mal nur kleiner Schritte oder Gesten, die sie sich von jedem anderen Säugetier ganz einfach abschauen könnten. Aber sie wollen oder können nicht. Stattdessen versuchen ihre Wissenschaftler lieber zu ergründen, ob ich nun zweihundert oder zweihundertzwanzig Millionen Riechzellen in meiner Nase habe.

Aber heute ist ein guter Tag für eine einfache Lektion. Heute ist Fußball. So nennen sie es, wenn ein paar von ihnen einem Ball hinterherrennen und ganz viele andere schreiend und tobend dabei zusehen. Es herrscht eine Stimmung, wie es sie fast immer gibt, wenn Tausende von ihnen aufeinandertreffen. Der Geruch von Schweiß, Alkohol und ihren Hormonen liegt in der Luft. Letzteres sind die Botenstoffe, die sie ausschütten, wenn sie balzen oder sich an Dominanzverhalten versuchen. Meist lächerlich. Wir sind oft dabei. Denn die Schlimmsten von ihnen kommen, weil sie anderen weh tun möchten.

Daran sollen wir sie hindern. Ich frage mich, warum? Denn es gibt genug, die sich gegenseitig weh tun möchten. Sollen sie sich weh tun. Durch Schmerzen lernen sie, wenn überhaupt, meistens sowieso am besten.

Aber nein, irgendwer trifft immer wieder die schwachsinnige Entscheidung, dass völlig Unbeteiligte wie ich und mein Mensch dazwischengehen sollen, wenn sich Primaten untereinander verletzen, die zwar keinerlei Grund dafür haben, es aber dennoch alle wollen. Und das Schrägste daran ist: Hassen tun sie am Ende dafür gemeinsam uns. Uns! Das ergibt doch keinen Sinn, oder? Trotzdem gehen wir immer und immer wieder dazwischen und letztendlich auch noch aus eigener Verantwortung. Weil um jeden Preis verhindert werden muss, dass diejenigen verletzt werden, die wirklich wegen des Fußballspiels hier sind. Oft genug mit ihren Kindern, die Spaß haben wollen und sich freuen.

Schlimm ist aber nicht nur der Hass, den sie scheinbar unüberwindlich in sich tragen, woher er auch kommen mag, sondern dass sie ihn weitergeben an ihre Jungen.

Wir sind am Berliner Olympiastadion. Hier spielen heute die Blauen Ball gegen die Grünen. Oder die Gelben gegen die Roten. Oder was weiß ich. Auf jeden Fall stehen wir mit unseren Spezialfahrzeugen wieder einmal genau da, wo die Schlimmsten der Schlimmen auf ihrem Weg zum Ballspielplatz erwartet werden. Man hofft jedes Mal, dass ihnen die Lust vergeht, unfriedlich zu sein, wenn sie die Wölfe sehen. Manchmal klappt es, manchmal nicht. Viele von ihnen sind oftmals zu betrunken oder schlicht zu dumm, um zu begreifen, dass jemand wie ich in Sekunden töten kann, was eine Menschenmutter in neun Monaten unter Schmerzen austragen musste.

Die Sonne scheint. Es ist ein schöner Tag. Vorhin habe ich Polizeipferde gesehen. Die waren riesig! Es sind Fluchttiere. Ich bin ein Jäger. Trotzdem schienen sie ganz ruhig zu sein, als ich vor ihnen stand. Nur ihre großen, glänzenden Augen verrieten ihr Misstrauen. Es sind prachtvolle Tiere. Und sie haben an diesem Ort hier eigentlich genauso wenig zu suchen wie ich. Aber wir sind nun einmal hier. Aufgerüstet und bereit.

Gerade hat mein großer Junge seine komplette Schutzausrüstung angelegt. Ich spüre seine Angst. Er wird ruhig und nachdenklich, wenn er sich fürchtet. Und zärtlicher, wenn er mich streichelt. Ich schaue zu ihm hoch und möchte zu ihm sagen: Hey, wir machen das schon, als er sich zu mir herunterbeugt und leise flüstert: Hey, wir machen das schon!

Es ist diese Art der Kommunikation, die unser Verhältnis besonders macht. Gestern hat er mir ein Bild von einem alten Wolf gezeigt, das er von seinem Freund Dennis bekam. Darunter stand in kleinen, verschnörkelten Buchstaben der Satz: »Freundschaft ist eine Seele in zwei Körpern.« Wir sind auf einem guten Weg dorthin, denke ich. Jede Schwierigkeit bringt uns etwas näher zusammen.

Unvermittelt reißen mich die Vorankündigungen aus unserem Blickkontakt. Die Vögel hören für eine Sekunde auf zu singen, der Wind setzt kurz aus, und die Wölfe atmen alle einmal durch. Dann hören auch unsere Menschen sie. Es müssen viele sein. Ihre Stimmen und Schritte hallen im Gleichklang. Eine Geräuschkulisse, jahrtausendealt, und doch wird es sie wohl ewig geben. Sie marschieren. Sie biegen um die Ecke. Hunderte. Mehr, als wir erwartet haben.

»Helm auf«, wird über die Funkgeräte angewiesen. Ich weiß, dass mein Junge sich in seiner Schutzausrüstung kaum bewegen kann. Sie engt ihn ein und dient eigentlich nur dazu, ein paar mehr Schläge, Flaschenwürfe oder Steine abzuwehren, bevor er dann doch zusammenbricht. Ich weiß, er würde lieber kämpfend untergehen. Besonders die Weste, die ihm nach kurzer Zeit die schlimmen Rückenschmerzen macht, bewirkt, dass er sich kaum wehren kann, sondern nur etwas länger aushält. Sie macht ihn zum Prügelknaben und zum Opfer.

Das singen die kurzhaarigen Männer in ihren Turnschuhen und weiten Hosen auch, die gerade auf uns zukommen. Sie grölen: »OHNE HELME SEID IHR ALLE OPFER«!, und unsere zweibeinigen Jungs schau'n sich nur schweigend an. Die vierbeinigen Jungs knurren leise, fletschen schon die Zähne. Nur Rocco setzt an zu einem tiefen, kehligen Geheul, das eigentlich jedem normalen Menschen das Blut in den Adern gefrieren lässt.

Es ist fast wie ein Bild aus ferner Zeit. Als ob die Römer vor Karthago, mit Kriegshunden in ihren Reihen, trotz der furchterregenden Molosser jeden Moment überrannt werden. Weil sie es irgendwie auch nicht anders verdient haben. Tausende von Jahren liegen zwischen diesen Szenen, und der dumme Homo sapiens hat seither trotzdem nicht nennenswert dazugelernt.

Dann ist es so weit. Die Sommerglut spiegelt Trugbilder auf den glühenden Asphalt, und durch eine Wolke aus Staub, Hitze und Hass kommen die ersten Reihen direkt auf uns zu. Durchtrainiert und kampferfahren sehen sie aus. Die meisten gar nicht mal so jung. Ihre Gesichter sehen nicht halb so dumm aus, wie man eigentlich erwarten würde. Es sind keine arbeitslosen Zivilversager, verkrachte Existenzen, nein. Sie haben Banker, ja sogar Anwälte in ihren Reihen. Und das ist es, was eigentlich Angst machen sollte!

Keine fünfzig Meter mehr. Mein Junge überprüft noch einmal seine Schutzausrüstung, sein Funkgeschirr im Helm. Und den genauen Sitz meines stählernen Beißkorbes. Denn er möchte nicht, dass ich jemanden beiße. Er will es mir nicht zumuten. Und seinem Gegenüber auch nicht. Er kennt den Schmerz. Als ob ich nicht selber entscheiden könnte, was notwendig ist. Und als ob ich mit meinem schwarzen Beißkorb auf Kinn, Kehlkopf oder Solarplexus meines Gegenübers nicht ebenfalls verheerenden Schaden anrichten könnte!

Die ersten beiden Reihen kommen plötzlich schneller auf uns zu. Mein Junge zieht mit der rechten Hand sein Teleskop-Tonfa aus dem Holster und lässt es mit einer ruckartigen Bewegung zu kompletter Länge ausfahren. Nicht um auf die Angreifer einzuknüppeln, sondern nur, um mich zu beschützen. Ich schaue zu ihm auf, lege all meine Liebe in meinen Blick und höre ihn flüstern: »Gott, was für eine Scheiße!«

Und dann sehe ich sie auf einmal. Ich traue meinen Augen kaum. In der ersten Reihe ist ein kleines Mädchen! Ein kleines Menschenmädchen! Wie ein kleiner Engel geht sie an der Hand ihres Vaters. Wahrscheinlich ist er ihr Vater. Ich weiche instinktiv einen Meter zurück und setze mich. Mein Junge hat sie ebenfalls entdeckt, und ich höre ihn denken, während er hastig das Tonfa zusammenschiebt und in sein Gürtelholster steckt.

»Sind die zum Kämpfen gekommen und haben ihre Kinder mitgebracht? So wie wir es von den Kurdendemonstrationen gewohnt sind, wo manchmal sogar Kinderwagen vorneweg geschoben werden, damit wir kampflos niedergemacht oder angezündet werden können?! Das kann nicht sein.«

Nein, das kann wirklich nicht sein, denke auch ich. Denn so merkwürdig ihre Welt auch sein mag, sie haben so etwas wie einen Kodex. Zwar halten sich immer weniger von ihnen daran, aber nein, so etwas kann nicht sein! Aber was hat es dann zu bedeuten? Ist das ein völlig verantwortungsloser Vater? Oder wollen sie vielleicht gar keine Gewalt? Himmel, sie ist höchstens fünf Jahre alt! Inzwischen haben fast alle von uns das Kind entdeckt, und wir warten auf den erlösenden Funkspruch. Irgendwas wie: »Reihen öffnen!«; »Schneise bilden!«; »Passieren lassen!« Was auch immer. Aber er kommt nicht. Die Generäle sind halt selten in der ersten Reihe.

Gut, sie haben ihren A.C.A.B.-Scheiß auf den Bannern, Klamotten oder Oberarmen und, wie unsere zivilen Aufklärer melden, Pyros sowie Stich- und Schlagwaffen dabei und sich bis jetzt jeder Kontrolle entzogen, teilweise gewaltsam, aber verdammt, vielleicht ist wieder mal alles nur ein verfluchtes Missverständnis?! Vielleicht sind unsere Informationen falsch oder ihre Absichten nicht auf Angriff, sondern auf Verteidigung ausgelegt.

Hier muss jetzt jedenfalls etwas passieren, und zwar schnell. Sonst liest die Mutter dieses Kindes morgen etwas in der Zeitung über ihr kleines Mädchen, und alle Polizisten Deutschlands, die das Herz am rechten Fleck tragen, schämen sich wieder einmal. Aber *was* sollen wir tun? Es kommt kein Funkspruch! Stille im Funkgerät. Wir sind auf uns allein gestellt. Der Blick meines Jungen trifft meinen, und ich spüre seine Ratlosigkeit und Sorge. Also liegt es an mir, das Heft in die Pfote zu nehmen!

Auf ein kurzes Nicken nach oben stehe ich auf, laufe die zwei Meter lange Leine komplett aus und streife mir mit der linken Pfote den Beißkorb vom Kopf, von dem mein Junge glaubt, dass ich ihn alleine nicht herunterkriege, weil er mit zwei Karabinern gesichert ist. Da das für die Hools wie ein Angriff aussehen muss, was mir klar ist, lege ich mich auf den Rücken und nehme die Hasenpfötchenstellung ein, die ich zu Hause immer dann benutze, wenn ich von den Kindern meines Jungen gestreichelt werden will.

Und es funktioniert! Genau wie bei uns zu Hause sagt das kleine Mädchen, das mit seinem Vater kaum mehr fünf Meter vor uns steht: »Schau, Papa, wie süß!«, blickt zu ihm auf und beginnt heftig zu nicken. Diese wortlose Frage wird von ihrem Vater nach einem nachdenklichen Moment ebenfalls mit einem kurzen Nicken beantwortet. Er schaut sein Mädchen an, es liegt Liebe in seinem Blick, und er lässt sie gehen. Mein Gott, er lässt sie gehen!

»Sofort Helm ab«, ertönt es über Funk. Und dann: »Reihen öffnen, passieren lassen!«

Sie haben uns wieder einmal beleidigt und gedemütigt, mit ihren A.C.A.B.-Bannern und Sprechgesängen. Sie haben gewonnen. Aber hey, was für ein geringer Preis für ein unverletztes kleines Mädchen …

Von Wölfen und Raben

»In Berlin, da kannst du was erleben, in Brandenburg, da soll es wieder Wölfe geben!«

Diese Zeile aus dem »Brandenburg-Lied« von Rainald Grebe macht uns beiden begreiflicherweise enormen Spaß. Zumal es wirklich stimmt, was der lustige Mann da singt. Klar geht die Wirkung dieses ja eigentlich als Diffamierung für unsere Wahlheimat gedachten Songs bei uns komplett in die entgegengesetzte Richtung, aber wir finden diese Strophe, Aussage, Feststellung, Tatsache einfach wunderbar. Was für ein unglaubliches Kompliment für ein Land, wenn die Ahnen es für würdig halten, dorthin zurückzukehren! Wenn sie Hoffnung und Vertrauen in die Zukunft dieser Region und seine Menschen setzen. Ich finde es bezeichnend und sehr interessant, nein, Verzeihung, dekadent und überheblich, dass dieser schlichte Satz von vielen als Spott begriffen wird und nicht als Botschaft. Aber uns beiden gibt er Kraft und Zuversicht. Denn er bedeutet: Nichts ist verloren! Noch ist es nicht zu spät!

Ist euch klar, was das heißt? Sie kommen zurück und schauen nach euch. Sie haben euch nicht aufgegeben. Wir finden das beide sehr beeindruckend. Zumal es heute, genau wie in grauer Vorzeit, wieder Stimmen gibt, die sagen, man sollte sie alle einfach töten. Einen fundamentaleren Beweis dafür, dass manche Menschen seit Jahrhunderten überhaupt nichts dazugelernt haben, kann es doch eigentlich gar nicht geben, oder?! Mein Junge empfindet es als anrührend und zutiefst bewegend, dass die Wölfe uns noch einmal entgegenkommen, obwohl sie riskieren, erschossen zu werden. Wer macht so etwas, wer bringt sich freiwillig in so eine Gefahr? Ein Idealist, ein Idiot oder vielleicht eine überlegene Spezies? Beantwortet euch die Frage selbst. Denn ich werde euch keine Hilfestellung geben. Ich möchte, dass ihr darüber nachdenkt, mehr nicht. Es ist nicht meine Aufgabe, euch zu erklären, dass Wölfe keine Menschen fressen oder dass eine Region lebenswert ist, auch wenn keine dröhnende Musik der Spaßgesellschaft ihre Straßen erzittern lässt. Das haben ganz andere schon versucht. Tausende Male und dennoch vergeblich. Nein, ihr müsst selber darauf kommen. Ihr müsst es fühlen, und dann werdet ihr es auch verstehen.

Dass ihr das schafft, daran glaube ich fest, genau wie meine Brüder, die euch aus dem Wald heraus beobachten. Mein Junge war und ist noch immer in Gefahr. In vielerlei Hinsicht. Ihn davor zu bewahren, das ist meine Aufgabe! Er ist nur ein einziger Mensch, aber die Mühe ist es wert. So wie bei jedem von euch. Denn jeder Einzelne von euch, der sich geliebt und akzeptiert fühlt, kann ein Botschafter sein, weil er verstanden hat, was wirklich wichtig ist. Indem er ein Lied, ein Gedicht oder ein Buch schreibt. Oder auch nur einen einzigen Baum pflanzt. Es ist nicht immer eine bahnbrechende Erfindung notwendig, die eure Welt verbessern kann. Manchmal reicht es vielleicht aus, den richtigen Menschen im richtigen Moment in den Arm zu nehmen. Oder ihm die Hand zu reichen. Probiert es aus. Statt viel zu reden, kann es eine simple Geste sein, die für gegenseitiges Verständnis sorgt. Das ist die Sprache und die Welt der Wölfe. Zu simpel oder zu kompliziert für euch? Das weiß ich nicht genau. Aber dass sie tief in eurem Inneren steckt, das habe ich inzwischen verstanden. Denn mein menschliches Versuchs-kaninchen macht sich ganz gut, und viele der Zweibeiner, die unsere Wege kreuzen, geben ebenfalls Anlass zur Hoffnung. Das tröstet über Rückschläge hinweg. Und es lässt auch dumme Vor-urteile ertragen, die meinesgleichen seit Ewigkeiten anhängen. Obwohl wir bei weitem nicht die Einzigen sind, die ihr verspot-tet oder fürchtet, weil ihr sie schlichtweg nicht begreift.

Der Rabe, der bei den Germanen noch heilig war, kommt in eurer jüngeren Vergangenheit und Gegenwart genauso schlecht weg wie wir. Doch es gibt auch hier schon Menschen, die ver-standen haben. Und so singt Ludwig Hirsch in seinem Lied »Komm, großer schwarzer Vogel« nicht vom Unglücksraben, sondern vom weisen und wunderschönen Boten, der die Seele abholt, um mit ihr dorthin zu fliegen, wo Schönheit und Frie-den auf sie warten.

Gestern Morgen hat er unseren Nachbarsjungen geholt, um seiner unruhigen und geschundenen Seele für immer Frieden zu geben. Fast fünfzehn Minuten lang hat mein Jonas versucht, ihn ins Leben zurückzuholen, bis der Notarzt übernahm, ob-wohl er doch wusste, dass er auf den glänzenden, schwar-zen Schwingen unterwegs war zu dem Ort, nach dem er sich schon so lange gesehnt hatte. Fast hundertmal hat mein Jun-ge sich seitdem dieses Lied der letzten Reise angehört. Um sich zu trösten und die Erinnerung noch einmal wachzurufen. An einen kleinen Jungen mit Brille, der auf dem Feld auf der an-deren Straßenseite seinen Drachen steigen ließ, auf dem Tram-polin sprang, das er ihm geschenkt hatte, mit seiner Schäfer-hündin spazieren ging und dann in die Welt hinauszog, um an ihr zu scheitern.

»Komm, ich hab dir Zucker aufs Fensterbrett gestreut«, singt mein Junge auch jetzt, wo wir zwei gemeinsam im hinteren Wald liegen, weil wir wissen, dass hier ein Rabe seine Bahnen zieht.

»Hast du meinen Felix gut abgeliefert?«, fragt er leise, als er den majestätischen Vogel endlich entdeckt hat.

»Ich werd' singen, ich werd' lachen, ich werd' das gibt's nich' schrei'n, denn ich werd auf einmal kapieren und ich werd glücklich sein … ich werd endlich glücklich sein …«

Pissflitsche

Zuerst die gute Nachricht. Die einzige! Ich darf jetzt aufs Sofa. Gleiches Recht für alle! Und wenn ich auf dem Sofa bin, ist das Sofa voll. Jawoll! Das war's dann aber auch schon. Der Rest ist Chaos ...

Geboren wurde der Gedanke, unter anderem, aus der Idee heraus, mich zu entlasten. So viel zur Theorie. Nur ist es leider genauso wie mit Kommunismus, Dosenfutter oder der Ehe: Hört sich alles ganz gut an, geht aber in der Umsetzung oft nach hinten los. Nun, ich will nicht undankbar erscheinen.

Wenn ich von der Arbeit komme, habe ich wie jeder andere Berufstätige auch Feierabend. Und genau wie Sie habe ich dann zuweilen schwere Beine, ärgere mich über den Chef, möchte und muss mich entspannen, bin schlicht kaputt. Aber, und auch das kennen Sie vielleicht: Wenn zu Hause die Kinder auf Sie warten und mit Ihnen schmusen, spielen, lachen oder weinen wollen, was macht man denn dann? Genau: schmusen, spielen, toben oder trösten. Und dann einschlafen, noch vor der Tagesschau.

Insofern fand ich die Idee an sich, einen kleinen Subunternehmer ins Haus zu holen, dessen einziger Job es ist, immer gute Laune zu haben und ständig zum Spielen aufgelegt zu sein, gar nicht so schlecht. Außerdem verblüffte mein Junge mit dem bierernst vorgetragenen Statement, dass kein Mensch, und sei er auch noch so bemüht, einem Hund den Sozialpartner Hund ersetzen könne. Das erstaunte mich sehr, denn ich weiß, dass er sein Leben schon für turbulent und kompliziert genug hält. Doch mir, *seinem* Hund, und seinen Kindern zuliebe hat er sich irgendwann dann breitschlagen lassen und den ständigen Betteleien nachgegeben.

So kam es, dass wir uns kurze Zeit später im geschlossenen Familienverband im Tierheim von Berlin wiederfanden. Mit der festen und ehrenhaften Absicht im Gepäck, einem von den Gefängnisinsassen ein neues Zuhause zu geben. Leider war es aber so, dass fast ausschließlich geschundene Seelen, angebliche Schwerverbrecher oder Riesen mit uns nach Hause kommen wollten oder durften, die wir allesamt gern adoptiert hätten, denen wir aber aufgrund unserer Lebensumstände nicht gerecht geworden wären. Natürlich war uns allen klar, dass wir uns nicht in der Hundeboutique befanden, wo man sich vom Züchter einen Wunschhund zurechtschneidern lassen kann. Aber irgendeinen hässlichen kleinen bis mittelgroßen Bastard musste es doch geben, der mit uns Verrückten zusammenleben konnte und wollte. Gab es aber nicht.

Dreimal haben wir diese Tour gemacht. Beim letzten Mal war jeder von uns wild entschlossen, »seinen neuen Freund« jetzt mitzunehmen. Komme, was da wolle. Mein Junge einen Pitbull, die Mittlere 'nen zehn Jahre alten Neufundländer, Madame 'ne Perserkatze, ich eine schwangere Pudeldame, der Kleine einen Grünen Leguan, und spätestens als die Große anfing, voller Verzückung Fettflecken auf dem Terrarium einer Vogelspinne zu hinterlassen, wussten wir, es war Zeit zu gehen.

Das Projekt schien gescheitert.

Doch just als mein Großer schon insgeheim dachte, er hätte die ganze Sache geschickt und ehrenhaft ausgesessen, sprang uns im schönen Berliner Wedding das Schicksal in Form einer Straßenprostituierten direkt vor die Familienkutsche. Unter dem Einfluss von Drogen, Alkohol oder sonstigen Schicksalsschlägen hatte die junge Frau wohl das Gleichgewicht verloren und war vom Bordstein heruntergestolpert.

Und was hatte sie im Arm? Richtig: ein winziges, armseliges Bündel Hund, kaum größer als ein Spatz. Unser Spaceshuttle war komplett besetzt, und nachdem wir alle zunächst auf Grund der Bremsung schön abgenickt hatten, ja ich hinten sogar den gespreizten Garfield gab, ertönte es auch schon von der Rückbank: »Papa, guck mal, was hat die denn da?« Und zwar noch bevor unsere Karre wieder ganz ausgefedert hatte.

»Nix«, sagte der. Denn obwohl man es ihm nicht ansieht, ist er manchmal recht schnell in seiner Auffassungsgabe und hatte sofort begriffen, was hier abging.

»Gott, das ist ein kleiner Hund! Komm, lass uns mal aussteigen«, war nach einer Schrecksekunde dann auch von unserem Alphaweibchen zu hören, und ich amüsierte mich darüber, dass alle nur den Zwerg sahen, obwohl wir eigentlich fast eine Frau umgenietet hätten. Na ja, der Rest ist Geschichte.

Sie können es sich denken, es kam, wie es kommen musste. Die einzigen zwei, die durchschauten, was hier stattfand, waren die beiden Polizisten. Da man ja aber auf Polizisten genau wie auf Papas tendenziell so gut wie niemals hört, war der Rest der Familie in Sekunden verzaubert, von der Hilflosigkeit und Anmut dieses mickrigen, kleinen, wahrscheinlich zum Tode verurteilten Lebens. Denn in einer Hand mit lila lackierten Fingernägeln zitterte auf dieser kalten Weddinger Straße ein Winzling vor sich hin, den man niemals so früh von seiner Mutter hätte trennen dürfen.

»Hey, kapiert ihr nicht, was hier läuft?!«, fragte mein Träumer, und ich dachte nur kopfschüttelnd: Du hast keine Chance, Alter ... Sein Erklärungsversuch »Die hat in zehn Minuten das nächste arme Geschöpf in ihrer Hand, wenn wir den jetzt kaufen und mitnehmen!« half ungefähr so viel wie Singen gegen die Dunkelheit. Es wurde nicht heller. Im Gegenteil!

»Ach, und deshalb sollen wir den jetzt hier sterben lassen, oder wie?!«, sagte Madame. Und das auch noch vor den Kindern. Schachmatt. Ich weiß, dass Jonas auf den Lippen hatte: »Der überlebt die Nacht sowieso nicht.« Doch mit Blick auf seine Kinder, die mit großen Augen wie die Orgelpfeifen vor ihm standen und alle einzeln schon mindestens fünfhundertmal »bittebittebitte« gesagt hatten, hat er sich's verbissen.

Trotzdem war er wütend, das merkte ich deutlich. Im Dienst und mit einem Kerl an seiner Seite hätte er den Wurm vielleicht sogar erlöst, die Frau festgenommen und erst wieder laufenlassen, wenn er gewusst hätte, wer hier für Nachschub sorgt. Doch der jämmerliche Anblick dieser spärlich bekleideten Straßenhure an einem dunkelgrauen Februarabend, die Ausweglosigkeit der Situation oder vielleicht, weil auch er verzaubert war von der Hilflosigkeit und Anmut dieses mickrigen, kleinen Lebens – irgendetwas davon sorgte jedenfalls dafür, dass er sich wieder beruhigte.

Mit der Frage »Wie viel?« hat er dann letztendlich beendet, was niemals hätte begonnen werden dürfen. Nach zähen Verhandlungen von 150 auf 138 Euro heruntergehandelt, unter anderem, weil wir einfach nicht mehr Bargeld bei uns hatten, wechselte dieser »echte Chihuahua« dann den Besitzer. Das vollmundige Versprechen, dass wir gerade »einen Rassehund zum Schnäppchenpreis« erstanden hätten, veranlasste meinen Bengel zu der Bemerkung: »Na klar, frisch importiert aus Mexiko; wenn das 'n Chihuahua ist, bist du Heidi Klum.«

Was die Dame des horizontalen Gewerbes trocken konterte mit: »Du darfst mich Heidi nennen.«

Prompt wurde die Luft dünn. Denn unser Alphaweibchen, letztlich auch alles andere als naiv oder weltfremd, brauchte ebenfalls nur noch einen Tropfen, bevor das Fass zum Überlaufen gebracht war, und plumpdreiste Vertraulichkeiten der lila gelackten Dame waren geeignet dazu. Also wurde Wurliwurm in das opulente Halstuch der Ältesten gekuschelt, und die Mannschaft besetzte wieder, inklusive Neuzugang, das Spaceshuttle.

Bis auf meinen Jungen. Der nahm sich draußen noch einmal die Frau zur Brust. Was dazu führte, dass fünfzig Meter weiter auf der anderen Straßenseite ein beigefarbener Golf II aus seiner Parklücke zischte und in der Dunkelheit verschwand. Mit leider nur in Fragmenten lesbarem Kennzeichen. Diesbezügliche Recherchen sowie diverse Streifenfahrten von uns in dieser Ecke, sowohl in Uniform als auch in Zivil, verliefen leider im Sande.

Als wir alle wieder im Auto waren und die Heizung so weit aufgedreht wurde, dass man sich vorkam wie im Hochsommer, ging es dann nicht wie geplant zum Matratzenkauf ins Dänische Bettenlager, Kohle war ja weg, und auch nicht nach Hause, nein, sondern erst einmal direkt zur Tierärztin in unserem Dorf. Die tat mit einem Kopfschütteln und Lächeln in Richtung meines Jungen alles, was für den kleinen Hundemann nötig und möglich war, und ließ anschreiben, weil sie uns gut kennt.

Mit den Worten: »Wenn er diese Nacht überlebt, hat er 'ne Chance«, ließ sie uns wieder raus und schloss hinter uns ab. Dann ging es nach Hause. Nur Jonas und ich starteten noch einmal durch, um einen Geldautomaten zu melken und, per Handy ferngesteuert, eine Hundebabyerstausstattung zu erstehen. Mit allem Drum und Dran.

Tja, was soll ich sagen. Er hat die Nacht überstanden. Wir auch. Aber nur knapp. Alle! Geschlafen hat so gut wie keiner, und wir waren froh, dass es ein Samstag war, dessen wunderschönen, aber frostig kalten Sonnenaufgang wir danach zusammen bewundern durften. Denn keiner musste früh los. Auf dem Programm stand ja nur der Besuch bei unserer Tierärztin, den wir am späten Vormittag stolz alle gemeinsam absolvierten. So wie gut zwei Dutzend weitere in der Folgezeit! Ich glaube, unsere Tierärztin hat jetzt einen Swimmingpool. Und wir haben Pissflitsche!

Pool wär mir lieber. Nein, natürlich nicht. Aber der ursprüngliche Grundgedanke des Start-up-Unternehmens zweiter Hund ist gründlich in die Hose gegangen. Nach einer Blut- und Genanalyse »zum Freundschaftspreis« wissen wir, dass Flitsche weit davon entfernt ist, ein »Chihuahua« zu sein. Vielmehr steckt so etwas wie ein Deutscher Jagdterrier mit in ihm drin, was einer mittelschweren Katastrophe gleichkommt. Zur Information: Diese Typen rangieren unter »Gebrauchshund«, sind schmerzfrei, komplett beratungsresistent, angeblich »kein Familienhund« und können in Truppenstärke von sechs bis zehn Chaoten sogar ein Wildschwein nerven, bis es aufgibt.

Vielen Dank, lila lackierte Lady! Denn das einzige Lebewesen, das einem Wildschwein in Größe und ausgeglichenem Gemüt in Flitsches Leben halbwegs nahekommt, ist … Na, raten Sie mal! Genau! Aber was soll's, wir haben ihn alle schrecklich lieb. Selbst ich. Denn er hält mich nicht nur regelmäßig für ein Wildschwein, dem man auch gern mal von der Seite in den Hals beißt, um sich dann meterweise mitschleifen zu lassen, bis ich ihn wieder abschüttle, sondern auch für seinen Papa. Von der ersten Stunde an hat er sich in mich hineingekuschelt. Ins Fell und in mein Herz. Es gibt viele wunderschöne Fotos im Familienalbum davon.

Und sosehr ich mich als Polizist immer wieder über den Spruch gewundert und amüsiert habe, dass es manche Kinder gibt, die nur oder vornehmlich von Mama oder Papa geliebt werden, so sehr verstehe ich ihn jetzt. Bis Flitsche kam, lebten wir in relativer Harmonie mit unseren Nachbarn. Na ja, oder so ungefähr. Wer drei Kinder, Hund und Katze hat, ist auch mit Waffenstillstand ganz zufrieden. Seitdem Pissflitsche jedoch kreativ auf seine Umwelt einwirkt, vor allem akustisch, sind wir bei einigen alles andere als beliebt. Das geht so weit, dass einer der wenigen feigen Spießer sogar eine Unterschriftensammlung gegen Flitsche ins Leben rufen wollte. Als das jedoch nicht klappte, weil die lieben Menschen in unserer Nachbarschaft doch deutlich überwiegen und Kinder nun einmal spielen und Hunde bellen, zeigte man uns anonym an. Hat natürlich nichts gebracht. Außer dass die Herrschaften, die glauben, dass sie in einer Laubenkolonie oder Seniorenresidenz à la SunCity wohnen, jetzt ihr Haus verkauft haben und wegziehen. Keine schlechte Entscheidung, weil Autobahn und Einflugschneise unseres vermeintlichen Kurorts sich auf Dauer auch nicht auflösen würden. Genauso wenig wie mein Ziehsohn.

Und eins ist ja mal klar: Papa hält zu ihm! Und Papa ist nicht irgendwer! Ganz gleich, ob vor großem Hund oder dämlichen Nachbarn, der Kleine wird beschützt. Das heißt nicht, dass er zu Hause dann nicht doch den Arsch vollkriegt, wenn er sich schlecht benommen hat! Allmählich zeigen unsere gemeinsamen Erziehungsbemühungen, wenn auch spärlich, sogar schon Fortschritte, und Pissflitsche hat inzwischen bereits ein paar Freunde in der Nachbarschaft. Zweibeinige wie vierbeinige. Ich glaube sogar, er ist verliebt, in Lula, eine schneeweiße Schönheit, die keine dreihundert Meter entfernt von uns wohnt. Aber pssssst, sonst ist der Kleine sauer auf mich. Ach, gäbe das schöne Babys! Aber auch beknackte!

Übrigens heißt er natürlich nicht Pissflitsche. Sondern Tom. Anni von gegenüber nennt ihn auch gerne TomTom, weil er manchmal stur in irgendein Projekt vertieft durch die Gegend irrt wie vom Navigationsgerät gesteuert. Den Schandnamen hat er von meinem Bengel. Weil der Kleine, besonders zu Anfang, unermüdlich jede Ecke markiert hat. Vom Sofa bis zum Gartenzaun war nichts vor dem Minichaoten sicher. Flitschflitschflitsch! Pissflitsche halt. Bis wir es ihm endlich ausgetrieben hatten.

Inzwischen wiegt er 12,3 Kilo, hat sich prächtig entwickelt, ist Steuerzahler, hoffentlich ausgewachsen und beinahe eine Schönheit. Wenn man denn auf eine Mischung aus Rhesusäffchen und Gremlin steht! Oder sein Papa ist. Gremlin passt übrigens ganz gut. Denn leider braucht er nicht mal Wasser nach Mitternacht, um ansatzlos auszuflippen.

Mein Leben ist also keineswegs ruhiger geworden, und Freizeit geht halt für die Kinder drauf. Aber das ist wohl der Lauf der Welt. Apropos, ich seh grad durchs Fenster, dass Flitsche draußen Nase an Nase vor Igor steht. Igor ist der frei laufende Kater von Brettschneiders schräg gegenüber und wiegt mindestens 15 Kilo! Das heißt, es gibt gleich tierisch was auf die Schnauze, wenn ich mich nicht darum kümmere! Oh-oh, ich muss los! Nur zwei Sachen vielleicht noch, so viel Zeit muss sein:

Es gibt niemanden, der einem Hund einen Hund ersetzen kann, und jeder Tag beginnt und endet für mich mit einem wundervollen Schmatzer vom zärtlichsten Chaoten dieser Welt.

Ach ja: Und kauft bitte niemals Hunde auf der Straße!!

Der Reporter

Wir melden uns als Erstes immer bei der Zentrale an. Sobald wir die Polizeianlage verlassen und auf die Hauptstraße einbiegen, geben wir per Funk durch, wer wir sind, wie viele von uns zwei- und vierbeinig und was wir wo vorhaben. Zumindest bei halbwegs normalen Streifen. Nur wenn Sonderaufträge oder Jobs mit Überraschungseffekt anstehen, geht das nicht über den Äther raus.

Meist werden wir freudig begrüßt. Das hat mehrere Gründe. Unser Funkname allein ruft schon Heiterkeit hervor. Leider darf ich den nicht verraten, weil ich sonst Ärger bekomme. Die Interne würde mich vorladen und mir was überbraten wegen Geheimnisverrat oder so ähnlich. Disziplinarmaßnahme und so was wie drei Monate Leckerliverbot wären dann wohl die Folge. Oder so ähnlich.

Zudem kennt mein Junge viele der Funksprecher persönlich, was, ebenfalls verboten, oft liebe Grüße oder zumindest ein herzliches Wiederhören auslöst. Der Hauptgrund ist aber, dass der gestresste Kollege in der Zentrale meist chronisch unterversorgt ist mit Personal und wir uns eigentlich für nichts zu schade sind.

Eigentlich bedeutet: Wenn wir in der Nähe sind und kein K9-spezifisch wichtigerer Auftrag auf Halde liegt, fahren wir selbstverständlich überall mit ran. Deshalb kommt es schon hin und wieder vor, dass wir beispielsweise bei sogenannten »Großlagen« oder auch dem »ersten Angriff« wie jede andere normale Polizeieinheit von der Zentrale mit eingestrickt werden. Selbst wenn die Hundestaffel auf den ersten Blick nicht zuständig, bisweilen sogar wenig geeignet erscheint.

Denn zum einen arbeiten wir unablässig und hart daran, zumindest den Eindruck zu erwecken, niemals ungeeignet zu sein, und zum anderen wird man von unserer Truppe den Beamtenspruch »Dafür sind wir nicht zuständig« selten bis nie zu hören kriegen. Will heißen, ich habe mich schon inmitten eines vollbesetzten Kindergartens wiedergefunden und bewährt oder auch schnöde Sicherungsmaßnahmen vorgenommen, bis brisantere Aufträge reinkamen. Wobei, und das muss man bei unserem Job immer im Hinterkopf behalten, es so etwas wie schnöde Sicherungsmaßnahmen genau genommen gar nicht gibt. Denn aus jeder Situation kann einfach alles werden. Von jetzt auf gleich. Und wer mir das nicht glauben will, den kann ich locker beunruhigen: Aus simplen Verkehrsunfällen wurden schon Massenschlägereien und aus einfachen Ladendiebstählen Mord und Totschlag. Alles schon gehabt, und zwar nicht nur einmal!

Entsprechend unserem Credo, uns niemals fehl am Platz zu fühlen, haben wir nur kurz gezuckt, aber sofort quittiert, als es eines Tages gegen 14:00 Uhr, also kurz nach dem Mittagessen, aus den Lautsprechern tönte: »Fenstersturz in der Gotzkowskystraße … Würden Sie bitte anfahren … Sonder- und Wegerechte frei … Ich habe keine andere Möglichkeit! RTW und NAW befinden sich in Anfahrt … Ich schicke Ihnen umgehend Streifen aus dem benachbarten Abschnittsbereich beziehungsweise ziehe andere Einheiten ab! Nachtrag: Es sieht nicht gut aus, Person ist schwer verletzt! Ob Unfall oder Straftat ebenfalls unbekannt.«

Nachdem uns die Hausnummer noch nachgeliefert worden war und wir während der Anfahrt eine kurze Aufgabenverteilung vorgenommen hatten, waren wir auch schon so gut wie eingetroffen. Zeitgleich mit uns und zu unserer großen Erleichterung traf eine Funkstreifenbesatzung des zuständigen Polizeiabschnitts ein.

Der Anblick, der sich uns bot, war schrecklich!

Nun erzähle ich Ihnen diese Geschichte nicht, um Sensationslust zu befriedigen. Ich kann und will nicht einmal mit Hintergrundinformationen dienen. Ich möchte Sie nur mit in unser kleines Boot holen, damit Sie bei uns sind, wenn wir über Würde, Anstand und angemessenes Vorgehen zu entscheiden haben. Und entscheiden werden.

Der Notarztwagen bog gerade erst um die Ecke in die Straße ein, und selbst der Rettungswagen war zwar zu hören, aber noch nicht zu sehen. Wer aber schon da war, und das wunderte uns wenig, war die Presse! Die Herrschaften hören nämlich nicht selten den Polizeifunk ab. Nun haben wir zwei damit grundsätzlich gar keine so großen Probleme, und es liegt mir fern, hier eine ganze Berufsgruppe zu diffamieren. Wir haben jedoch schon häufiger Vertreter dieser Spezies am Tatort gesehen, die knapp vor uns eingetroffen waren, niemals jedoch war einer dieser Menschen mit Erste-Hilfe-Maßnahmen beschäftigt.

Während der Notarzt mit seinem Einsatzkoffer aus dem beinahe noch fahrenden Wagen sprang und dicht gefolgt von unserer Moni, die noch im Laufen eine Decke auseinanderfaltete, um sie dann schützend hochzuhalten, am Ort des Leidens eintraf, schickte sich der Herr mit der umgedrehten Basecap an, Hochglanzfarbfotos zu schießen.

Von einem geplatzten Menschenkörper, dessen blutverschmierter langer blonder Zopf auf dem schwarzen Asphalt lag und den das Leben unter Zuckungen verließ.

Verzeihen Sie mir bitte diese Schilderung, aber ich möchte sie benutzen, um Ihnen folgende Frage zu stellen: Hätten Sie am nächsten Tag ein Bild davon in Ihrer Zeitung sehen wollen?!

Mein Junge und ich hatten zu sichern, so wurde es während der Anfahrt entschieden, und bei Gott: Wir sicherten. Moni stand zunächst mit nur einer Decke auf verlorenem Posten, bevor ihr jemand zu Hilfe eilte, und der Fotograf versuchte derweil hartnäckig und durch Positionswechsel, im Rücken meiner lieben Kollegin den einen Pulitzer-Preis-verdächtigen Schnappschuss zu machen. Als er merkte, dass an uns beiden kein Vorbeikommen war, versuchte er uns einzuschüchtern. Faselte etwas von »Pressefreiheit« und dass er uns seine Redaktion auf den Hals hetzen würde.

Mein Junge antwortete ihm unbeeindruckt: »An uns beiden kommen Sie hier und heute nicht vorbei, das garantiere ich Ihnen! Und wenn Sie diesen Menschen nicht in Würde sterben lassen können, dann versuchen Sie sich einfach vorzustellen, dass die junge Frau, die da um ihr Leben kämpft, Ihre eigene Tochter ist.«

»Schwachsinn! Gefühlsduselei!«, lautete seine von keiner Sekunde Nachdenken verzögerte Erwiderung. Und: »Ich mach hier nur meinen Job!«

»Wir auch«, sagte Jonas. Und: »Ich warne Sie ein letztes Mal: Kommen Sie nicht näher!« Selten hatte ich ihn bis dahin so ernst gesehen. Mit entschlossenem Gesichtsausdruck und zusammengekniffenen Augen zückte daraufhin der Mann sein Handy und führte ein kurzes Gespräch mit, wie wir vermuteten, irgendeiner wichtigen Persönlichkeit.

Denn kaum war das Gespräch beendet, holte er seinen Presseausweis aus einer der zahlreichen Taschen seiner schwarzen Weste, hielt ihn mit einem kurzen, aggressiven Nicken in unsere Richtung und marschierte dann mit den Worten »Weg da!« unbeeindruckt auf uns zu.

Und dann – dann hab ich zugebissen!

PS: Ja, sie ist gestorben. Doch es gab kein Foto davon!
Reporter schmecken miserabel.

Er versaut die Kinder

»Papa, wer war der erste Mann auf dem Mond?«

»Elvis Presley.«

»Echt?!«

»Ja.«

»Quatsch!«

»Na klar.«

»Jonas, erzähl den Kindern nicht so einen Mist!«

»Wieso? Der King war da oben, hat seine Gitarre in den Boden gerammt und die Hüften geschwungen, lange bevor die albernen Michelin-Männchen da rumgehoppelt sind.«

»Blödsinn!«

»Ach, ihr habt doch alle keine Ahnung.«

»Aber du, was?!«

»Klar. Mehr als ihr. Ihr glaubt ja auch, dass Christoph Kolumbus Amerika entdeckt hat.«

»Ach nee, Jonas, wer war's denn sonst!?«

»Papa, ichweißichweißichweiß ...«

»Sprich, mein Sohn!«

»Das waren die Wikinger!«

»Quatsch, das war Winnetou.«

»Jonaaaas ...!«

»Was?! Der is' mit Karl May aus Sachsen da rübergeschippert. Hätt nich' viel gefehlt, und die würden da jetzt alle sächseln!«

So geht es in meinem Wohnzimmer oft zu, wenn ich mich nach einem harten Tag im Einsatz bei meinem Rudel entspannen will. Meistens lieg ich dann mittendrin, hab die Schnauze lang auf dem Boden und lass die Augen nachsichtig hin und her rollen. So von einem Talkrundengast zum anderen. Wird nie langweilig. Gerade weil es oft grober Blödsinn ist, den vor allem unser Jonas zum Besten gibt.

»Papa, wie schreibt man Banane?«

»Mit zwei R. In Bayern sogar mit vier.«

»Was?!«

»Hörst du mir nicht zu: B-A-R-N-A-R-N-E! Barnarne, alles klar?«

Zwei Wochen später hat seine Mittlere in einem Schuldiktat das Wort exakt so geschrieben. Hatte eine längere Wohnzimmerdiskussion zur Folge:

»Jonas, schau dir mal an, was deine Tochter da geschrieben hat. Das Diktat unterschreibst du!«

»Hab dich nich' so. Guck mal: Die Lehrerin hat ein Smiley an den Rand gemalt.«

»Ja, toll. Und untendrunter 'ne Drei.«

»Is' besser als 'ne Vier.«

»Ja, schon klar: Und 'ne Vier ist besser als 'ne Fünf, super …«

»Na siehste, langsam geht's doch, Frau Professor …«

»Jonas, so wird deine Tochter nie Tierärztin!«

»Na und, dann muss sie auch keine Tiere einschläfern.«

»Sie will aber Tierärztin werden.«

»Genau, Papa! Und wenn ich's nicht werde, dann bist du schuld!«

»Toll, schreib's auf die Liste. An dem Regen draußen bin ich übrigens auch schuld. Süße, du willst wirklich Tiere einschläfern?«

»Nein, Papa: retten. Retten!«

»Aha. Teddy, was sagst du dazu?«

Nicht das erste Mal, dass ich um meine Meinung gebeten werde. Klingt lustig, aber ich bin hier nicht nur Familienmitglied, sondern zuweilen auch Schiedsrichter. Also steh ich auf, streck mich und gehe langsam und bedeutungsschwanger quer durch das Wohnzimmer, um mich aufrecht und unmissverständlich neben meine Mittlere zu setzen. Denn wo meine Prioritäten bei dem Thema liegen, ist ja wohl klar. Auch wenn ich dafür natürlich mein Fett wegkriege:

»Super, fall du mir man ruhig auch noch in den Rücken. Aber bitte, ich würd mich ja nicht von 'ner Tierärztin behandeln lassen, die nich' ma' Banane schreiben kann ...«

Am Ende solcher Szenen fliegen dann meist aus jeder Ecke Kissen Richtung Kindskopf, oder wir fallen gemeinsam über ihn her, lecken ihn ab und kitzeln ihn durch. Knallkopp! Aber die Kinder haben ja zum Glück noch mich, um die wirklich wichtigen Lektionen im Leben zu lernen.

Gefahren zu erkennen und einzuschätzen zum Beispiel. Wenn hier Skateboard fahren angesagt ist, geht mir keiner mehr ohne Schützer aus dem Haus. Ich lass sie einfach nicht durch die Tür durch, basta! Überhaupt: Skateboard fahren – auch so eine schwachsinnige Erfindung. Statt dass sie froh sind, aufrecht gehen zu können, nein, sie müssen sich auch noch auf Rollen stellen. Beknackt!

Neulich wollte der Kleine mit seinem BMX-Rad losfahren, und ich war der Einzige, der mitbekommen hat, dass der Lenker angebrochen war. Was hab ich also gemacht? Angefangen zu bellen, zu winseln und ihm ebenfalls den Weg zu versperren. Was soll ich auch sonst machen? Angeguckt haben sie mich alle, als wär ich nicht ganz dicht. Bis dann endlich einer geschnallt hat, worum es geht. Mann, Mann, Mann, was hätte da alles passieren können!? Nach solchen Aktionen bin ich dann natürlich immer der Beste und Schlauste und für die Mama des Hauses »mein Schatziiii«.

Jaja, so sind sie. Hält aber nie lange vor. Außerdem möchte ich mal wissen, wie die hier klargekommen sind, bevor es mich gab. Aber wenn man sie einmal im Griff hat, läuft der Laden. Immer wenn hier das Gefühl dafür zu schwinden scheint, wer derjenige mit dem siebten Sinn und damit ja wohl der legitime Boss ist, schauen wir »Hachiko«. Kann ich allen Menschen sehr empfehlen, die glauben, wir seien zu dumm zum Apportieren oder hätten nicht unsere Gründe, wenn wir unseren Menschen nicht zur Arbeit lassen. Das ist ein Film mit Richard Gere, den ich mal zum Geburtstag bekommen habe und der seitdem bei meinen Bürsten und meinem Polizeikrempel im Regal im Flur steht. Rein zufällig liegt der dann so lange immer irgendwo anders auf der Erde, bis wir alle vor der Glotze sitzen und heulen.

Ja, das nenn ich mal Pädagogik! Statt seinen Kindern zu erzählen, Elvis fliege zum Mond oder Winnetou sei Sachse. Aber was soll's, ich hab ja noch ein bisschen Zeit, ich krieg ihn schon noch hin. Und manchmal, ja, manchmal hab selbst ich ein wenig Spaß an meinem großen Kind. So wie neulich Abend, als die anderen Kinder alle schon im Bett waren und ihre Eltern wieder beim Thema Mondlandung:

»Duu, Süßer, du weißt aber schon, dass Armstrong der erste Mann auf dem Mond war, oder?!«

»Na klar weiß ich das, Schatz, und weil der Ausblick auf unseren blauen Planeten so schön war, hat der dicke Satchmo dort oben auch ›Wonderful World‹ geschrieben, richtig?!«

Meine Hand

Habt ihr einen Hund? Ja? Dann nehmt mal eine Pfote von ihm oder ihr in eure Patscher und fühlt die *Finger*. Interessant, oder? Fühlt sich gar nicht so sehr anders an als eure, stimmt's?

So, und jetzt bitte mal ein wenig massieren. Sanft von oben nach unten die einzelnen Fingerglieder seitlich ausstreichen. Ruhig ein bisschen fester! Jeden einzelnen Finger, jaaa, sooo is' schön! Klasse! Na bitte. Geht doch. Hmmmm.

Guckt euch mal den Gesichtsausdruck von eurem Schnuffel an. Nicht zu fassen, wie nah doof, verdutzt und süß manchmal zusammenliegen, oder? Und jetzt bitte ein Kontrollblick: Mit den Krallen alles in Ordnung? Sind die Ballen zu trocken oder schon rissig? Sandklumpen, Eis oder Steinchen im Fell dazwischen, woran wir uns wund scheuern könnten? Alles okay? Hey, konzentriert euch! Alles okay? Ja? Gut!

Krallen bitte nur selber schneiden, wenn ihr genau wisst, was ihr da tut. Oder einfach mehr Action auf hartem Untergrund. Geht auch und macht mehr Spaß. Wenn die Ballen in schlechtem Zustand sind, weil es viel zu trocken ist oder ihr uns im Winter in der Stadt über Streusalz hinter euch hergezogen habt, versucht's mit ein wenig Hirschtalg. Gefällt mir persönlich mit am besten. Sanft einmassiert, versteht sich! So, sehr schön. Reicht. Halt, halt, Moment! Jetzt noch die andern drei! Genau. Sooo is' gut …

Ich bekomme auch gerade eine Spezialbehandlung, oder besser, eigentlich ist sie schon fast vorbei. Wir haben den zweiten Mai, und gestern waren wir im Einsatz. Die gleichen schwarzvermummten Typen, die bei anderen Demos unseren Zweibeinern gern »Tierquäler« entgegenbrüllen, haben in der Nacht wie üblich mit Flaschen nach uns geworfen. Nachts siehst du die Flaschen nicht kommen. Sie treffen dich dann noch unvorbereiteter. Nicht nur wegen der Dunkelheit und der Distanz – sie kommen sozusagen aus dem Nichts –, sondern weil du in der trügerischen Friedlichkeit der Nacht noch viel weniger begreifen kannst, wie viel Hass und Heimtücke in so einem Wurf liegen. So ein potentiell tödliches Wurfgeschoss hat manchen Polizisten, zweibeinig wie vierbeinig, schon das Augenlicht gekostet oder noch viel mehr. Und zwar in Nächten, nach denen Politik und Medien von »einem friedlichen Verlauf« und »aufgegangener Polizeitaktik« berichteten.

Im Minimalziel aber sollen die zerschellten Flaschen dazu dienen, dass sich die Polizeihunde daran die Pfoten zerschneiden. Wenn du keine klare Front siehst und somit auch nicht mit einem solchen Angriff rechnest, bist du nicht optimal vorbereitet. Wir Polizeihunde haben Spezialschuhe, das Beste und Teuerste, was der Markt hergibt, um Einsätze auf gefährlichem Terrain zu bewältigen. Außerdem trägt unser Hundeführer – oder sogar ein zusätzlicher zweibeiniger Polizist, ein sogenannter Unterstützer, der ausschließlich zum Schutz des vierbeinigen Kollegen abgestellt wird, weil wir ja keine Hände haben – einen Schutzschild, wenn wir mit solch einem Beschuss rechnen müssen und uns nicht mehr zurückziehen können. Normalerweise werden wir aus solchen Einsätzen herausgenommen. Wenn die Einsatzleitung es sich leisten kann, ohne andere Kollegen dadurch in Gefahr zu bringen. Genau aus diesem Grund aber werden die Scherben wie übrigens auch Pyrotechnik gezielt gegen uns Polizeihunde eingesetzt.

Wenn du aber keine klare Front erkennen kannst, bist du eben nicht optimal vorbereitet. Und so hatte ich gestern Nacht meine Schuhe schon lange nicht mehr an, weil wir dachten, es wäre, Gott sei Dank, bereits alles vorbei. Die Flaschen flogen, zerschellten, und um uns herum war alles gesäumt von einem Scherbenteppich.

Nun ist selbst das, man lese und staune, noch keine wirkliche Katastrophe. Wir sind auf fast jede nur erdenkliche Situation vorbereitet. Wenn ich die Zeit habe, mich darauf zu konzentrieren und langsam zu gehen, kann ich wie ein Fakir die Belastung meiner Pfoten so vorsichtig und genau steuern, dass es zu keinen Verletzungen kommt. Was aber im Normalfall gar nicht nötig ist. Denn unsere Jungs trainieren hart, unter anderem am Berliner Teufelsberg, ihren Hund zu schultern und zu tragen, für die Anlässe, bei denen es taktisch nötig ist. Ja selbst der Einstellungstest bei den Hundeführern verlangt schon, einen Hindernisparcours inklusive Holzwand zu überwinden, und zwar mit einem Sandsack auf dem Rücken!

Und trotzdem brauchst du ein paar Sekunden oder Meter, bis du auf dem rettenden Rücken, in der Schutzausrüstung oder im sicheren Hauseingang bist. Wenn sie dir die nicht lassen, weil sie unentwegt weiterwerfen oder auf dich zustürmen, passiert's eben. So geschehen gestern Nacht. Aber keine Angst, hat mich nicht schlimm erwischt! Keine Sehne beschädigt oder eine wichtige Ader. Es ist mit keiner bleibenden Schädigung zu rechnen, steht im Arztbericht. Wird nur 'ne ordentliche Narbe geben.

Liegt auch ein bisschen daran, dass wir selbst auf so etwas mit Routine reagieren. Mein Bengel würde niemals in den Einsatz gehen, ohne mein Erste-Hilfe-Päckchen in der rechten Beintasche. Wohlgemerkt meins! Für ihn gibt es unsere liebe Sanitäterin, die niemals weit entfernt ist. Deshalb, und weil »Hundemedizin« ebenfalls ein Teil der Ausbildung ist, war die Erstversorgung durch meinen kleinen Möchtegernveterinär ratzfatz erledigt.

Außerdem haben wir im ganzen Berliner Stadtgebiet Tierärzte, die rund um die Uhr erreichbar und bereit sind, einen verletzten Polizeihund zu behandeln. Mein Junge bemüht in diesem Zusammenhang immer wieder gerne den Slogan der US-Navy: »A global force of good!« Denn so ist es. Die guten Menschen sind in der Überzahl. Jene, die mich mögen und mir helfen würden, wenn ich sie brauche, daran glaube ich fest. Und jene, die mich verletzt oder tot sehen wollen, werden wir allesamt noch umdrehen! Oder in den Arsch beißen!

Verzeihung. Aber ein wenig sauer bin ich schon. Außerdem tut's weh. Wir durften uns zwar die Farbe des Verbands aussuchen, richtig: blau!, aber mir wäre es schon lieber, wenn ich gar keinen brauchen würde. Doch man kann an allem auch etwas Gutes finden. Der Arzt hat mich zum Beispiel krankgeschrieben. Bis alles vollständig abgeheilt ist, muss ich nicht zum Dienst. Cool, oder?!

Zusätzlich arbeite ich daran, dass das schlechte Gewissen meines Bengels erst mal nicht so schnell wieder verschwindet. Das bedeutet für mich: Leckerli trotz sonst strenger Nierendiät, kein Sport, kein Training, keine Kommandos, höchstens vorsichtig formulierte Bitten. Und natürlich Streicheleinheiten, wann immer mir danach ist.

Und so bekomme ich gerade auch eine Spezialbehandlung. Er liegt im Bett und ich direkt davor auf meiner linken Seite. Gleich wird er mir wahrscheinlich einschlafen, denn kaputt ist er jetzt auch. Sein rechter Arm hängt von der Bettkante herunter, und in seiner Hand hält er meine unverletzte Vorderpfote und massiert sie. Langsam und sanft. Jeden einzelnen meiner Finger. Das setzt Glückshormone frei, bei uns beiden.

Er murmelt im Halbschlaf noch so etwas wie: »... Wassernapf is' oben ... brauch's nich' runderhumpeln, Digger ... tuut mir leid, Hübscher ... haab dich liiieb ...« Dann ist er weggedämmert. Seine Hand wird schlaff und fällt herunter, doch ich werd noch eine Weile sein Gesicht beobachten, um über seine Träume zu wachen. Denn ich fürchte, er wird jetzt noch mal zurückgehen in den Flaschenhagel auf der Skalitzer Straße.

Ficker

»Versuch nie, 'n Ficker zu ficken, du Arschloch«, schreit er uns in einer Aldi-Filiale im gutbürgerlichen Berlin-Wilmersdorf entgegen und zappelt dabei rum, als wär Bruce Lee wieder auferstanden. Wir lassen die Performance einen Augenblick auf uns wirken, dann fragt mein Bengel belustigt:

»Lass mich raten: Jetzt gibt's hier gleich für mich ordentlich was auf die Fresse, hab ich recht?« Hochmut kommt vor dem Fall.

»Darauf kannst du wetten, Alter!«, lässt der Kampfkünstler daraufhin hören und ist sich seiner Sache offenbar sehr sicher. Mein Junge nimmt ihn nicht ernst, schlimmer noch, er macht sich weiter über ihn lustig, und mir schwant nichts Gutes.

»Was soll das denn darstellen? Die Kung-Fu-Kranich-Wurm-im-Schnabel-Stellung – oder hast du vielleicht 'n epileptischen Anfall? Möchtest du 'n Beißhölzchen, damit du deine Zunge nich' verschluckst?«, provoziert er ihn, und ich frage mich, ob ich mir nicht einen anderen Lehrling suchen sollte. Ich meine, wir hatten erst letzte Woche einen Typ auf dem U-Bahnhof Yorck-straße mit Samuraizöpfchen, Schwert quer auf dem Rücken plus Bullterrier an der Leine, und das war wirklich saugefährlich. Und trotzdem hat mein Trottel anscheinend keinen Millimeter dazugelernt. Denn viel besser sieht der verhuschte Typ hier vor uns auch nicht aus. Außer dass er, auf den ersten Blick zumindest, unbewaffnet ist. Und der kampfkräftige vierbeinige Beschützer des Irren fehlt Gott sei Dank auch. Aber Pluderhose, zum Schlitz geschminkte Augenlider und kimonoähnliches Oberteil lassen hier ebenfalls nichts Gutes ahnen. Und während ich noch vor mich hin sinniere, dass diese Stadt voller Beknackter ist, lässt mein Idiot gleich die nächste taktische Sechs vom Stapel:

»Bruce Lee is' tot und liegt in Seattle auf'm Friedhof, und du bist nun die Nachgeburt, oder was?«

»Scheiß was auf Bruce Lee, ich bin Kwai Chang Caine und reiß dir jetzt deinen Bullenarsch auf«, ist die verstörende, für mich jedoch fast glaubhafte Antwort. Nur mein Held merkt wieder mal recht wenig und schwingt weiterhin lästerliche Reden:

»Kwai Chang Caine hieß David Carradine und ist 2009 in Bangkok beim Onanieren in 'nem Kleiderschrank verstorben, so viel mal zu deinem Idol, du Knalltüte. So, und du packst jetzt mal die Fischkonserven aus, die du geklaut hast, entschuldigst dich bei den Leuten hier, die du in Angst und Schrecken versetzt hast, und gibst mir deinen Personalausweis, damit wir alle nach Hause gehen können, okay!?«

Und schon hat er eine sitzen! Zack! Mit einem gesprungenen Drehkick zum Kopf, so trocken, sauber und schnell ausgeführt, dass er fast einem Peitschenhieb gleichkommt, setzt der Typ einen Treffer bei meinem verblüfften Vierkant. Wenn ich könnte, würd ich applaudieren. Bedingt durch die Schnelligkeit, Präzision und das Schuhwerk des Akrobaten, er trägt so etwas wie asiatische Jesuslatschen – wir haben übrigens Dezember –, ist die Trefferwirkung allerdings sehr gering und kommt eher einer schallenden Backpfeife gleich.

Draußen im Dunkeln, vor den großen Fensterscheiben, steht der menschliche Teil unserer Mannschaft mit vor der Brust verschränkten Armen und lacht sich kaputt. »Geh du ma' rein, mach du ma', schließlich bist du hier der Kampfsportler«, haben sie zu meinem Trottel gesagt, und jetzt stehen sie da und sehen aus, als ob ihnen nur noch Popcorn und 'ne Dose Bier fehle. Wahrscheinlich haben sie sogar Wetten laufen, die Vögel. Selbst Moni, die mit reingekommen ist, sitzt ebenfalls mit verschränkten Armen ein paar Meter weit entfernt auf dem Verpackungsrecyclingtisch, lässt die Beine baumeln und grinst.

»Aua!«, sagt mein lebender Punchingball und: »Spinnst du, du kannst doch nich' 'n Polizisten treten!«

»Siehste doch, siehste doch, siehste doch, hehe, und gleich gib's noch eine … Versuch nie, 'n Ficker zu ficken!«, zwitschert Mister Kung-Fu mit hoher, durchgeknallter Stimme freudig erregt und zappelt dabei rum, als ging's hier um die Weltmeisterschaft im Taekwondo.

»Pass mal auf, Ficker, ich mach gleich 'n Knoten in dich rein, und dann geht's ab zu Mami, die zieht dir die Pluderhose lang!«, droht mein Superbulle, und ich fürchte, das ist auch nicht unbedingt die beste Strategie.

»Versuch'sdochversuch'sdochversuch'sdoch«, hechelt Kwai Chang Caine nämlich bloß hektisch und setzt an zur nächsten Kapriole. Er springt hoch, dreht sich um die eigene Achse und platziert sauber einen Sidekick mitten auf der Brust meines verdutzt dreinschauenden Helden. Genau auf dem Schriftzug POLIZEI, der in fetten weißen Buchstaben auf der schusssicheren Weste prangt.

Da mein Bolide durch seine Weste geschützt ist und mit gesamter Ausrüstung am Gürtel und in den Beintaschen bestimmt um die hundert Kilo wiegt, steht er da wie ein Baum, und der Kung-Fu-Experte prallt einfach ab und fällt zu Boden. Moni muss laut lachen, worauf mein Junge über die Schulter böse zu ihr rüberguckt.

»Na, du bist ja 'ne große Hilfe, du Kichererbse«, beschwert er sich, und sie antwortet, immer noch lachend: »Ach, brauchst du Hilfe, mein Großer? Ich weiß gar nicht, was du willst, machst du doch toll … Hoffentlich hat der Junge sich nicht weh getan …«

»Haha, ich lach mich tot«, giftet er zurück, und mit Blick zu mir runter: »… und du bist auch 'n toller Polizeihund! Der hat mir gerade zwei reingezimmert, und du stehst da, als ob du Fernsehen guckst. Bist du nich' eigentlich da, um mir solche Spinner vom Leib zu halten?!«

Etwas beleidigt und in der ruhigen Gewissheit, dass ich die Situation wie immer genau richtig einschätze, geh ich daraufhin einfach rüber zu Moni und setz mich neben sie hin.

»Na klasse, super, das werten wir noch aus …«, schimpft Trotzköpfchen da vor sich hin, aber eigentlich hat er gar keine Zeit. Denn sein Sparringspartner ist, kaum dass er den Boden berührt hat, auch schon wieder hochgefedert wie 'n Flummi und macht sich warm für sein nächstes Kunststück.

»Jetzt ist Schluss mit lustig, du Windbeutel! Noch so 'ne eingesprungene Frühlingsrolle, und ich werd sauer!«, warnt Jonas ihn grimmig. Verfehlt aber auch komplett seine Wirkung, die Ansprache.

»Ach, und wie sieht das aus, du Blödmann?!«, geifert der Typ zurück und macht einen weit weniger kunstfertigen Lowkick gegen den rechten Oberschenkel meines Jungen. Zeigt zum Glück auch keine nennenswerte Wirkung, aber langsam mach ich mir dann doch Sorgen. Das war jetzt immerhin der dritte Treffer in Folge.

Ali, Kröte und Tommi, die drei Zaungäste, haben jetzt jedoch ein Einsehen, sprinten durch den Eingang um die Ecke auf den Artisten zu und wenden jene Technik an, die wir intern gern

Fleischdecke nennen. Das heißt, sie werfen sich auf den Typen, dann macht es im Liegen zweimal klickratsch, und als alle vier wieder stehen, ist Mister Kung-Fu gefesselt. Und zwar mit den Handschellen zwischen seinen Beinen. Das hat zur Folge, dass er in gebückter Haltung, recht peinlich, aber lustig und unter Applaus der Aldi-Kunden, zwischen meinen Jungs aus dem Laden hinaushoppelt.

Ali kann nicht widerstehen, dreht sich um und verneigt sich tief, als wär'n wir im Rokoko. Was meinen etwas säuerlichen Bengel veranlasst, ungerecht und undankbar zu motzen: »Sieh bloß zu, dass du rauskommst, und denk schon mal darüber nach, wie du in deinem Bericht die menschenunwürdige Fesselung rundschreibst!«

»Pöh, du schuldest mir zehn Euro, ich hab gewettet, dass der dich kein zweites Mal erwischt!«, motzt der im gleichen Ton zurück, und ich hab meinen Spaß inmitten meiner verrückten, aber liebenswerten Chaoten.

Als wir dann draußen auf dem Parkplatz stehen und auf den angeforderten Gefangenentransporter warten, weil wir keinen Bock drauf haben, dass uns der Irre die Karre versaut, versucht der sich wie Rumpelstilzchen kreisrund in die Erde zu drehen und schreit: »Ihr Penner, ich fick euch alle!«

»Hör auf damit«, sagt Kröte gelassen und zündet sich eine Zigarette an, »sonst bohrst du dich durch bis nach Australien.«

Mein Junge stopft sich eine Pfeife und stellt müde fest: »Moni, ich werd alt.«

Die schaut zu ihm hoch, lächelt milde, krault ihm mit ihren rot lackierten Fingernägeln kurz den Bart und flüstert leise: »Stimmt. Aber süß bist du immer noch.«

Dennis und der Frosch

»Die Größe eines Mannes kann man daran erkennen, wie er Geschöpfe behandelt, von denen er keinen Vorteil zu erwarten hat.« So oder so ähnlich lautet ein Zitat, das uns oft in den Sinn kam, wenn wir Dennis Kolebka in Augenblicken beobachteten, in denen er sich unbeobachtet fühlte. »Der Wikinger«, wie ihn mein Junge gegen seinen Willen nennt, ist einer unserer Ausbilder und somit auch »Vater« unseres »schrägen« Erfolges. Obwohl er ein vergleichsweise recht junger Mann ist. Jemand, der voller Verständnis und Toleranz die Eigenheiten und Defizite eines »sehr eigenen« K9-Teams zunächst einmal überhaupt zur Kenntnis nahm, um dann behutsam an ihnen herumzufeilen. Eine Philosophie und ein Geist, wie sie im gesamten Dreiergestirn unserer Trainer zu spüren waren und ohne die wir, das ist uns sehr bewusst, niemals hätten bestehen können. So ist es auch nicht verwunderlich, dass meine neue Familie, die ich ja letztlich jenen Männern zu verdanken habe, für jeden Einzelnen von ihnen einen Spitznamen hat, der sie trefflich beschreibt. Christian Große und Martin Strahl werden von »meinen Kindern« jeweils »der liebe Kerl« und »das Eichhörnchen« genannt, und ich finde, näher kann man ihnen kaum kommen.

Erzählenswert und Sinn dieses Kapitels ist nicht, wie man vielleicht glauben wollte, einfach nur ein simples Dankeschön, sondern die wichtige Botschaft für alle, die es nicht für möglich halten: Es gibt sehr wohl Polizisten, die genau jene Eigenschaften in sich tragen, die viele ihnen absprechen. Wer schmutzig, nass und müde im herbstlichen Dreck sitzt, wörtlich genommen, und mit einem Hölzchen Kreise in die Erde malt, weil er sich den Kopf darüber zerbricht, wie er zwei völlig ungleiche Polizisten zu Partnern und Brüdern machen kann, der entspricht so gar nicht dem gängigen Klischee des deutschen Beamten, glauben Sie mir. Und wer Tränen in den Augen hat, wenn seine Schützlinge am Ende eines langen, beschwerlichen Weges ihre Prüfungen bestehen, dem geht es weder um Geld und Achtung noch um irgendeinen Dienstgrad.

Ich will nicht, dass hier ein falscher Eindruck entsteht. Es wurde sehr wohl geschrien, gestritten und gekämpft. Manchmal erbittert, und zwar um Kleinigkeiten. So mancher brauchte die Unterstützung und den Schulterschluss der ganzen Gruppe, um nicht aufzugeben. Einige sogar Baldriantropfen. Aber die Magie und Dichte dieser Monate waren, bei aller Beschwerlichkeit, doch ein Genuss. Die Art und Weise zum Beispiel, wie mit der Scheinschwangerschaft einer vierbeinigen Lehrgangsteilnehmerin umgegangen wurde, mag vielen nebensächlich erscheinen, für meinen Jungen und mich war es respekteinflößend und gab uns das gute Gefühl, hierherzugehören. Auch wenn ich mir vom leitenden Ausbilder, sehr selten »Maître de Canine« genannt, hin und wieder anhören durfte, dass eine Ameise schneller lernt als ich. Die Intuition und Freude dieser drei Männer bei ihrer Arbeit jedoch, gepaart mit liebenswerten Schwächen, machen aus, wofür rund um den Globus der Begriff K9 verwendet wird. Die »Möter« sind eine Welt für sich, und wir sind stolz, ein Teil davon zu sein!

Symptomatisch und stellvertretend für das, was ich auszudrücken versuche, hier nur eine einzige, scheinbar belanglose Begebenheit: In einer Ausbildungspause, tief in unserem Gelände, in der wie immer gelacht, geraucht und gefachsimpelt wurde, beobachteten mein Junge und ich, wie unser »Wikinger« etwas abseits mit einem Fleck mitten auf der Straße zu sprechen schien. Als wir uns unauffällig genähert hatten, bekamen wir mit, dass er einen kleinen Frosch aufhob und auf die andere Straßenseite trug! Tut mir leid, mein Freund, auch wenn es heimlich geschehen sollte: Wir haben es gesehen, und jetzt weiß es alle Welt …

Schöner lässt sich der Charakter unserer drei Ausbilder kaum beschreiben.

Und eins sage ich euch: Solange es solche Polizisten gibt, ist auch noch nicht alles verloren!

Mare TV

Ob Hunde Fernsehen gucken können? Eine immer wieder gern gestellte und vieldiskutierte Frage, die sich ganz simpel beantworten lässt: Na klar! Mein Tipp: Nicht immer auf die Klugscheißer hören, die mit neun Hunden zehn Studien durchgeführt haben und anschließend für alle Zeiten, Hunde und Rassen einen auf Bescheidwisser machen.

Wer von euch war schon mal Hund? Keiner? Tja, ist was dran. Und doch wieder nicht. Man könnte locker sagen und argumentieren: Keiner von euch war jemals Hund, und deshalb könnt ihr noch so viele von uns verkabeln oder aufschneiden, um anschließend zu behaupten, dass der Hund nur zwei Farbsinneszellen hat statt drei wie die angebliche Krone der Schöpfung. Andererseits sind wir alle nur Reisende in Zeit und Raum. Wenn ihr euch mal mit einem Buddhisten zusammensetzt und darüber quatscht, wer wann wie schon mal da war, seid ihr anschließend komplett gegen den Strich gebürstet. Denn der wird euch vielleicht erzählen, dass er schon mal als Gänseblümchen gelebt hat oder auch als Dackel. So gesehen ist es schon möglich, dass einige von euch tatsächlich Durchblick haben. Theoretisch.

Aber was sagt denn das Bauchgefühl, wenn euer Tyson oder Blacky plötzlich in die Glotze starrt, weil 'ne Doku über Wölfe läuft? Richtig! Irgendwas muss da schon sein. Deshalb jetzt hier und aus fachkundiger Schnauze, schließlich bin ich ein Hund: Natürlich können wir Fernsehen gucken. Was nicht heißt, dass wir uns für den Kram interessieren, den ihr euch normalerweise so reinzieht. Und das erklärt vielleicht dann auch, warum wir pennend auf der Seite liegen, während im Fernsehen Tagesschau, Tatort und Aktienkurse flimmern.

Mein Problem ist allerdings ein ganz anderes. Die Uraltglotze, die in unserem Wohnzimmer auf der altmodischen Schwenkarmbühne an der Wand hängt, hat hinten noch ein Fach, wo du die Kohle reinschaufeln musst, so alt ist die! Nix von wegen Flachbild und High Definition! »Solange der gute alte Röhrensaba nicht seinen Geist aufgibt, wird hier nichts Neues angeschafft«, hat der Haustyrann und Fortschrittsverweigerer einfach mal entschieden. Und der Röhrenhirsch ist gute deutsche Wertarbeit. Der hält wahrscheinlich ewig. Sosehr ich normalerweise mit den Eigenarten meines Jungen konform gehe oder mich zumindest arrangiert habe, muss ich diesmal doch bekennen: Für mich sind fünfzig Bilder pro Sekunde einfach zu wenig. Wenn die Flimmerkiste nicht mindestens mit fünfundsiebzig Hertz agiert, ist sie für mich nicht nur langweilig, sondern schlicht nervig.

Ist aber gar nicht so schlimm. Denn nicht ich gucke Fernsehen, sondern Jonas. Oder besser: Ich gucke Jonas, wenn er Fernsehen guckt. Und das entschädigt mich für vieles. Nun muss man sagen, dass mein Vierkant so gut wie gar nicht zum selbstbestimmten Fernsehen kommt. Jemand, der drei Kinder, zwei Hunde und zwei Jobs hat, hat keine Zeit, ohne Blei auf den Augenlidern vor dem Fernseher zu sitzen. Und selbst dann hat er so gut wie nie die Hoheit über die Fernbedienung. Bis auf eine Ausnahme: Mare TV.

Das ist eine Sendereihe irgendwo auf Schlau-TV, also einem jener Fernsehsender, die unbeliebt und nicht erfolgreich sind, weil zu wenig Sex und Prügelei gezeigt wird. Diese Sendungen gibt es recht selten, und da mein Träumer zu stumpf ist, sich gut zu informieren, erwischt er sie meist zufällig. Aber wenn er denn mal einen Zufallstreffer landet, herrscht Ausnahmezustand. Debil grinsend und mit einem Bier in seiner Faust, das vorzugsweise aus dem Norden stammt, sitzt er dann da und ist trotzdem weit weg. Mit mir an seiner Seite, versunken in einem Sitzsack, aus dem er ohne fremde Hilfe kaum wieder herauskommt, seh ich ihn dann mit offenen Augen träumen. Von fernen Zeiten, von fernen Welten und von dem Element, in das er sich so sehr zurücksehnt: Wasser.

»Du bist jetzt mein Delphin, und unser Ozean, das ist der Wald, mein Schatz!«, hör ich ihn dann oftmals flüstern, während er mich streichelt, ohne mich anzusehen.

Die Idylle hält bloß niemals lange an. Denn speziell die drei Damen des Hauses nutzen diese Momente, um sich grausam, wenn auch berechtigt, zu rächen. Für unzählige Kommentare und Frotzeleien, die mein Haustyrann vom Stapel lässt, wenn ihre zahlreichen Lieblingssendungen laufen. Ich verhalte mich dann meist neutral, was mir recht schwerfällt. Denn Spaß habe ich an den Momenten schon, wenn sie ihm gemeinsam auf den Keks gehen. Hier mal ein Auszug:

»Ahhhh, ist das langweilig.«

    »Ruhe!«

    »Fisch. Fischfischfisch.«

    »Ruhe, verdammt!«

    »Fischfischfischfischfisch.«

    »Noch einmal ›Fisch‹, und es setzt was!«

    »Wasser. Wasserwasserwasserwasserwasser …«

»Kann ich bitte einmal im Monat in Ruhe Fernsehen gucken, geht das?«

»Jaaa. Aber woanders.«

»Vorsicht, meine Damen, ganz vorsichtig!«

»Wieso? Ahhhh … Boring! Laaangweilig! Boringboringboringboring!«

»Guckt zu, und lernt was! Ruhe!«

»Was denn? Stinkiger Fisch, hässlicher alter Mann, blöde Kokosnusspalmen, ätzend …«

»Ist doch wohl total das Paradies, oder etwa nich'?!«

»Ja, super, ich krieg Herzrasen vor Begeisterung …«

»Klappe jetzt.«

»Du, Papa?«

»Wassss willst du, Tochter?!«

»Hast du gewusst, Papa, dass pro Jahr mehr Menschen an herunterfallenden Kokosnüssen sterben als an Haiattacken?«

»Nein. Danke für die Information.«

»Kannste mal sehen!«

»Lass mich in Ruhe.«

»Stellt sich aber schon die Frage, warum die Menschen nich' die Kokosnüsse ausrotten statt die Haie, findest du nicht?«

»Wenn du jetzt nicht die Klappe hältst, geb ich dich zur Adoption frei, kapiert?!«

»Huhhhh, jetzt hab ich aber Angst.«

»Besser is'!«

»Schatz, sei nicht so gemein zu deinen Kindern!«

»Die sind gemein zu mir! Ich will jetzt diese Sendung hier sehen. Lasst mich gefälligst in Ruhe!«

»Ach, der Herr will seine Ruhe haben, ja? So wie wir, bei ›The Taste‹ zum Beispiel, richtig?!«

»Jetzt fang du nicht auch noch an.«

»Schatz, kann Baumwolle rosten?«

»Frag deine Töchter! Ich hab keine Bremsspuren im Schlüpper. Und wenn du jetzt nicht ruhig bist, lass ich mich scheiden.«

»Dafür müsstest du mich aber erst mal heiraten, Häschen.«

»Mein Gott! Fünfundvierzig Minuten, einmal im Monat! Ist das zu viel verlangt?!«

»Jjja! Du lässt uns auch nie in Ruhe!«

»Passt auf, Leute: Die Sendung geht noch knapp zwanzig Minuten. Wenn ihr jetzt nicht ruhig seid, zünd ich mir 'ne Zigarre an oder fang an zu furzen! Hab ich mich klar ausgedrückt?!«

»Hehe, 'ne Zigarre haste gar nich'. Und was das andere angeht: Drei gegen einen!«

»Okay. Bitte. Bittebittebittebittebitte, lasst mich diese Sendung sehen? Okay?«

»Geh doch nach oben.«

»Verflucht, bevor ich mich aus diesem Sitzsack befreit habe und oben das Mäusekino in Gang hab, is' die Sendung vorbei!«

»Ohhhh, alle einmal Mitleid für Papa!«

»Ohhhhhhhhhhhhhhhhhhhhhhhhh …«

»Ey, ihr seid 'ne Heimsuchung.«

»Armes Hascherl!«

»Krieg ich 'n Whisky?«

»Is' alle. Und außerdem nich' gesund.«

»Leute, wenn ich mich jemals wieder aus diesem Sitzsack befreit habe, geh ich rüber zum See und mach meinem unwürdigen Leben ein Ende.«

»Aber Papa, wie willst du das denn machen? Da gibt's weder Kokosnüsse noch Haie!«

Kleine Mädchen, süße Hunde

Kuttenverbot! Die Politik hat entschieden: Alle Rocker ziehen ihre Westen aus. Genial! Nicht nur, dass die harten Jungs ohne ihre Lederteile, auf der sie Mama ihre Vereinssymbole und sonstige vielsagende bunte Sticker haben aufnähen lassen, nicht mehr deutlich zu erkennen und einzuschätzen sind, nein, sie sollen durch diese Maßnahme quasi ihrem Glauben abschwören. Klasse Idee, an sich. Nur dass nicht wenige von ihnen lieber sterben würden, als auf offener Straße ihre Farben abzulegen und damit ihre »Brüder«, ihre »Familie« und somit ihren »Way of Life« zu verraten.

Gleichgültig, wie man zu der Sache auch immer stehen mag, wenn man in den Krieg zieht, sollte man wissen, was man tut. Es ist ein bisschen wie bei der lieben Ursula oder dem Mann, der mit seiner Mätresse ins Schloss Bellevue eingezogen ist. Beide meinen, die Bundeswehr solle weltweit mal ordentlich mitmischen, aber allein eine funktionierende Transportmaschine aufzutreiben, um Decken und Medikamente oder Ausbilder in ein Krisengebiet zu fliegen, ist schon eine ernste Herausforderung. Denn wer den Rockern ihre Westen auf der Straße ausziehen soll, sind, unter anderem, wir. Halleluja!

Nun ist es nicht etwa so, dass mein Junge und ich nicht voll dahinterstehen, wenn es darum geht, Drogenhandel, Erpressung und Zwangsprostitution zu bekämpfen, für die die »moderne Rockerwelt« heutzutage maßgeblich steht. Dennoch wollen und können wir nicht verhehlen, dass die altmodische Gedankenwelt der groben, harten Jungs auf ihren motorisierten Pferden uns nahe ist und nahegeht. Es gibt Weggefährten aus den jungen Jahren meines Bengels, die in diesen Bahnen noch immer ihre Kreise ziehen. Füreinander einzustehen und sich ohne Rücksicht aufs eigene Risiko gegenseitig zu helfen steht noch immer ganz weit oben in ihrer Lebensphilosophie. An manchen Abenden habe ich ihn betrunken und zynisch sagen hören, dass er von Geistern der Vergangenheit, ganz gleich, ob aus Rocker-, Kampfsport- oder Rotlichtmilieu, schnellere, effektivere Hilfe und Schutz für seine Familie bekommen würde, als seine »neue Bruderschaft« jemals leisten könnte und wollte.

Trotzdem treibt ihn das Gefühl an, für die richtige Seite zu kämpfen, jedes Mal, wenn er seine Uniform anzieht. Aber er zerbricht mir allmählich daran, dass es an Wertschätzung und vor allem an Know-how fehlt für die ambitionierten und durchaus richtigen Projekte, die am grünen Tisch der Theoretiker entstehen.

»Durch die Hand eines Hells Angel zu sterben ist für mich allemal besser als an Knochenfäule und für dich an Nierenversagen, oder was meinst du, mein Schatz?«, flüstert er mir dann ins Ohr, und ich bin weiß Gott nicht seiner Meinung! Es ist gefährlich und falsch, was da in seinem Hirn umherwabert, und doch, ich kann ihn gut verstehen. Denn sie lassen ihn allein.

Manchmal, zum Glück recht selten, kann er sich auf Grund seines Alters und seines Dienstgrades nicht dagegen wehren, hin und wieder als sogenannter Streifenführer, also als Chef auf Karre zu fungieren, was gleich in mehrerer Hinsicht eine Katastrophe ist. Erstens ist er in technischer und fachlicher Beziehung nicht gerade ein Paradepolizist, will heißen: zuweilen grottendoof, und zweitens stört es ihn, wenn er ausbaden und verantworten soll, was an höherer Stelle an personalpolitischen Entscheidungen getroffen wurde. Denn in den Krieg, für den sich die Obrigkeit entschieden hat, werden nicht selten, sondern standardmäßig Protagonisten entsendet, die diesem Geschäft weder psychisch noch physisch gewachsen zu sein scheinen.

So finden sich selbst in den Reihen der Schutzhundestaffel, jenen, die kompromisslos und knallhart anderen Polizisten zu Hilfe kommen sollen, immer mehr kleine Mädchen und süße Hunde. Liebe Menschen, tolle Tiere, keine Frage! Aber halt niemand, vor dem Mann die Hacken zusammenknallt, wenn Mann hundert Kilo wiegt, zwei Meter groß ist und in Gesellschaft von zwei oder drei Gleichgesinnten. Polizistinnen und Hunde, die für Sportarten wie Agility und Dogdance möglicherweise Weltklassepotential aufweisen, aber letztendlich sich selbst und ihre Kollegen in große Gefahr bringen. Und das nur, weil es vielleicht nicht zur Tierärztin gereicht hat, Papa lieber einen Sohn gehabt hätte oder Straßenkampf mit Streichelzoo verwechselt wurde.

Nicht, dass aus diesen Zeilen Häme oder Schuldzuweisung an jene gerichtet werden soll, die Mühe haben, auf ihre eigene Pistole aufzupassen, nein, verantwortlich sind ganz andere. Aber das Endergebnis ist fatal. Denn wir bleiben dabei auf der Strecke. Wir müssen uns gerademachen. Wir sind diejenigen, die, wenn's blöd läuft, ins Krankenhaus oder in die Grube wandern. Und am Ende können wir nicht einmal mit einem ehrenvollen Begräbnis à la Arlington rechnen, sondern in diesem Land nur mit einem Verriss in unseren Medien. Schönen Dank!

Man hört vielleicht die Bitterkeit in meinem Hundegemüt heraus. Tut mir aufrichtig leid!

Fünf Polizisten und fünf Hunde. Streife. Zwei kleine Mädchen mit ihren Belgischen Schäferhunden. Ein Milchgesicht, mit dem sein Hund zurzeit noch Gassi geht statt umgekehrt. Ein ehemaliger Fallschirmjäger, der Sport studiert hat und wie sein Hund weiß, wie man kämpft. Und dann noch Jonas und sein Teddy, also ich. Und was fährt uns im tiefsten Wedding vor die Karre? Genau: zwei Kuttenträger. Entdeckt und als illegal klassifiziert von jenen hübschen kleinen Polizistinnen auf der Rückbank, die Straftaten bemerken und Maßnahmen einleiten, die sie selbst niemals zu Ende führen.

Klappe eins, die erste, Streifenführer raus.

»Na gut, dann mal die blaue Funzel an! Ihr bleibt bitte hier, ich geh mit Teddy raus und rede mit den Typen. Bitte jetzt schon Standort und Feststellung über Funk absetzen und bereit sein, falls die Harmonie kippt«, höre ich meinen Jungen sagen, bevor er mich aus meiner Box holt.

»Polizei Berlin, Kommissar Gutenrath und Diensthund 2045 wünschen einen guten Abend, meine Herren«, leiert mein Junge die Begrüßungsformel herunter, und die beiden grinsen sich nur wortlos an. Aber die Antwort, nach ein paar abschätzenden Blicken, lässt nicht lange auf sich warten: »Was los, Alter, sind wir zu schnell gefahren, oder was willst du?«

»Na ja, meinem fachkundigen Personal ist aufgefallen, dass ihr eure Farben hier spazieren fahrt, und mich persönlich würde interessieren, warum du keinen Helm trägst«, ist der moderate Einstieg in ein Gespräch, das spannend zu werden verspricht.

»Hehehe, ich hab 'ne Ausnahmegenehmigung. Aus medizinischen Gründen. Hier ist der Wisch. Alles amtlich, Alter!«, amüsiert sich der Angesprochene, und man merkt deutlich, dass er die Nummer öfter abzieht.

»Jo, gut, gut. Medizinisch oder religiös, mit 'nem Turban auf'm Kopf, alles klar, lass stecken, glaub ich dir. Egal. Aber was is' mit den Kutten? Lest ihr keine Zeitung, oder was?!«

»Glaubst du Hansel mit deinem Fiffi, dass wir jetzt hier abnicken und dir unsere Kutten übergeben, oder wie?! Wovon träumst du nachts, Alter?«

»Von Vanillepudding und nackten Frauen. In der Reihenfolge. Aber schlimmer und nerviger ist, dass meine Polizisten festgestellt haben, dass ihr mit Kutten unterwegs seid, die ihr zurzeit nicht tragen dürft. Also, was machen wir jetzt?«

»Keine Chance, Alter!«

»Ja, ich hab mir schon so was gedacht. Aber ich hab den Job jetzt angefangen, also muss ich ihn auch irgendwie zu Ende bringen.«

»Dann gehst du hier drauf und dein Fiffi auch! Denn ich seh in deiner Kiste da drin nix, was 'ne Rolle spielt!«

»Ach, Mann. Ich bin fast 'n halbes Jahrhundert alt. Ich hab 'n Sohn gezeugt, 'n Baum gepflanzt, 'n Haus gebaut und 'n Buch geschrieben. Wenn ich jetzt hier abtreten muss, dann mit einem Lächeln. Ich hab alles erledigt. Du auch?«

»Haha, schöne Ansage, Alter! Aber weder mein Bruder noch ich werden hier auf der Straße die Kutte ausziehen. Und wenn du nicht völlig verblödest bist, müsste dir das klar sein.«

»Ja, ich weiß. Und du weißt so gut wie ich, in fünf Minuten hab ich 'ne Gruppenstreife hier und in zehn Minuten, mit Glück, 'n SEK-Team. Ich hab auf meinem Wagen noch mindestens einen guten Mann, und sein Hund is' auch nich' schlecht, also, das Ende is' offen. Was hältst du von Folgendem: Ich seh am Horizont dunkle Wolken aufziehen, und ihr habt doch bestimmt in euren Packtaschen irgendeine Regenpelle. Also bitte ich dich, im Namen meiner Kinder, zieht euch 'ne Jacke über, bevor ihr nass werdet und euch erkältet.«

Es sind die Minuten, manchmal auch Sekunden, die über unser Schicksal entscheiden und zu Sternstunden oder Tragödien führen können. Jene Momente, die wir in Zeitlupe erleben und nicht zuletzt deshalb auch nicht so schnell wieder vergessen. Mein Blick wechselt zu den wettergegerbten Gesichtern der beiden großen Männer auf ihren vor sich hin blubbernden Maschinen, und ich fühle wie immer, was geschehen würde. Bababumm, wrummm, und eine Stille greift Raum, die fast ein bisschen magisch wirkt. Denn nun schickt uns St. Michael persönlich, der Schutzpatron der Polizisten, eine Träne, die als dicker runder Tropfen direkt auf meiner Nase landet! Als Vorboten für einen Sommerregen, wie ich ihn schöner und dankbarer noch nie erlebt habe.

»Hector, ich hab keine verkackte Regenjacke«, ist der Satz, der die Magie des Augenblicks zerreißt, und ich rieche das Adrenalin in den Adern meines Jungen. »Doch, hast du, und du ziehst sie jetzt an, genau wie ich!«, ist die klare Ansage des Alphas, und sofort weicht die Spannung aus meiner Nackenmuskulatur. Dann ziehen die beiden aus ihren ledernen Packtaschen gewachste, abgeranzte dunkelbraune Baumwolljacken, wie sie Crocodile Dundee oder Clint Eastwood auch gut gestanden hätten, werfen sie über und kicken ihre Öfen wieder an.

»Glück gehabt, Bulle, denn wir haben die Motoren nicht ausgemacht, um uns hier umzuziehen …«, ist das Letzte, was wir zu hören kriegen, bevor die beiden mit einem Donnern und flatternden Jacken davonbrausen.

Als wir zu unserem Wagen zurückkommen, werden wir von der Rückbank mit der gepiepsten, aber selbstsicheren Feststellung empfangen:

»Wir hätten denen die Kutten abnehmen sollen – und die Motoren waren auch lauter als achtzig Dezibel!«

Abschied von Charly

Damit wir uns richtig verstehen: Er war 'n übellauniger alter Sack. Aber mein Freund war er halt trotzdem …

Deshalb hatte ich auch meine Probleme damit, als ich ihn auf der Seite im hohen Gras liegen und auf den Tod warten sah. Die ganze Familie ging, einer nach dem anderen, zu ihm, um sich zu verabschieden. Denn jeder hatte seine ganz persönlichen Erlebnisse und Erfahrungen mit dem kleinen Kerl, für die er sich ein letztes Mal bedanken oder entschuldigen wollte.

Jeder nahm sich und bekam so viel Zeit, wie er brauchte, obwohl die Sanduhr unaufhaltbar ablief. Ich saß am Rand, ein wenig abseits, und wachte über den Frieden und die Ruhe seiner letzten Stunde. Und, verdammt, ich hätte selbst Schmetterlinge angebellt und auch verjagt, wenn sie ihn genervt hätten.

Den Anfang machte »seine« Frau, denn so sah er die Dame des Hauses mit Sicherheit. Schließlich war er schon mit ihr zusammen, lange bevor all die anderen großen und kleinen Nervensägen auf der Bildfläche erschienen, mit denen er sie dann teilen musste. Sie war es, die damals verhindert hatte, dass man ihn als Baby einfach ertränkte. Weil ihn, oberflächlich betrachtet weder hübsch noch selten, niemand haben wollte. Sie wollte ihn. Und die Dankbarkeit dafür hat er sie zeit seines Lebens täglich spüren lassen.

Mit ihr zusammen ist er aus ihrem Elternhaus aus- und in

ihre erste gemeinsame Wohnung eingezogen. Um fortan jeden, besonders männlichen Besuch, mit Argusaugen zu prüfen und ihrer unwürdig zu erklären. Einschließlich des großen Träumers, der ihr die vielen Kinder gemacht hat. Er hat an ihrem Bett gewacht, wenn sie krank war oder auch nur Liebeskummer hatte, ja selbst Einbrecher hat er gemeldet, bevor sie größeren Schaden anrichten konnten. Als sie dann die ganzen kleinen Menschen unter Qualen zur Welt brachte, hat er nicht nur ihre Rückenschmerzen durch schlichtes Herankuscheln gelindert, sondern diese merkwürdigen Wesen zwar widerwillig, aber dennoch liebevoll als das akzeptiert, was sie nun einmal sind: ein Teil von ihr.

Fast zwanzig Jahre lang war er beinahe täglich der Erste, der »Guten Morgen« sagte, und derjenige, der sie ins Badezimmer, in die Küche und bis zur Haustür begleitete, um sie genau dort wieder zu erwarten, wenn sie nach Hause kam. Er kannte und kennt jedes ihrer Geheimnisse. Als Einziger auf dieser Welt. Und eine Frau hat viele davon.

Oh ja, sie ist wahrlich »seine« Frau! Er hat ihr bewiesen, dass er notfalls selbst für sie sorgen könnte, indem er sogar einmal erfolgreich für sie jagte. Auch wenn ihn dieser für sie erlegte Vogel einen fast tödlichen Sturz von der Balkonbrüstung gekostet hat. Das Erste, was er damals gesehen hatte, als er aus der Narkose erwachte, war ihr Gesicht gewesen, eingerahmt von ihren schönen roten Haaren, und er hat selbst diesen Tag niemals bereut.

Doch jetzt kniete sie im Gras und machte das, was er von ihr erwartet hatte. Sie ist nicht der Mensch für viele große Worte. Sie streichelte ihm ein letztes Mal zärtlich über den Rücken, bis hinauf zur Schwanzspitze, sagte »Danke«, erhob sich und ging weinend davon, um ihm ihren Sohn zu schicken. Ich konnte an seinem Gesicht und seinem leisen Schnurren deutlich erkennen, dass er sie losgelassen hat so wie sie ihn.

Ach, wenn doch nur immer alles so klar und einfach sein könnte. Denn nun bahnte sich ein kleines Drama an. Der Junge wollte, oder besser: konnte diesen letzten Gang anscheinend nicht bewältigen. Vor lauter Heulerei hatte er sich in einen Schluckauf hineingesteigert, der ihm fast den Atem nahm. Seine Mama rieb ihm sanft den Rücken und sagte mit ruhiger Stimme: »Schatz, das gehört zum Leben dazu. Und er hat ein langes, schönes und erfülltes Leben gehabt. Mit mir und mit euch. Du musst dich nicht verabschieden. Er weiß eh, dass du ihn liebhast. Aber denk an den Spaß und all die Aufregung, die ihr zusammen hattet. Vielleicht freut er sich, wenn du noch mal zu ihm gehst und tschüs sagst. Wenn du nicht magst, ist das auch nicht schlimm, und er ist dir ganz sicher nicht böse.«

Nachdem es einen Augenblick in dem kleinen Blondschopf fast hörbar rumort hatte, fasste er sich ein Herz und die Hand seiner großen Schwester, zu der er fragend hinaufblickte. Nach einem »Na klar, Kurzer« von ihr waren die beiden auch schon gemeinsam unterwegs zum alten Charly, der flach atmend in sich hineinlächelte. »Tüs, Charly«, rief der Junge zwischen zwei noch lauteren Hicksern, als er vor dem abgemagerten Fellbündel stand, riss sich von seiner Schwester los, rannte zurück zur Mama, und Charly zwinkerte mir zu.

Dieses Augenzwinkern amüsierte mich sehr, weil es so typisch für den alten Knacker war. Und ich glaubte zu wissen, was er mir sagen wollte: »Schau her, wie sehr sie mich lieben, die Latte hängt hoch, du Kläffer!« Genau jene freche, manchmal sarkastische Ader wusste ich schon immer an dieser Katze zu schätzen.

Seitdem ich hier eingezogen bin. Denn er hat mich hier damals auf gleiche Weise begrüßt.

»Charly, mach's gut, wir sehen uns«, war die bemüht coole und trotzdem verheulte Verabschiedung der Großen, und man möge ihr verzeihen – Pubertät! Die Kleine hingegen lebt in der Welt der Tiere. Sie spricht und fühlt mit ihnen, und deshalb war es spannend zu erleben, was jetzt geschah. Sie legte ihre Hand ruhig auf seinen Bauch, und der kleine Kerl ließ ein Schnurren hören, wie ich es lauter und mit größerer Vibration noch nie bei ihm erlebt hatte. Ein magisches Geräusch! Als würde seine letzte Kraft in sie hineinfließen, und ich denke, genau das war es, was geschah. Denn als das Mädchen wieder aufstand, lächelte sie, statt zu weinen, und ihr Rücken wirkte irgendwie ein wenig gerader. Er hatte ihr etwas auf ihren Weg mitgegeben, dessen war ich mir sicher.

Der Letzte, der jetzt noch fehlte, war mein Junge. Das Familienoberhaupt. Dafür hält er sich zumindest. Für den Rest der Truppe versuchte er gefasst zu wirken, und so sprach er erst mit seinem alten Freund, als er auf dem Rasen an seiner Seite lag. »Danke, für deine Wärme und deinen Schutz, mein Alter. Ich hoffe, du bist zufrieden mit mir. Ich werde auf deine Frau und ihre Kinder aufpassen, das verspreche ich dir, also mach dir bitte keine Sorgen. Schlaf einfach ein, die Spritze müsste gleich wirken. Du wirst hier bei uns bleiben, sei ganz beruhigt. Ich werde dich direkt neben Pepe begraben. Ich denke, das gefällt dir, und er wird sich bestimmt ebenfalls freuen, dich zu sehen. Grüß ihn bitte von mir. Denn so, wie ihr zuletzt zusammen im Hundekorb gekuschelt und gestritten habt, könnt ihr es jetzt auf diesem Grundstück bis in alle Ewigkeit tun. Euch wird niemals langweilig werden. Und jeder von uns, der durch das Gartentor geht, wird vorher über deinen und seinen kleinen Grabstein streichen, da bin ich mir ganz sicher. Also lass los und schlaf jetzt einfach ein, du hast einen tollen Job gemacht, mein kleiner Katzenmann. Ich danke dir! Auf Wiedersehen!«

Ein tiefes Durchatmen signalisierte, dass jedes Wort bis zu ihm durchgedrungen war, und so nahm ich meinen finalen Platz neben dem alten Mann ein, um auf den Raben zu warten, der seine Seele davontragen würde. »Danke, Charly! Ich mach deinen Job hier weiter, versprochen! So gut und solange ich kann, verlass dich drauf!«, war alles, wofür ich noch Zeit fand, bevor ich den schwarzen Vogel am Horizont entdeckte.

Als Charly sich ein letztes Mal streckte, um dann entspannt und friedlich den Kopf auf den Rasen zu legen, wusste ich, jetzt ist er auf seinem letzten Flug. Ganze zweieinhalb Stunden habe ich niemanden auch nur in seine Nähe gelassen, um sicherzugehen, dass er sein Ziel auch unbeschadet erreicht. Erst als ich spürte, dass er angekommen war, bin ich aufgestanden und habe die Hülle meines Freundes freigegeben, damit mein Jonas ihn begraben konnte.

Am letzten Tag des Dezembers 2011, bevor der Bodenfrost kam, hat er ihn wie versprochen hier bei uns neben Pepe begraben.

Und ich bin sicher, die beiden Alten haben ein wunderbares Wiedersehen gefeiert.

Vollmond

Ich habe heute Abend Blut im Urin gehabt. Mein Bengel hat eben die dritte Ibuprofen 800 eingeworfen. Kein guter Tag. Meine Nieren, seine Hüftgelenke und unsere Herzen sagen: Danke für die schöne Nacht! Wir haben uns auf den Dachboden verkrochen, liegen zusammen auf dem alten Futon in der Ecke und schauen durch das Dreiecksfenster in den schwarzen Himmel. Dunkle, kleine Wolken ziehen wie Geisterreiter am pockennarbigen Vollmond vorbei. Der Marder, der in unserem Dachstuhl trotz jeder Menge Hunde- und Katzenwitterung eingezogen ist, rumort.

»Fresse, Frettchen, sonst reiß ich die komplette Wand auf, bis ich dich erwische!«, droht mein Bengel übellaunig, und ich weiß, er meint es ernst. Erst letzte Woche hat er im Badezimmer zwei Quadratmeter Kacheln weggekloppt, weil er glaubte, dass dahinter die Heizungsleitung tropft. Gefunden hat er das vermeintliche Leck nicht. Aber der Handtuchhalter hat jetzt einen neuen Platz.

Plötzlich schreit draußen eine Katze. Schrill und eindringlich. Ich mach mir Sorgen und schwenk im Liegen meine Ohren in die Richtung.

»Lass gut sein, Dicker, die haben bloß brutalen Sex«, sagt mein müder Krieger und streichelt mir sanft über die weichen Nackenhaare. Es ist Vollmond. Und das erklärt vieles. Man sollte meinen, dass der Wolf in mir den Vollmond anbetet oder zumindest mag. Aber das Gegenteil ist der Fall. Bei Vollmond geschehen schlimme Dinge.

Begonnen hatte sie wie jede andere Schicht auch. Begrüßung, Kaffee trinken, Frotzeleien, Lagebesprechung, Einsatzgebiet abstimmen, Fahrzeug aufrüsten, wichtige und unwichtige Dinge vergessen und ab in die Nacht. Wie immer halt. Routine in all ihren positiven und negativen Farben.

Die ersten Einsätze waren unspektakulär. Zweimal über die Zentrale angefordert zur Unterstützung von Funkstreifenbesatzungen. Ein Zahlungsstreit in einem indischen Restaurant in Neukölln, der zu kippen drohte, bei dem wir jedoch rechtzeitig eintrafen, bevor Kali die Macht übernahm. Ein Verkehrsunfall an der Rudower Spinne mit Beteiligung eines Russen und eines Libanesen, aus dem eine Prügelei wurde, bei der aber kein Unschuldiger Verletzungen davontrug. Eine Eigenmeldung mit anschließender kurzer Diskussion auf der Skalitzer Straße, weil uns jemand den Mittelfinger gezeigt hatte, was Kröte zurzeit nicht so locker ignoriert wie sonst, weil er in Scheidung lebt.

Und dann kam sie über Funk: die Anforderung, zwei Streifen bei einer »häuslichen Gewalt« zu unterstützen. »Aktenkundiger Gewalttäter« hieß es, doch wir machten uns keine weiteren Gedanken, weil wir solche Kunden ständig haben. Auch als wir eintrafen, erwartete uns nichts, was wir nicht schon dutzendfach gesehen hätten. Ein alkoholisiertes, eklig tätowiertes Arschloch hatte seine Frau verprügelt. Während sie ärztliche Versorgung ablehnte und von Moni über die Möglichkeiten einer »Wegweisung« oder sogar eines »Verbringungsgewahrsams« ihres Gatten aufgeklärt wurde, presste sie ein Taschentuch auf ihren blutenden Mund und lehnte kopfschüttelnd jede weitere Maßnahme ab. Und Anzeige wollte sie erst recht nicht erstatten.

»Pack schlägt sich, Pack verträgt sich«, murmelte Kröte leise, und mein Bengel warf ihm einen kurzen bösen Blick zu. Als Jonas und ich uns in der schmutzigen, von Zigarettenrauch vergilbten Wohnung umsahen und zu unserer Erleichterung feststellten, dass es dort keine Kinder, ja nicht einmal Haustiere gab, stand der Schläger plötzlich im Flur circa drei Meter von uns entfernt und spielte mit einem Messer. Recht geschickt und fast professionell sah das aus und war offensichtlich dazu gedacht, uns einzuschüchtern.

»Verpisst euch aus meiner Wohnung, ihr Wichser, und die Fotze könnt ihr mitnehmen, die is' eh zu nichts gut«, sagte er dabei und grinste dreckig bis diabolisch. Die übrigen Polizisten, vor allem jene, die auch eventuelle Verfehlungen meines Jungen geahndet hätten und im Übrigen für die schlampige Durchsuchung des Täters verantwortlich waren, standen allesamt im Wohnzimmer oder sicherten den Eingangsbereich.

Und so gab es eine Antwort auf gleichem Niveau. »Der böse Clown, den du da auf deiner Brust tätowiert hast, sieht aus, als hätt er die Scheißerei!«, zischte mein Bengel ihm entgegen, und anschließend drohte er ihm unverhohlen: »Wenn du mir den Gefallen tun solltest, dein Messer nicht sofort wegzulegen, mach ich dich flach, und anschließend pisst mein Hund hier dir mitten ins Gesicht!«

Ob es nun an dieser plastischen Ausführung lag oder eher an dem leisen, kehligen Knurren, mit dem ich die Ansage akustisch untermalte: Der Typ zog links die Oberlippe hoch, ließ einen gelben, gammligen Eckzahn sehen und legte dann das Messer auf die Kommode im Flur.

»Schade«, sagte mein Idiot, und ich kann nicht behaupten, dass ich solche Arbeitsmethoden gutheiße. Dann brüllte er in

Richtung Wohnzimmer: »Kröte, komm mal her! Check mal das Messer da auf der Kommode und schau, ob wir dem Vogel dafür waffenrechtlich eins einrühren können.«

»Na ja, is 'n Küchenmesser. Da geht schon was, aber dann müssten wir ihm seine Truthahnschere, wenn er denn eine hat, auch abnehmen«, war die lakonische Antwort. Ein leicht frustriertes Knurren, allerdings fast so schön tief wie meins eben, war das Einzige, was meinem Jungen dazu einfiel.

Weil Kröte merkte, dass irgendetwas in der Luft lag, bot er an: »Soll ich mich mal ein bisschen umgucken? Vielleicht find ich ›im Rahmen eines Zufallsfundes‹ irgendwas Brauchbares. Ich glaub, der Typ is' auf Bewährung. Der fährt mit 'n bisschen Glück schon für 'ne schwarzgebrannte DVD in 'n Knast ein.«

»Nee, Dicker, lass mal stecken. Aber behalt ihn hier bitte mal im Auge, ich will noch mal kurz mit seiner Frau sprechen.«

Zwei Minuten später waren wir mit Moni und der immer noch leicht blutenden Frau allein im Schlafzimmer. Ich legte mich lang hin, so wie ein Bettvorleger, und ihr Schluchzen verstummte allmählich zu einem gelegentlichen leichten Hicksen. Da saß sie nun auf der Bettkante mit einer Pappschachtel Papiertüchern auf ihrem Schoß, und hinter der verlebten, über und über tätowierten Frau war immer noch, so geschunden sie auch aussah, das schöne Mädchen zu erkennen, das sie vor wenigen Jahren noch gewesen sein musste.

Mein Junge kniete sich auf ein Bein gestützt direkt vor sie hin, versuchte ihren Blick zu fangen und redete in beruhigendem Tonfall auf sie ein.

»Schau'n Sie, ich habe mehrere Möglichkeiten, Ihnen den Kerl vielleicht sogar für länger vom Hals zu schaffen. Oder wir bringen Sie, wenn Sie es wollen, von hier aus direkt in ein sicheres Frauenhaus. Ich denke, meine Moni hier hat Ihnen alles erklärt. Aber Sie müssen uns und sich die Chance dazu geben. Sie müssen es wollen. Also: Ein kurzes Nicken reicht mir.«

Doch statt zu nicken, bewegte sie nur einmal langsam den Kopf von links nach rechts. Als letzten Versuch legte Cid seine grobe, vernarbte Hand auf ihre schlanken, zierlichen Finger, auf deren ersten Gliedern jeweils die Buchstaben für das Wort LIEBE eintätowiert waren, und fragte ein letztes Mal: »Sind Sie sicher?« Diesmal nickte sie als Antwort, und eine große Träne quoll aus ihrem Auge und rann über die verlaufene Schminke bis hinunter zum Kinn.

»Dann kann ich nichts für Sie tun«, stellte er resigniert fest und rappelte sich mühsam und sich auf dem Bett abstützend aus seiner knienden Position wieder hoch.

»Ich weiß«, sagte sie leise, und das war das einzige Mal, dass wir ihre gebrochene Stimme hörten. Mit seltsam großen, verzweifelten Augen schaute sie uns nach, als wir das Schlafzimmer verließen. Ein Blick, den ich wohl nie wieder vergessen werde.

»Hey komm, lass uns den hopsnehmen, den willst du doch wohl nicht hierlassen!«, schimpfte Moni beim Rausgehen auf meinen Jungen ein.

»Ja wie denn, Moni, wenn sie nicht mitmacht?! Sie hat uns ja nicht einmal gerufen. Das waren die Nachbarn, wegen Ruhestörung!«, schimpfte der zurück und atmete tief durch.

»Ach Scheiße, ich hasse Vollmond«, war das wenig damenhafte Schlusswort von Moni, als wir kurz vor den anderen Polizisten die Wohnung wieder verließen.

»Zur Ruhe ermahnt – keine weiteren Maßnahmen«, war der Abschluss der Kollegen, den wir über Funk mithörten, als wir aus der Straße herausfuhren.

Zwei geschlichtete Streitigkeiten, ein randalierender Säufer und eine aufgelöste Technoparty, bei der die aggressive Truppe Ecstasy eingeworfen hatte, dann standen wir morgens um halb drei wieder auf unserem Gelände. Als die Zweibeiner unser Fahrzeug abrüsteten, quäkte eine Sekunde vor dem Abschalten des Funkgerätes »DINGO 45, bitte mal über Draht« aus den Lautsprechern.

Mein Junge quittierte, schaltete aus und ging rein, um die Zentrale per Telefon anzurufen. Als er wieder rauskam, hatte er glasige Augen und sagte: »Schönen Feierabend, Leute, schlaft gut.«

Jetzt ist es kurz vor fünf. Wir werden wohl auf dem Futon bleiben, denn ich habe gerade meinen Gutenachtkuss bekommen. Trotzig hält sich der Mond am Himmel, ich atme tief durch und höre in ruhiger, tiefer Stimmlage: »Weißt du, mein Schatz, was das Schönste am Vollmond ist? Dass nach ihm an jedem Morgen immer wieder die Sonne aufgeht. Nur leider nicht für jeden …«

Natriumpentobarbital

Wir sind zu viert unterwegs. Ali hat wie immer Hunger, Gandhi pennt.

Ich weiß überhaupt nicht, wieso immer alle auf mir rumhacken. Ich meine, Gandhi verbringt gefühlte drei Viertel des Tages mit Schlafen, und ausgerechnet mich nennen sie »Prinz Valium« oder »Friedenstaube« oder »Therapietöle«. Was ich mir nicht alles anhören muss! Ich meine, hallo?! Der Typ heißt Gandhi! Und den Namen hat er nicht umsonst. Aber wer steht ständig als Oberweichei der Truppe da? Ich! Klasse. Überhaupt, was sind die beiden eigentlich für 'ne abgefahrene Mischung: Moslem und Buddhist! Wobei, süß is' Gandhi schon, wie er da so in der Box neben mir liegt und zufrieden grunzend vor sich hin pennt. Wie 'n sattes Baby. Ruhig und ausgeglichen halt. Eigentlich kann ich ihn verdammt gut leiden. Wenn er nich' gerade furzt. Ich glaub, genau das hat er gerade gemacht. Buddhistisch tiefenentspannt im Schlaf grinsend einen fahren lassen. Toll! Das is 'n kleines, enges Auto, du Stinker!

Von vorne tönt es: »Maaaan, dein Hund hat gefurzt!«

»Gaa nich'! Deiner!«

»Nein, deiner!«

»Deiner!«

»Deiner!«

Ich hab mal mitgezählt: Der Rekord steht bei 48. Diese anspruchsvollen Diskussionen kommen nämlich öfter vor.

»Scheißegal, ich hab Hunger.

»Olle Gandhi is’ innerlich verwest, mir is’ speiübel, und du hast Kohldampf?!«

»Genau.«

»Was?«

»Kentucky schreit ficken.«

»Wo?«

»Mariendorf!«

»Mariendorf?! Dir is’ schon klar, dass wir grad im Wedding sind?«

»Mir fällt kein andrer ein, und da is’ lecker …«

Doch bevor letztendlich die Entscheidung fällt, komplett die Stadt zu durchqueren, nur damit Ali einen Eimer voll fettiger Hähnchenteile inhalieren kann, bekommen wir einen Auftrag rein. Einen, der sich gut anhört.

Wenn es eines gibt, was wir wirklich alle gemeinsam haben, dann ist das die Faszination für Hunde. Manche von uns finden es interessant und spannend, immer wieder neue Menschen kennenzulernen, aber alle stehen drauf, Hunden zu begegnen. Je außergewöhnlicher, desto besser. Zwar beschränkt sich der Großteil unserer Anforderungen, berlinweit über die Zentrale, meist auf angeblich gefährliche und aggressive Hunde, am Ende stellt sich aber so gut wie immer heraus, dass jede Hundepersönlichkeit ganz anders und wesentlich tiefgründiger ist, als man zunächst denkt. Und bei diesem Auftrag geht es um einen Hund. Zumindest sekundär.

Eine Mietergemeinschaft sorgt sich um einen alten Mann, traut sich aber nicht selbst nachzugucken, weil er angeblich mit einem riesengroßen Hund zusammenlebt. Gefällt uns. Erstens, weil es in der Großstadt alles andere als selbstverständlich ist, dass man sich um seinen Nachbarn sorgt, und zweitens klingt »riesengroßer Hund« für uns wie Musik. Siehe oben.

Auf den Vordersitzen geht's weiter wie eben:

»Du ziehst Schutzausrüstung an!«

»Nein, du.«

»Nein, du!«

»Okay, wir ziehen beide keine Schutzausrüstung an, aber ich nehm Teddy mit.«

»Einverstanden!«

Knapp zehn Minuten später stehen wir im tiefsten altehrwürdigen Wedding vor einem dreigeschossigen Mietshaus, und Ali drückt auf dem Klingeltableau ganz unten rechts den Knopf neben dem Namen Jablonsky. Den hat uns die Zentrale genannt. Die Eigensicherung mussten wir übrigens auch quittieren. Wegen dem »Riesenhund«. Statt einer Antwort durch die Gegensprechanlage oder dem Summen des Türöffners hören wir aus einer der Erdgeschosswohnungen nur ein tiefes, kehliges Bellen. Meine beiden Jungs gucken sich gegenseitig dumm an.

»Wenn der uns in den Arsch beißt und wir unsere Arztrechnung selbst bezahlen dürfen, bist du schuld!«

»Nein, du!«

»Hör auf mit dem Scheiß – komm, klingel noch mal.«

Beim zweiten Versuch meldet sich eine ruhige, dunkle Stimme durch den Lautsprecher: »Ja bitte?«

»Guten Tag! Nicht erschrecken! Polizei Berlin. Kommissar Gutenrath und Oberkommissar Eylan von der Polizeihundestaffel. Wir würden Sie gerne mal besuchen kommen, um zu schauen, ob es ihnen gutgeht.«

»Ach, das ist aber nett«, antwortet der alte Mann und drückt sofort den Summer. Weil meine Helden aber ein wenig Schiss haben, klingeln sie noch mal.

»Ja, was ist denn, geht die Tür nicht auf?«

»Doch, doch, wir wollten bloß Bescheid sagen, dass wir einen vierbeinigen Kollegen dabeihaben. Und fragen, ob wir oder er Angst haben müssen vor Ihrem Hund?«

»Aaaaach nein! Ganz sicher nicht, die Hilde freut sich genauso sehr wie ich – kommen Sie nur!«

Dann drückt er noch mal den Summer, und fünf Stufen oder auch einen Treppenabsatz höher sehen wir eine weit offen stehende Wohnungstür. Und mittendrin im Türrahmen, man kann gut und gerne sagen »ausfüllend«, steht eine geradezu majestätisch wirkende, prachtvolle Deutsche Dogge. Hilde! Anthrazitfarbenes, glänzendes Fell, hellblauer gütiger Blick, ein Vorderbein leicht versetzt.

Ich hab sofort Blümchen in den Augen und Schmetterlinge im Bauch. Was für eine Schönheit! Eine sicherlich schon reife Dame, und etwas grau um die Schnauze ist sie auch, aber bei Gott: Was für eine Schönheit!

»Komm, Hilde, lass die Herrschaften herein«, ertönt es von weiter hinten, und es riecht gut aus dieser Wohnung heraus. Hilde lässt uns nicht durch, sie geht voran. Und als wir die Tür hinter uns geschlossen und einen langen Flur passiert haben, stehen wir in einer gemütlichen, duftenden Küche, in der sich bestimmt seit vierzig Jahren kein bisschen verändert hat.

»Kommen Sie, kommen Sie, setzen Sie sich. Essen ist gleich fertig. Hach, wo hab ich nur die Suppenkelle … Mögen Sie Gulaschsuppe?«, hören wir den alten Mann sagen, der mit grauem, dichtem Haar und einer blauen Küchenschürze vor einem großen Kochtopf steht. Und noch bevor mein Junge den kurzen

Satz »Bitte keine Umstände« über die Lippen bringt, sitzt Ali schon am Tisch und teilt die drei Teller aus, die im Stapel vor ihm stehen.

»Ja, mögen wir«, sagt er, reibt sich die Hände und winkt meinen Jungen heran. Die Doggendame hat sich inzwischen neben den großen weißen Kachelofen auf ihre Decke gelegt und mir mit einem atemberaubenden Augenaufschlag signalisiert, dass ich mich vielleicht danebenlegen dürfte. Natürlich lass ich mich nicht zweimal auffordern.

»Ach was, Umstände, papperlapapp, ich koch ohnehin immer viel zu viel. Los, hinsetzen! Ich hoffe bloß, ich hab das Rezept nicht durcheinandergebracht und meine Suppe schmeckt Ihnen!«, wehrt der Alte mit einem glücklichen Lächeln ab, und ich glaube, er hat lange keinen Besuch gehabt.

Fünf Teller Suppe später, dreimal Ali, zweimal Jonas, holt sich der alte Mann auf Drängen meiner Bengel endlich auch eine Portion und rührt lustlos darin herum. Er ist traurig und krank, das fühle ich deutlich. Und dass Hilde auch bald am Ende ihrer Kräfte ist. Doch er scheint sich nicht nur über unseren Besuch zu freuen, sondern wohl auch darüber, dass man sich im Hause um ihn sorgte. Und so macht er es meinen beiden Jungs nicht besonders schwer, etwas über ihn herauszufinden, denn er ist gesprächig. Wir erfahren, dass seine Frau im vorletzten Sommer nach einundvierzig Jahren Ehe verstarb und dass sein einziger Sohn für »Ärzte ohne Grenzen« unterwegs ist. Was den alten Mann unfassbar stolz auf seinen Sohn macht.

»Dieses Kind war Sinn und Zweck meines Lebens«, hören wir ihn sagen, während wir Fotos eines jungen Mannes bewundern, der sich am anderen Ende der Welt für die Kranken und Abgemagerten engagiert. Doch seinem Papa verlöschen hier im Berliner Wedding währenddessen langsam die Lebenslichter. Das ist zumindest unser Eindruck. Von Magenproblemen, dieser verdammten Vergesslichkeit und bleierner Traurigkeit bekommen wir nur am Rande etwas mit. Denn seine Generation hat nicht gelernt, sich zu beklagen. Dass auch die Hilde inzwischen mit ihren sieben Jahren für ihre Rasse und Größe schon eine sehr betagte Dame ist, kriegen wir ebenfalls heraus. Und dass sie eigentlich Hildburg heißt. »Aber wer ruft seinen Hund schon gerne Hildburg!« Mag sein, dass sie alt ist, aber trotzdem hat sie hier immer noch alles im Griff, denke ich. Und schön ist diese Grand Dame allemal. Ich kann mir nicht vorstellen, dass sie als Teenager oder junge Frau mehr Würde und Eleganz ausgestrahlt hat als jetzt!

Als wir uns ein Bild über die Lebensumstände des alten Herrn gemacht haben, was ja letztendlich unser Auftrag war, und mit dem schlechten Gefühl wieder aufbrechen wollen, dass hier zwar alles im grünen Bereich, aber bei weitem nicht gut ist, fragt er uns beiläufig: »Sie haben nicht zufällig einen kleinen Zettel hier herumliegen sehen? Ich hab mir darauf eine sehr wichtige Notiz gemacht, die ich aus dem Fernsehen habe.«

Wir schauen uns alle kurz in der großen, geräumigen Küche um. Aus den Augenwinkeln sehe ich, dass mein Junge tatsächlich einen kleinen Zettel auf der Anrichte neben dem uralten Toaster findet, einen verstohlenen Blick drauf wirft, ihn dann in seiner Weste verschwinden lässt und so tut, als würde er weitersuchen. Ali stöbert auch noch ein Weilchen, bis der Alte dann schließlich sagt: »Ach, Unsinn, Sie haben Wichtigeres zu tun! Ich werd ihn schon noch finden.«

Als wir dann alle fünf im Flur an der Wohnungstür stehen, um uns zu verabschieden, haben meine Jungs beide eine Tupperdose mit Gulaschsuppe und zwei Äpfel in der Hand. Ali hat zwei Plastiklöffel in der Brusttasche, und der alte Mann sagt mit einem schelmischen, aber bescheidenen Lächeln: »Ach, papperlapapp, ihr müsst doch was essen, Jungs, wenn ihr den ganzen Tag unterwegs seid! Außerdem könnt ihr mir die Schüsseln ja irgendwann wieder vorbeibringen, wenn ihr mal in der Nähe seid ...«

Dann zupft er Ali am Ärmel und fragt ihn: »Sie stammen bestimmt aus der Türkei, stimmt's? Gefällt es Ihnen bei uns?«

Ali, der in der dritten Generation Deutschtürke ist und auf solche Fragen auch ganz andere Antworten parat hat, lächelt nur freundlich und sagt: »Ja, sehr.«

Und als der alte Mann dann noch meint: »Das ist schön. Sie sehen in Ihrer Uniform ganz prächtig aus, Ihr Vater ist bestimmt sehr stolz auf Sie!«, schmilzt das Herz meines Muselmanen dahin, und im Geiste sehe ich unseren einsamen Opa schon auf einer türkischen Familienfeier in Neukölln.

»So, jetzt müssen wir aber wirklich los«, zerstört mein blöder Nappel dann die Idylle, und ich bekomme zum Abschied von Hildburg einen Kuss!

Fünf Minuten später sitzen wir dann wieder alle in unserem Auto. Gandhi pennt immer noch. Mein Junge nestelt einen kleinen Zettel aus seiner Weste und lässt auf der Beifahrerseite, wo er sitzt, das Fenster herunter, um ihn wegfliegen zu lassen.

»Was hast du da?«, will Ali wissen, doch mein Junge blockt ab: »Nix.«

»Quatsch, nix, gib her«, lässt Ali nicht locker und streckt nach rechts die offene Hand aus. Mein Junge reicht ihm den Zettel rüber, und mein dunkelhaariger Freund versucht während der Fahrt die gekritzelte Schrift zu lesen: »Was steht da? Natriu... watt?!«

»Natriumpentobarbital.«

»Was is' dat?«

»Das is' das Zeug, mit dem sich Norma Jean aus dem Leben geschossen hat.«

»Watt?«

»Das ist das Zeug, mit dem sich Marilyn Monroe umgebracht hat, oder anders ausgedrückt: Das ist der Giftcocktail, der zum Einsatz kommt, wenn sich jemand möglichst schmerzfrei das Leben nehmen will.«

Als mein hammerharter Türke das hört, flüstert er »Scheiße«, schaut nach links aus dem Fenster, schimpft in seiner Muttersprache irgendeinem imaginären Verkehrssünder hinterher und wischt sich mit dem Ärmel über das Gesicht. Dann schaut er wieder meinen lächelnden Jungen an und sagt: »Dir ist schon klar, dass wir die Tupperdosen nicht behalten dürfen, oder?!«

Epilog

Der Tod ist kein schwarzer Sensenmann. Er ist eine junge Frau, so um die dreißig, mit einem lieben Lächeln und einer dunkelbraunen Ledertasche. Ich kenne ihn ganz gut, denn ich habe ihn schon ein paarmal gesehen. Er hat damals unseren alten Charly geholt und sogar Lili und Lulu, die beiden Farbratten, als der Krebs gegen sie gewonnen hatte. Er wohnt nicht einmal wirklich weit entfernt, und so kommt er anscheinend sogar zu Weihnachten, wenn man ihn darum bittet.

Denn er kniet vor mir.

O Mann, ich muss länger geschlafen haben, als ich wollte, denn das Wohnzimmer ist proppenvoll. Selbst mein Knochen liegt schon, mit einer blauen Schleife darum, unter dem Tannenbaum. Doch obwohl ich so viele Menschen um mich herum schemenhaft erkennen kann, ist es erstaunlich ruhig. Im Hintergrund läuft mein Lieblingsweihnachtslied von Garth Brooks, »Belleau Wood«, und als ich die Strophe höre: »Heaven's not beyond the clouds, it's just beyond the fear«, schwant mir, dass der Song nicht zufällig läuft.

Ich krieg Angst! So vielen Gefahren habe ich in meinem Leben getrotzt und mutig, voller Zuversicht entgegengesehen, und ja, manchmal hatte ich auch Angst. Doch jetzt, wo ich hier liege, mit dem Kopf auf dem Schoß meines Jungen, mitten im Wohnzimmer, habe ich Furcht wie niemals zuvor! Wenn es das ist, was ich glaube, wird es diesmal nicht helfen, zu knurren, zu bellen oder die Zähne zu zeigen, ja, nicht einmal weglaufen wird möglich sein. Bitte nicht! Nicht heute! Nicht an Weihnachten!

Sie holt die Ampulle aus der Tasche, zieht die Spritze auf, meine Atmung wird hektisch, und ich überlege, ob ich nicht ein letztes Mal versuchen sollte, um mich zu beißen, um sie aufzuhalten.

»Ganz ruhig, Dicker, das ist nur ein kleiner Piks«, flüstert mein Junge, streichelt mir sanft das Gesicht und legt mir dann die Hand über die Augen. Es wird dunkel, ich versuche zu zappeln und bin ein letztes Mal wütend, dass ich kein Wort herausbringe. Denn ich möchte schreien: Seid ihr verrückt geworden?! Nicht so! Ich will mich verabschieden! Ich will mich verdammt noch mal verabschieden!!

Dann spür ich einen kleinen Stich und höre plötzlich wie aus weiter Ferne das Wort »Vitaminspritze«.

Aaarrrghhh … Das kann doch wohl nicht wahr sein, Leute?! Mannmannmannmannmann …! Wenn ich wieder auf den Beinen bin, das verspreche ich euch, kack ich euch für diese Nummer mitten untern Weihnachtsbaum!! Darauf könnt ihr euch verlassen! Da hält man hier 'n Feiertagsnickerchen, wartet auf den Weihnachtsmann, wacht auf – und schaut dem Tod in seine hübschen Augen! Du lieber Himmel! Blödmänner! Könnte man doch vielleicht mal ein klärendes Wörtchen verlieren, statt einen in dem Glauben zu lassen, es geht auf die letzte Reise, oder wie oder was!? Knallköppe! Aber das zahl ich euch heim.

»Mach mal einer 'ne andere Platte rein, ich kann den Countrydödel nich' mehr hören«, ruft eine der Schwestern quer durchs Haus, und nebenan wird grad ein Baby ausgepackt, das riecht man deutlich. Madame brüllt aus der Küche: »Hände waschen, gleich gibt's Essen«, und die Menschentraube um mich herum hat sich schon fast aufgelöst, als ich noch ein paar Wortfetzen wie »Kreislauf« und »Na ja, er is' halt nicht mehr der Jüngste« aufschnappe.

Mein Bengel bedankt sich mit wässrigen Augen bei unserer Tierärztin und versucht sie hartnäckig zum Weihnachtsbraten einzuladen. Gott sei Dank lehnt sie die Bitte genauso hartnäckig ab; wer hat schon gern den Tod am Esstisch sitzen!?

Pissflitsche rennt hinter dem Kleinen her und bellt wie blöde, weil der seine Bartagame spazieren trägt. Oma schimpft hinterher: »Junge, pack das Vieh in seine Glaskiste, jetzt wird gegessen!«

Kein Zweifel: Ich bin noch da! Im Hier und Jetzt! Was bin ich froh und dankbar!! Was für ein gutes Gefühl, noch eine Weile länger in diesem wunderbaren Chaos sein zu dürfen. In meinem Leben.

Im Nachhinein hab ich gehört, dass ich wohl etwas weiter weg gewesen bin als beabsichtigt, als ich mich zum Schlummern hinlegte. Aber was soll's: Schön war die kurze Reise durch die Vergangenheit trotzdem. Es tat gut, noch einmal der Held zu sein in all den Abenteuern oder zumindest von oben noch mal draufzuschauen auf das, was wir zwei gemeinsam so getrieben haben. Wenn du weißt, dass es am Ende immer wieder nach Hause geht, lassen sich die meisten Geschichten viel besser verdauen und verstehen. Viele sind sogar einfach nur schön. Außerdem, und das ist das Wichtigste am Ende einer jeden Reise: Ich denke, es hat sich fast alles gelohnt.

Genau wie dieses Weihnachtsfest. Oma und Opa waren glücklich, ein Vollbad in der ganzen Familie zu nehmen, das sah man ihnen an, weil in ihnen, genau wie in mir, jedes Mal die Angst wohnt, dass es vielleicht der letzte Heiligabend war.

Die allermeisten Geschenke, sogar die Socken und Krawatten, kamen auch gut an. Die Kinder sind inzwischen alle grinsend eingeschlafen. Der Kleine hat seine Playstation und seinen Flitzebogen mit ins Bett genommen. Alle Nichten und Neffen, Cousins und Cousinen, Onkel und Tanten sind durch die verschneite Nacht hindurch und telefonisch rückgemeldet wieder gut zu Hause angekommen.

Mein Junge hat eine Flasche Jim Beam bekommen, von Opa, einem alten Polizisten, der auf diesem Gebiet sein letzter Verbündeter ist. Und so sind wir drei, Jim Beam, mein Träumer und ich, die Letzten im dunklen Wohnzimmer und schauen aus dem Fenster auf die stillste Nacht des Jahres. Unser Blick fällt auf den eckigen Schneemann, den die Truppe am Abend zusammengewürfelt hat, und wir müssen grinsen. Weil der mit einem Spot von der Terrasse angestrahlte Frosty nicht nur eine Karottennase, sondern auch einen Karottenpenis hat. Und genau in dem Moment, als mein lieber Junge sich zu mir runterbeugt, mir in die Augen schaut und flüstert: »Das schönste Geschenk heute war, dass du wieder aufgewacht bist«, ertönt von oben der schlaftrunkene Ruf unserer Dame: »Kommt, Jungs, macht Schluss. Es ist Heiligabend, kein Bösewicht in Sicht. Ihr könnt jetzt beide schlafen gehen!«

Nachwort des Schülers

Mir ist schon klar, was viele vielleicht denken werden, wenn sie dieses Buch in die Hand kriegen. Besonders jene, die der Polizei im Allgemeinen und Menschen wie mir im Speziellen kritisch gegenüberstehen. *Was will der Spinner, was soll das? Selbst in dieser Minute sterben auf der ganzen Welt Menschen durch Ungerechtigkeit, Hunger oder sogar von eigener Hand, und er will uns einen dummen Köter als Helden und weisen Heilsbringer verkaufen – was für ein Scheiß!* Und ich kann sie verstehen. Der Punkt ist aber, dass ich weder individuelle Kenntnis davon habe noch Einfluss auf all diese Seelen, die jetzt gerade um Hilfe schreien. Fakt ist jedoch, dass der Kerl, den ich in diesem Buch zu Ihnen sprechen lasse, meine Seele ein Stück weit hat Frieden finden lassen. Ich habe privat wie beruflich einiges zu verarbeiten, und die bloße Präsenz dieses wundervollen Geschöpfes, seine Nähe hat mir Ruhe und Zuversicht gegeben. Klingt schon wieder theatralisch und kitschig? Stimmt, aber es ist halt die Wahrheit. Und der Wunsch und Ratschlag für alle Einsamen, Verletzten und vermeintlich Hilflosen, sich ebenfalls einen Freund, Begleiter, ja vielleicht sogar Lehrer mit etwas mehr Körperbehaarung zuzulegen, ist schon Grund und Motivation genug für mich, dieses Buch auf den Weg zu schicken.

Darüber hinaus habe ich an der Seite meines Freundes viele unglaublich verschiedene Menschen getroffen: Rechtsradikale, Linksradikale, Moslems, Katholiken, Schwule, Lesben, Tierschützer, Faschisten, Pazifisten, Selbstdarsteller, Spaß- und Krawalltouristen, bei denen ich sicher bin, dass unsere Begegnung anders verlaufen wäre, wenn mein ständiger Begleiter nicht als Medium bei mir und zwischen uns gewesen wäre. Er hat schlichtweg einen besseren Menschen aus mir gemacht. Und diese Lebensleistung lässt sich weder kritisieren noch schmälern und verdient aus meiner Sicht allemal, dass ich den infantilen, vielleicht naiven Versuch mache, ihm mit diesem Buch, stellvertretend für unzählige andere seiner Art, ein Denkmal zu setzen. Es ist mir ein Herzenswunsch, dass er nicht als der 2045. Diensthund der Berliner Polizei in Erinnerung bleibt, wenn überhaupt, sondern als das, was er ist, war und für mich immer bleiben wird: mein Freund, mein Beschützer und – jetzt kommt's – größerer Humanist und Menschenfreund als fast alle Zweibeiner, denen ich in meinem Leben je begegnet bin. Deshalb bitte ich um Ihre Nachsicht und um ein Stück weit Zugang zu Ihrem Herzen, weil das aus der Sicht meines Hundes, und inzwischen auch aus meiner, der einzige Weg ist, wie wir alle, so unterschiedlich wir auch sein mögen, ein wenig zueinanderfinden können.

Ich hoffe, dass dieses Buch und sein Nachwort seinen Weg durch die Instanzen finden wird und dass wir uns, lieber Leser, vielleicht einmal begegnen werden. Falls ja, schauen Sie in Kniehöhe! Falls nein, nehmen Sie sich ein paar Sekunden Zeit, um in das wichtige Gesicht auf diesem Buchumschlag zu schauen, denn ich bin sicher, für mindestens ein Lächeln wird es reichen.

Bis dann,

der Teddy & der Cid

Nachwort des Lehrers

Na, wie war's? Schräges Buch, was? Polizei mal anders. Ich weiß nicht, ob ich Ihren Geschmack getroffen habe. Aber wenn ich ehrlich bin, war das auch gar nicht meine Absicht. Ich wollte, dass Sie bei uns sind. Wenn wir auf der Straße stehen, uns auf dem Sofa lümmeln, wenn wir Glück hatten oder Pech, wenn wir glücklich oder traurig waren. Warum? Damit Sie, nachdem Sie die letzte Seite gelesen haben, das Licht löschen und sich Ihr Kopfkissen zurechtdrücken, in der letzten Stunde des Tages vielleicht wieder bei sich sind. Das wäre toll! Weil das ein Ort ist, den viele von euch Menschen verlassen mussten oder wollten und einfach nicht wiederfinden können, sosehr sie es auch versuchen. Wo alles einfach, richtig und wichtig war und sich irgendwie gut anfühlte. Selbst Fehler. Wo man sich schmutzig machen durfte, lachen oder weinen und sich nicht dafür schämte. Wenn meine Geschichten, ganz gleich, ob Helden- oder Missetaten, euch an meiner unsichtbaren Hundeleine ein Stück weit in diese Richtung zurückgeführt haben und ihr jetzt mit einem Lächeln einschlaft, dann war's jede Mühe wert!

Ich bin 2045.

Teddy, Jery, die »Katze« Gutenrath.

Bitte vergesst mich nicht, und vergesst euch nicht.

Den Menschen, der ihr einmal wart oder sein wolltet.

Gute Nacht, und …

Dog Bless You!

Wer an uns glaubte ...

Eigentlich sehr wenige! Ohne Jürgen Diessl und Frau Dr. Siv Bublitz vom Berliner Ullstein Verlag hätte Teddy niemals in dieser Form seine »Stimme« erheben dürfen.

Von ganzem Herzen **danke** dafür!

Katharina Ilgen, ebenfalls vom Ullstein Verlag, möchte ich ebenfalls danken! Weil sie mein Leumundszeuge war und versteht, was mich umtreibt.

Sie steht stellvertretend für all jene in »meinem Verlag«, die sich wohlwollend über den »schrägen Polizisten« geäußert haben, deren Namen mir aber nicht bekannt sind. Leute: Fühlt euch umarmt und einmal feucht abgeschlabbert!

Meiner Frau und meinen Kindern möchte ich danken: für Liebe, Geduld und Geborgenheit.

Bernd Zänker von der Berliner Polizei gilt mein vorletzter Dank! Ihn rief ich in einer schwachen Stunde an und bat ihn wie so oft um Rat. Du hattest recht, Skipper, wie immer! Und wehe, du vergisst, was wir am Vorweihnachtsabend 2013 besprochen haben!

Mein letzter Dank geht an den, der mich gemacht hat.

Du hast mir etwas Wertvolles gegeben und dafür etwas Wertvolles genommen. Ich bin nicht mehr zornig und immer noch dankbar! Alles hat seinen Preis und seinen Grund! Und wenn ich mir überlege, wie viel Freude, Stolz und liebe Menschen mir in den letzten vier Jahren begegnet sind, oder wenn ich nachts in meinen Leserbriefen versinke, kann ich nur sagen: Scheiß auf meine Hüftgelenke! Danke!

Inhalt

Cid Jonas Gutenrath

110

Ein Bulle hört zu – Aus der Notrufzentrale der Polizei

ISBN 978-3-548-37437-6

Ein Freigänger erschlägt seine Frau mit einer Axt, eine verzweifelte Mutter sucht Rat in Erziehungsfragen, ein Yacht-Besitzer empört sich, weil er auf dem Landwehrkanal »geblitzt« wurde: Wenn Cid Jonas Gutenrath Notrufe entgegennimmt, kommt er den Menschen sehr nahe. Ob er eine Frau zum Weiterleben überredet oder einen kleinen Jungen tröstet – Gutenrath begegnet ihnen allen auf seine ganz persönliche, faszinierende Art.

Auch als ebook erhältlich

e-book

»Geschichten, so komisch, so berührend, so knallhart und brutal wie das Leben.« *Stern*

ullstein